公共哲学

P U B L I C   P H I L O S O P H Y

第 2 卷

社会科学中的公私问题

[日] 佐佐木毅　[韩] 金泰昌　主编　　刘　荣　钱昕怡　译

PUBLIC AND PRIVATE IN SOCIAL
SCIENCES

人民出版社

《公共哲学》丛书编委会

主　编　佐佐木毅　金泰昌

编委会
主　任　张立文　张小平
副主任　陈亚明　方国根
委　员（按姓氏笔画为序）

　　　　　　山胁直司　方国根　田　园　矢崎胜彦　卞崇道　竹中英俊

　　　　　　李之美　陈亚明　佐佐木毅　张小平　张立文　罗安宪

　　　　　　金泰昌　林美茂　洪　琼　钟金铃　夏　青　彭永捷

译委会
主　任　卞崇道　林美茂
副主任　金熙德　刘雨珍
委　员（按姓氏笔画为序）

　　　　　　刁　榴　王　伟　王　青　卞崇道　刘文柱　刘　荣　刘雨珍

　　　　　　朱坤容　吴光辉　林美茂　金熙德　崔世广　韩立新　韩立红

出版策划　方国根
编辑主持　夏　青　李之美
责任编辑　夏　青
版式设计　顾杰珍
封面设计　曹　春

公共哲学,作为一种崭新学问的视野

卞崇道　林美茂[*]

　　近年来,"公共哲学"(public philosophy)这一用语在我国学术界开始逐渐被人们所熟悉,这一方面来自于我国学术界对于国外前沿学术思潮的敏感反应,另一方面则与日本公共哲学研究者在我国的推介多少有关。其实,在半个多世纪前,"公共哲学"这一用语就在美国出现了,1955 年著名新闻评论家、政论家李普曼(Walter Lippman)出版了一部名为《公共哲学》(*The Public Philosophy*)的著作,倡导并呼吁通过树立人们的公共精神来重建自由民主主义社会的秩序,他把这样的理论探索命名为"公共的哲学"。但是,此后,对公共哲学的探索在美国乃至西欧并没有取得较大的进展,尽管也有少数学者如阿伦特、哈贝马斯等相继对"公共性"问题做过一些理论探讨。另外,宗教社会学家贝拉等人也提出了

1

　　* 卞崇道:哲学博士,原中国社会科学院哲学研究所研究员,现任浙江树人大学教授,我国当代研究日本哲学的知名学者。
　　林美茂:哲学博士,中国人民大学哲学院副教授,主要研究领域:古希腊哲学,公共哲学,日本哲学。

以公共哲学"统合"长期以来被各种专业分割的社会科学。然而，把公共哲学作为一门探索新时代人类生存理念的学问来构筑，并没有在学术界受到普遍而应有的关注。

自 20 世纪 90 年代开始，东方的发达资本主义国家日本的学术界，却兴起了一场堪称公共哲学运动的学术探索。1997 年，在京都论坛的将来世代综合研究所（现更名为公共哲学共働研究所）所长金泰昌教授和将来世代财团矢崎胜彦理事长的发起、倡导以及时任东京大学法学部部长（即法学院院长）、不久后出任东京大学校长的著名政治学家佐佐木毅教授的推动下，经过充分的准备，在京都成立了"公共哲学共同研究会"，并且于 1998 年 4 月在京都召开了第一次学术论坛，从此拉开了日本公共哲学运动的帷幕。该研究会后来更名为"公共哲学京都论坛"（Kyoto Forum For Public Philosophizing），迄今为止，该论坛召开了八十多次研讨会，其间还召开过数次国际性公共哲学研讨会，各个学科领域的著名学者、科学家、社会各界著名人士等已有 1600 多人参加过该论坛的讨论。研讨的成果已由东京大学出版会先后出版了"公共哲学系列"丛书第一期 10 卷、第二期 5 卷、第三期 5 卷，共 20 卷。这次由人民出版社推出的这一套 10 卷《公共哲学》译丛，采用的就是该丛书日文版的第一期 10 卷本。这套译丛的问世，是各卷的译者们在百忙的工作之中抽出宝贵的时间，经过了四年多辛勤努力的汗水结晶。

这套中译本《公共哲学》丛书，涵盖了公共哲学在人文、社会科学的各个领域的理论与现实的相关问题，其中包括了对政治、经济、共同体（日本和欧美等国家地区以及各类民间集团）、地球环境、科学技术以及公共哲学思想史等问题的综合考察。第 1 卷《公与私的思想史》以西欧、中国、伊斯兰世界、日本和印度为对象,主要由这些领域的专家从比较思想史的角度,就公私问题进行讨论。第2卷《社会科学中的公私问题》围绕政治学、社会学以及经济学各领域中的公私观的异同展开涉及多学科的讨论。第3卷《日本的公与私》从历史角度重新审视日本公私观念的原型及其变迁,并就现代有关公共性的学说展开深入的讨论。第4卷《欧美的公与私》以英、法、德、美等现代欧美国家为对象,探讨其以国家为中心的公共性向以市民为中心的公共性之转变是如何得以完成的问题;并且重点讨论了向类似欧盟那样的超国家公共性组织转换的可能性等问题。第5卷《国家·人·公共性》,在承认20世纪各国于民族统一性原则、总动员体制、意识形态政治、全能主义体制等方面存在着差异的前提下,围绕今后应该如何思考国家和个人的关系展开议论。第6卷《从经济看公私问题》是由具有代表性的日本经济学家们围绕着是否可以通过国家介入和控制私人利益来实现公共善以及应该如何看待日本的经济问题等进行了讨论。第7卷《中间团体开创的公共性》围绕介于国家和个人之间的家庭、町内会(町是日本城市中的街区,类似于中国的巷、胡同;町内会则是以町为单位成立的地区居民自治组织)、小区(community)、新的志愿者组织、非营利组织(NPO)、非政府组织(NGO)等新旧民间(中间)团体在日本能否开创出新的公共性问题进行了探讨。第8卷《科学技术与公共性》,主要由科学家、技术人员和制定有关政策的官员讨论科学技术中的公私问题,以及人类能否控制既给人类的生存、生活带来巨大的便利,同时又有可能导致人类灭亡的科学技术的问题。第9卷《地球环境与公共性》着重讨论了在单个国家无法解决的全球环境问题的今天,如何重新建立环境伦理、生命伦理和环境公共性的问题。第10卷《21世纪公共哲学的展望》由来自不同领域的专家学者从不同的视角探讨着构建哲学、政治、经济和其他社会现象的学问——公共哲学——所必须关心的问题以及相关问题的研究现状。

　　这套丛书除了第10卷《21世纪公共哲学的展望》之外，其他9卷的最大特点是打破了以往学术著作的成书结构，采用了由各个领域的一名著名学者提出论题，让其他来自不同领域的学者参与讨论互动，使相关问题进一步往纵向与横向拓展的方式，因此各章的内容基本上都是由"论题"、"围绕论题的讨论"、"拓展"等几个部分构成，克服了传统的学术仅仅建立在学者个人单独论述、发言的独白性局限，体现了"公共哲学"所应有的"对话性探索"之互动＝公共的追求。其实，作为学术著作的这种体例与风格，与日本的公共哲学京都论坛的首倡者、组织者、构建者金泰昌教授对该问题的认识有关①，也与日本构筑公共哲学的代表性学者、东京大学的山胁直司教授的学术理想相吻合。② 金泰昌教授认为，"公共哲

---

　　① 金泰昌教授是活跃在日本的韩国籍学者，他对于东西方哲学、政治学、社会学等领域的学术问题都很熟悉，年轻的时候留学美国，后来又转到欧洲各国，至今已经走过世界的近60个国家，从事学术交流、讲学活动。为了构筑公共哲学，他从20世纪90年代开始就把学术活动据点设在日本，致力于日本、中国、韩国学术界进行广泛的学术交流，为各个领域的学者之间搭起了一座跨学科的学术对话平台，希望能为东亚的三个国家的学术对话有所贡献。

　　② 山胁直司教授并不是一开始就参与京都论坛所筹划的关于公共哲学的构筑运动。所以，在《公共哲学》丛书10卷中的第1卷、第2卷、第7卷、第9卷里并没有他的相关论说。然而，自从他开始参与"公共哲学共働研究所"所组织的研讨会之后，在至今为止八十多次的会议中，他是参加次数最多的学者之一。本文把他作为代表性学者来把握在日本兴起的这场学术运动，一方面是因为他在1996年就已经在东京大学驹场校区的相关社会科学科学科的研究生院开设了"公共哲学"课程，与金泰昌所长在京都开始展开哲学构筑活动不谋而合。1998年秋，由山胁教授编辑的《现代日本的公共哲学》一书出版了，金泰昌所长在京都的书店里看到了这本书之后马上托人与山胁教授取得联系，从此开始了他们之间关于构筑公共哲学问题的合作、交往与探讨至今。与金泰昌教授作为公共哲学运动的倡导者、

学"应该区别于由来已久的学者对学术的垄断,即由专家、学者单独发言,读者屈居于倾听地位的单向思想输出的学院派传统,让学问在一种互动关系中进行,达到一种动态的自足性完成。所以"公共哲学"中的"公共"应该是动词,不是名词或者形容词。公共哲学是一门"共媒—共働—共福"的学问。"共媒"就是相互媒介;"共働"的"働"字在日语中的意思是"作用",在这里就是相互作用;"共福",顾名思义就是共同幸福,公共哲学是为了探索一种让人们的共同幸福如何成为可能的学问。而山胁直司教授提倡并探索公共哲学的目标在于,如何打破19世纪中叶以来逐渐形成的学科分化、学者之间横向间隔的学术现状,让各个领域的学术跨学科横向对话,构筑新时代所需要的学术统合。那么,在这种思想和目标的基础上编辑而成的这套丛书,当然不可能采用传统的仅仅只是某个专家、学者单独著述的形式,而在书中展开跨领域、跨学科的学者之间的对话互动成为它的一大特色。

从上述的情况我们已经可以看出,关于"公共哲学"问题,无论作为一种学术概念,还是作为一门新兴的学科,都是一个产生的历史并不太长、尚未得以确立的学术领域。针对这种情况,我们认为有必要借这次出版该译丛的机会,通过国外关于公共哲学的理解,提出并尽可能澄清一些与此相关的最基本问题,为我国学术界今后的研究提供一些参考性思路。

5

组织者、推动者,致力于学术对话的社会实践活动的学术方式不同,山胁教授多年来致力于相关学术著作的著述,先后出版了介绍公共哲学的普及性著作《公共哲学是什么》(筑摩新书2004年版),面向专家、学者的学术专著《全球—区域公共哲学》(东京大学出版会2008年版),面向高中生的通俗读本《如何与社会相关——公共哲学的启发》(岩波书店2008年版)等,成为日本在公共哲学领域的代表性学者。

一、公共哲学究竟是怎样的学问

当我们谈到"公共哲学"的时候,首先面临的是"公共哲学是什么"问题。那是因为,近年来冠以"公共"之名的学术语言越来越多,而对于使用者来说其自身未必都是很清楚这个概念的真正内涵,更何况读者们对此更是模糊不清。所以,我们在此首先必须对相关思考进行一些相应的考察和梳理。

李普曼只是从西方自由民主制度下的自由公民的责任问题出发,提出了在现代民主社会中构建一种公共哲学的必要性。至于公共哲学是什么、是一种怎样的哲学的问题并没有给予明确的解答。之后,宗教社会学家贝拉等人为了统合各种专门的社会科学,再次提出构建公共哲学这个问题。他们以"作为公共哲学的社会科学"为理想,通过"公共哲学"的提倡来批判现存的分割性的学问体系。但是,对于公共哲学究竟是什么的问题,同样没有给出明确的定义。很显然,从"公共哲学"产生的背景与学问理念来看,在美国其中最根本的问题并没有得到解决。金泰昌教授甚至指出:李普曼著作中所谓的"公共哲学"之"公共"问题,与东方的"公"的意思基本相近,即其中包含了"国家"、"政府"等"被公认的存在"的意义。但是,对于我们东方人来说,"公"与"公共"的内涵是不同的。① 更进一步,我们不难注意到,李普曼的公共哲学的理念与西方古典的政治学、伦理学的问题难以区别,而贝拉等人所

---

① 汉字中"公"的意思,以及在中国传统文化思想中公和私的问题,沟口雄三教授在论文《中国思想史中的公与私》(参见《公共哲学》第1卷《公与私的思想史》)作了详细的介绍。还有请参见《中国的公与私》(沟口雄三等著,研文社1995年版)以及日本传统思想中"公"与"私"的问题(请参见《公共哲学》第3卷《日本的公与私》)。

提倡的统括性学问，与黑格尔哲学中以哲学统合诸学问的追求几乎同出一辙。

当然，日本的学者也同样面临着如何界定"公共哲学是什么"的问题。作为日本探索、公共哲学代表性学者的山胁教授，他在《公共哲学是什么》（筑摩书房 2004 年 5 月初版）一书中，同样也避开了直接对于这个问题的明确界定，只是强调指出"公共性"概念、问题的探索属于公共哲学的基本问题，他把汉娜·阿伦特在《人的条件》一书中对于"公共性"概念所作的定义，作为哲学对公共性的最初定义，以此展开了他对于公共哲学的学说史的整理和论述。从山胁教授为 2002 年出版的《21 世纪公共哲学的展望》（本卷丛书的第 10 卷）中所写的"导言"——《全球—区域公共哲学的构想》一文看出他的关于公共哲学的立场。本"导言"在开头部分作了以下的表述：

> 公共哲学，似乎是由阿伦特和哈贝马斯的公共性理论以及李普曼、沙里文、贝拉、桑德尔、古定等人的提倡开始的在 20 世纪后半叶新出现的学问。其实，如果跨过他们的概念之界定，把公共哲学作为"哲学、政治、经济以及其他的社会现象从公共性的观点进行统合论述的学问"来把握的话，虽然这种把握只是暂定性的，但是即使没有使用这个名称，公共哲学在欧洲和日本都是一种拥有传统渊源的学问。

这种观点包含了以下两个方面的问题意识：一是公共哲学好像是崭新的学问，其实其拥有悠久的传统；二是公共哲学是一种从公共性的观点出发进行诸学问统合性论述的学问。

那么，为什么公共哲学好像是崭新的学问又不是崭新的学问呢？他认为，这种学问的兴起，是为了"打破 19 世纪中叶以来产生的学问的专门化与章鱼陶罐化后，使哲学与社会诸科学出现了

7

分化的这种现状,从而进行统括性学问的传统复辟",以此作为这种学问追求的目标。当然,这里所说的统括性学问的"复辟"问题,与黑格尔的哲学追求有关。但是,他同时指出:公共哲学的立场不可能是黑格尔的欧洲中心主义的立场,而应该是追溯到康德的"世界市民"理念,只有这样的理念才是全球化时代相适应的统括性之崭新学问的目标。为此,他对公共哲学作出了如上所述那样暂定性的定义。很明显,山胁教授在承认公共哲学的崭新内容的同时又不把公共哲学作为崭新的学问的原因是,他不把这种学问作为与传统的学问不同的东西来理解与把握,而是通过对于"传统渊源"的学问再检讨,在克服费希特的"国民"和黑格尔的"欧洲中心主义"的同时,以斯多亚学派的"世界同胞"和康德的"世界市民"的理念为理想,重构黑格尔曾经追求过的统括性的学问,以此放在全球化时代的背景之下来构筑的哲学。这就是他所理解的公共哲学。在此,他创造了"全球—区域公共哲学"的问题概念,提出了在全球化时代构筑公共哲学的视野(全球性—地域性—现场性)和方法论(理想主义的现实主义与现实主义的理想主义)。

与山胁直司教授不同,在构筑现代公共哲学中起到中心作用的金泰昌教授的看法就不是那么婉转,他一贯认为公共哲学是一个崭新的学术领域、一门崭新的学问。并且,这种学问正是这个全球化时代中人们所体验的后现代意识形态才可能产生的学问,才可能开辟的崭新的知的地平线。金教授认为,西方的古典学问体系是以"普遍知"的追求为理想,寻求最为单纯的、单一的、具有广泛适用性和包容性的知识体系。但是,近代以后的学术界,意识到这种统括性的形而上学所潜在的危机,开始重视拥有多样性的"特殊知",诸学问根据学科开始了走细分化的道路,其结果出现了诸学问的学科之间的分割、断裂现象的问题。那么，公共哲学一方面要避免"普遍知"的统括性，另一方面也要克服学问的学科分化，实现学科之间的横向对话，构筑"共媒性"的学问。所以，与传统的"普遍知"和近代以来的"特殊知"不同，公共哲学是一种"共媒知"的探索。为此，2005 年 10 月 11 日他在清华大学所进行的一场"公共哲学是什么？"的对话与讲演中，针对学者们的提问，他提出了公共哲学的三个核心目标，那就是"公共的哲学"、"公共性的哲学"、"公共(作用)的哲学"，并进一步指出三者之间相互联动的重要性。所谓公共的哲学，那就是从市民的立场思考、判断、行动、负责任的哲学；公共性的哲学，就是探索"公共性"是什么的问题之专家、学者所追求的哲学；公共(作用)的哲学，就是把"公共"作为动词把握，以"公"、"私"、"公共"之间的相克—相和—相生的三元相关思考为基轴，对自己—他者—世界进行相互联动把握的哲学，其目标是促进"活私开公—公私共创—幸福共创"的哲学。以此体现日本所进行的公共哲学研究与美国所提出的公共哲学的不同之处，强调日本的公共研究的独特性。①

上述山胁教授所提供的问题意识，对于我们进行公共哲学的研究，拥有许多启发性的要素，在一定的时期，将会为人们进行公共哲学的研究与探索，提供一种学术的方向性，这是其研究的重要意义所在。但是，他那暂定性的诸规定，并没有从正面回答"公共哲学是什么"的问题，只是在公共哲学的概念、问题还处于模糊的状态中，就进入了关于公共哲学的目标和学问视野的界定。其实，这种现象并不仅仅只是山胁教授一个人的问题，也是现在日本在

9

---

① 公共哲学共働研究所编：《公共良知人》，2005 年 1 月 1 号。

公共哲学的探索过程中所存在的共同问题。①

　　金泰昌教授的观点与山胁教授相比体现其为理念性的特征，其内容犹如一种公共哲学运动的宣言。这也充分体现了在日本构建公共哲学的过程中，他作为运动的组织者和领导者而存在的角色特征。确实，我们应该承认，金教授的见解简明易懂，可以接受的地方很多。特别是他提出的公共哲学所具有的三大特征性因素，对于打破 19 世纪中叶以来所形成的学问的闭塞现状，将会起到一种脚手架式的辅助作用。但是，问题是他的那种有关知的划分方式仍然只是停留在西方传统的学问分类之中，还没有超越西方人建立起来的学术框架。仅凭这些阐述，我们还无法理解他所说的"共媒知"与传统的"普遍知"有什么本质上的区别，而"共媒知"是否可以获得与"普遍知"对等的历史性意义的问题也根本不明确。当然，西方思想中所谓的"普遍知"是以绝对的符合逻辑理性并且是以可"形式化"（符合逻辑，通过文字形式的叙述）为基本前提的，而金教授所提倡的"共媒知"却没有规定其必须具有"普遍"适用的绝对合理性。与其如此，倒不如说，其作为"特殊知"之间的桥梁，多少带有追求东方式的"默契"的内涵，也就是"无须言说性"的认知。这种"默契知"的因素，从西方的理性主义来看属于"非理性"，但是，在东方世界中这种不求"形式知"，以"默契知"达到人与人之间、人与世界之间的沟通是得到人们承认的。

　　那么，很显然，无论在美国，还是在日本，所展开的至今为止的有关公共哲学的研究，明显地并没有对"公共哲学是什么"的问题给予明确的回答。根据至今为止的研究史来看，如果一定需要我

---

　　①　桂木隆夫著：《公共哲学究竟应该是什么——民主主义与市场的新视点》，东京：劲草书房 2005 年版。

们对公共哲学给予一个暂定性的定义的话,那么,只能模糊地说:公共哲学是一门探索公共性以及与此相关问题的学问。关于这个问题,我们觉得可能在相当长的一段历史中,仍然会不断被人们争论和探讨。

也许正是由于"公共哲学"的学术性概念的不明确,其研究对象、涵盖的范围也茫然不定,现在仍然被学院派的纯粹哲学研究者们所敬畏。在日本,东京大学的研究者们展开了积极而全方位的研究活动,而保持学院派传统的京都大学的学者们至今仍然保持静观的沉默态度。但是,我们与其不觉得一种学问的诞生,最初开始就应该都是在明确的概念的指引下进行的,倒不如说一般都是在其研究活动的展开过程中,其所探讨的问题意识、预期目标逐渐明确,方法论日益定型,通过研究成果的积累而达到对问题本质的把握。从泰勒士开始的古希腊学问的起源正是如此开始的。为了回答勒恩的提问,毕达哥拉斯也只能以"奥林匹亚祭典"的比喻来回答哲学家是怎样一种存在的问题。对哲学概念的定义,只是在后世的学者们整理学说史的过程中才慢慢得到比较明确把握的。

我们认为,对"公共哲学"的学术界定问题也会经过同样的过程。只有到了我们所有的人都能站在全球化的视阈和立场上思考、感受、共同体验一切现实生活的时候,所有的人理所当然地站在公共性存在的立场上享受人生、悲戚相关的时候,公共哲学在这种社会土壤中就会不明也自白的。对于"公共哲学是什么"的回答,应该属于这种社会在现实中得以实现的时候才可以充分给予的。这个回答其实与过去对于"哲学是什么"的回答一样,学者们在实践其原意为"爱智慧"的追求过程中,通过长期不懈的探索智慧的努力,才得以逐渐明确地把握的。当然,为了实现对于"公共哲学是什么"问题的本质把握,社会的意识改革与实际生活中的

11

坚持实践的探索追求是不可或缺的。要在全社会实现了上述的每一个社会构成员对于公共性问题的自我体验的目标，从现在开始循序渐进地努力是必不可少的。当思考公共性的问题成为人们自然而然地接受和体验的时候，"公共哲学"究竟应该是什么的答案将会自然地显现。从这个意义来说，现在日本所进行的公共哲学的探索，朝着自己所预设的暂定性的学术目标所作的研究和努力，也许可以说正是构筑一种崭新学问所能走的一条正道。

二、公共哲学是否属于一门崭新的学问

在这里，我们涉及一个重要的问题，在日本所展开的公共哲学研究，企图构筑一种崭新的学问。那么，我们必须进一步思考：日本的学术界所谓的公共哲学的崭新性是什么？究竟公共哲学是否属于一门崭新的学问？如果作为崭新的学问来看待的话，必须以哪些领域作为其研究对象？应该设定怎样的目标、采取怎样的方法进行探讨呢？

纵观日本的公共哲学研究，上述的金泰昌教授与山胁直司教授值得关注。笔者对金教授的学术理想虽然拥有共鸣，而从山胁教授的研究视野、所确定的研究领域和研究方法也能得到启发。但是，两者所表明的关于公共哲学的"崭新性"问题，笔者觉得其认识仍然比较暧昧，而有些方面，两者的观点也不尽相同。

如前所述，山胁教授的"公共哲学……似乎作为崭新的学问而出现"的发言，容易让人觉得他并不承认这种学问的"崭新性"。其实不然，他就是站在公共哲学是一门崭新的学问的前提下展开了相关的研究。他在《公共哲学》20卷丛书出版结束时于2006年8月发表的一篇短文中，明确地表明了公共哲学是一门崭新的学问的认识。他认为：公共哲学是一门发展中的学问，虽然学者之间

可能会有各种各样的见解,但是自己把其作为崭新学问的理由,除了认为它是一门"从公共性①的观点出发对于哲学、政治、经济以及其他的社会现象进行统合性论述的学问"之外,它的崭新性还可以从以下五个方面得以认识:(1)对于现存学问体系中存在的"社会现状的分析研究 = 现实论"、"关于社会所企求的规范 = 必然论"、"为了变革现状的政策 = 可能论"之学科分割问题进行综合研究,特别是没有把其中的"必然论"与"现实论"和"可能论"分割开来进行研究是公共哲学的重要特征。(2)以提倡"公的存在"、"私的存在"、"公共的存在"进行相关把握的三元论,取代原来的"公的领域"与"私的领域"分开对待的"公私二元论"思考。(3)通过提倡"活泼每一个人使民众的公共得到开启,使政府之公得到尽可能的开放"之"活私开公"的社会根本理念,克服传统的"灭私奉公"或者"灭公奉私"的错误价值观。(4)把人们交流、交往活动中的性质进行抽象性把握,探索一种具有公开性、公正性、公平性、公益性之"公共性"理念,这也是公共哲学的实践性特征。(5)在公共哲学的构筑过程中,努力尝试着进行"公共关系"的社会思想史的重新再解释,这种研究也是这种学问的重要内容。②

　　与山胁教授不同,金教授邀请日本甚至世界各国著名学者会聚京都(或大阪),进行"公共哲学"对话式探讨的同时,积极到世界各国特别是韩国和中国行走,进行讲演和对话活动。到 2008 年

---

　　①　关于"公共性"、"公共圈"(öffentlichkeit, öffentlich, publicité, publicity)的问题,哈贝马斯在《公共性的结构转换》一书中,对于其历史形态的发展过程做了详细的梳理和研究。日本的"公共性"问题的探索,从哈贝马斯的研究中得到诸多的启示。

　　②　山胁直司著:《公共哲学的现状与将来——寄语〈公共哲学〉20 卷丛书的发行完成》(请参见 *UNIVERSITY PRESS*),东京大学出版会,2006 年第 8 期。

10月为止，在中国就进行过十多次关于"公共哲学公共行动的旅行"。在这个过程中，每当人们问及公共哲学是否属于崭新的学问的时候，他都是明确地回答这是一门崭新的学问。但是，纵观其所表明的见解，其中所揭示的"崭新性"也都是停留在这种学问追求的"目标"和"方法"之上。他承认自己所说的这种学问的崭新性，并不是从根本的意义上来说的，而是"温故知新"的"新"，"是对学问的传统向适应于现在与将来的要求而进行的再解释、再构筑意义上"的崭新性问题。就这样，毫不犹豫地宣言公共哲学是一门崭新学问的金教授的见解，基本上与山胁教授的观点是一致的。只是他明确表示不赞同山胁教授的"统合知"的看法，公共哲学的目标应该是"共媒知"的追求。① 而针对山胁教授所提倡的"全球—地域（グローカル）"公共哲学的探索目标，他却提出了"全球—国家—地域（グローーナカル）"公共哲学的学术视野。

上述的两位学者关于公共哲学"崭新性"的见解，基本体现了日本当代公共哲学研究的一种共有的特征。但是，我们面对这种观点，自然会产生下述极其朴素的疑问。

只要我们回顾一下人类思想史就不难发现，人类对于社会生活中的公共性问题的思考、探索的学问，古代社会就已经存在，并不是现在这个时代才产生的新问题。从古代希腊的城邦社会的城邦市民到希腊化时期的世界市民，从近代欧洲的市民国家到现代世界的国民国家，随着历史的发展，公共性的诸种问题在伦理学、政治学、经济学等领域中都被提起，并以某种形式被论述过。因此，并不一定要把公共哲学作为一种崭新的学问来理解，即使过去并没有使用过这个概念来论述，但是，其中所探讨的问题在本质上

---

① 公共哲学共働研究所编：《公共良知人》，2006 年 10 月 1 号。

是一致的。现在所谓的"公共哲学",只是从前的某个学问领域或者几个领域所被探讨的问题的重叠而已。如果这种理解可以说得通,那么现在所探索的"公共哲学"与过去的时代所被探讨过的有关"公共性问题的哲学",即使其所展开的和涵盖的范围不尽相同,其实那只是由于生存世界环境发生变化所带来的现象上的差异,从根本上来说,其问题的内核并没有多大的变化。那么,他们强调"公共哲学"属于一种崭新的学问领域的必要性和依据究竟何在呢?

更具体一点说,public 的概念中包含了"公共性"问题。这种情况下所谓的"公共性",就是相对于"个"(即"私")来说的"公"的意思。通常,从我们的常识来说,构成"个"之存在的要素是乡村、城市,进一步就是国家。把"个"之隐私的生活、行动、思想、性格、趣味等,敞开置放于谁都可以明白的"公"的场所的意思包含在 public 的语义之中。那么,public 本意就是以敞开之空间(场所)为前提的,即"öffentlich"的场所(行动、思想、文化的)。正因为如此,汉娜·阿伦特把"公共性"的概念,定义为"最大可能地向绝大多数人敞开"的世界。但是,个体的世界在敞开的程度上会由于时代的不同而存在着差异。随着时代的变迁,生活的世界也在逐渐地扩大。这种发展的过程到了现代社会,随着全球化的浪潮扩大成为世界性(或者地球)的规模出现在我们面前。因此,如果以个人(私)与社会(公)的对比来考虑这些问题的话,虽然其规模不同,但其根本点是一样的。所以,公共性问题自人类组成社会、共同体制度确立以来,从来就没有间断过、总是被思考和探讨的古典问题。对于个人(私)来说,公的规模从很小的村庄发展到小镇,从县、市发展到大都会,然后是国家,随着其规模扩大的历史进程,其构成员之每一个人之"个"的生存意识也要进行相应的变革,这种一个又一个历史阶段的超越过程,就是人类历史的真实状况。因此,认为现代社会的公共性问题会在本质上出现或者说产生出崭新的内涵是值得怀疑的。

当然,金教授和山脇教授以及日本的公共哲学研究界,对于这种"私"与"公"的发展历史是明确的。正因为如此,金教授在谈到公共哲学之"崭新性"时,承认"如果采取严密的看法的话,这个世界上完全属于新的东西是没有的",强调对于这里所说的"崭新性",是一种"继往开来"意义上的认识。① 而山脇教授更是在梳理社会思想史中的古典公共哲学遗产的基础上展开了他的公共哲学的研究。然后,根据"全球—区域公共哲学"的理念,提出了构筑"应答性多层次的自己—他者—公共世界"的方法论,尝试着以此界定作为公共哲学的崭新内容。② 就这样,即使认识到提出公共哲学之"崭新性"就会遇到各种难以克服的问题,却还要强调并探索赋予公共哲学的崭新意义,日本的这种研究现象说明了什么呢?

如前所述,在人类历史的现实中,公与私的对比是随着规模的不断扩大而发生变化的。个人层次的自他的界限,是在向由个体所构成的社会的扩大过程中逐渐消除的。个体是置身于公的场合而获得生活的领域的。但是,这种情况下"个"性并没有消亡,而是成为新的"公"中所携带着的"个"的内核。也就是说,从对于"个"来说属于"公"的立场的"村",与其他"村"相比就会意识到自他的区别与对立,这时作为"公"之存在的"村"就转变为"私"

---

① 公共哲学共働研究所编:《公共良知人》,2006 年 10 月 1 号。
② 山脇直司著:《公共哲学是什么?》,东京:筑摩书房 2004 年版,第 207—226 页。

的立场。而"村"放在比村的规模更大的"公"(乡镇、县市、国家)的面前,其中的对立就自然消除。接着是乡镇、县市、国家也都是如此,最初作为个体的"个"性所面对的"公",而这种"公"将被更大的"公"所包摄而产生公私立场的转换。这种链条型动态结构,与亚里士多德《形而上学》中的"实体论"的结构极为相似。这就是自古以来人类社会进化的过程,基本上来自于人类本性中所潜在的自我中心(或者利他性)倾向所致。这也就是普罗泰哥拉思想中产生"人的尺度说"的根本所在。从这种意义上来看,普罗泰哥拉的哲学已经存在着公共哲学的端倪,"尺度说"思想应该属于公共哲学的先驱。

人类在国家这种最大的"公"的场所中寻求"公"的立场经过了几千年,现在却直面全球化的浪潮,从而使原来处于"公"的立场之国家面临着"私"的转变。因此,可以说全球化的产生来源于原来的"公"的立场的国家之"个"性的增强所致。即由于国家之"个"性的增强,由此产生了侵略、榨取、掠夺、环境恶化等生存危机状况的意识在世界各国中日益提高,为此,全球化的问题从原来的历史潜在因素显现出历史的表面,让人们无法拒绝地面对。当然,这种意识根据各国的发展情况不同而强弱有别。那么,新时代的"公共性"问题,要想获得拥有"崭新意义"的概念内涵,就需要各国各自扬弃自身的"个"性,也就是说强烈地意识到个的立场的基础之"公"性,实现站在"公"的立场思考、行动的一场意识形态革命。人的意识变革,不能仅仅停留在立法、政策的层面纸上谈兵。如果不能做到地球上的每一个人真正回到思考作为人的本性、在现实生活中实现把他者当做另外的一个不同的自己之"公"的意识,一切立法和政策都将是空谈,最多也只是国家之间的一时性的政治妥协而已,没有实质性的现实意义。只有实现了这种意

17

识形态的变革，所有的人类在生活中极其平常地接受新的生存意识，崭新的公共性才会成为现实中人们的行为规范。现在日本所进行的公共哲学的研究，有意识地将其作为崭新的学问领域进行探索，应该就是以上述思考为前提而致。金教授的"活私开公"的理念提出和"公—私—公共世界"之三元论的提倡，山胁教授"学问改革"的目标和"全球—区域公共哲学"的构筑等等，都应该属于以新时代意识革命为目标而构筑起来的面向将来的理想。

但是，现在日本的公共哲学研究中所提出的"公"与"私"的关系，并没有明显地把"公"作为"私"的发展来把握。他们过于强调"公"是"私"的对立存在，缺少关于包含着"私"之性质的"公"的认识。因此，在那里所论述的"私"只是始终保持自我同一性之狭义的"私"，对于包含着自我异质性的、内在于他者之中的另一个自己，即广义的"私"，属于向"公"的发展与转化的问题，还没有得到充分的认识。这种意识结构，明显地受到西方近代以来个人与国家、与社会对立关系的把握与定立方式的影响。那么，在这种思考方式下所展开的公共哲学的研究，其中对于"公共性"问题的领域的圈定、目标的设立、方法论的构筑等，当然无法脱离西方理性主义之知的探索方法的束缚，为此，在这里所揭示的这种学问的"崭新性"，只是一种旧体新衣式的转变，根本无法从本质上产生真正"崭新"的内容。

三、作为崭新学问的公共哲学所必须探索的根本问题

那么，我们能否把公共哲学作为完全崭新的学问来构筑呢？能否通过"公共哲学"来探索一种与至今为止在西方理性主义和形而上学的基础上建立起来的学问体系不同的、崭新的思维结构、思考方式并以此来重新认识和把握我们所面临的生存世界呢？如

果设想这是可能的话,我们该以怎样的问题为探索对象?应该具备怎样的视阈和目标进行探索呢?对于我们现有的学问积累来说,要回答这些问题需要一种无畏的野心和面向无极之路的勇气。从我们自己现在的浅薄的学识出发,将会陷入一种已经精疲力尽却还要在茫茫大海中漂流的恐惧之中。一切的努力最终都会如海明威笔下的那位老人,拖回海滩的只是一架庞大的鱼骨。然而,我们明白,自己已经出海了。也就是说一旦把上述问题提出来了,就已经无法逃脱,就必须确立自己即使是不成熟也要确立的目标和展望。为此,我们想从以下三个方面,把握公共哲学作为崭新学问的可能性。

1. 首先必须明确公共哲学的构建问题已经在日本引起重视并开始展开全面探索的现实背景问题。一句话,这种学问的胎动与 20 世纪 80 年代前后伴随着信息技术的飞速发展、网络技术的出现与迅速普及、标志着全球化时代的全面到来的时代巨变有直接的关系。在全球化的大潮面前,至今为止处于被人们所依存的公的存在,几千年来,作为处于公的立场的国家,面对其他的国家时其内在的"个"性(私)逐渐增强,伴随着这种历史的进展而出现的弊端(侵略、榨取、战争、环境恶化等),特别是首先出现的经济全球联动、环境问题的跨国界波及等,让世界各国日益增强了现实的危机意识,无论个人还是国家,都面临着作为私的存在领域和公的存在领域该如何圈定的全新的挑战。那么,新时代出现的"公共性"问题,以区别于过去历史中的同类问题,凸显其迥然不同的内核,这些问题成了迫在眉睫的必须探讨的现实问题。人们希望从哲学的高度阐明这个新时代的"公共性"问题的内在性质和结构,为解决现实问题提供崭新的生存理念。

然而,从一般情况来看,现在学术界热切关注的全球化问题,

19

主要集中在政治学、经济学、环境科学等社会科学和自然科学的领域，从文化人类学的角度进行思考的并不太多。特别是从哲学的理性高度出发把握人类生存基础所发生的根本性变化的研究几乎没有。学者们在这个时代所呈现的表面现象上各执一端、盲人摸象式的高谈阔论的研究却很多。这就是现在学术界的现状。而在全球化问题日益显著的 20 世纪 90 年代开始在日本出现的"公共哲学"的研究胎动，虽然所涉及的研究领域是全方位的，可是其探索的热点同样也只是集中在政治学、经济学、宗教学、环境科学等社会科学诸领域中凸显的个别问题的个案研究，从高度的哲学理性进行知的探索，对于现实现象进行生存理性的抽象和反思的研究还没有真正出现。从哲学的角度（或者高度）思考全球化时代出现的问题，就必须超越一般的社会科学和自然科学中所探讨的问题表象，通过洞察人类生存的根本基础在这种时代中究竟发生了怎样的变化，这些变化意味着什么，通过前瞻性地揭示人类生存的本质，为人类提供究竟该如何生存的行为理念。那是因为，只要是哲学就必定要探讨人类该如何生存的根本问题，哲学是一种探讨世界观、提供方法论的基础学问，公共哲学作为哲学，同样离不开这样的学术本质。

20 世纪的人类历史，科学技术的进步促成了至今为止几千年来所形成的人类生存的基础发生了根本性的改变，使人类面临着全新的生存背景。为此，必须从根本上重新思考人类自身的生存问题，探索出一种可以适合日益到来的未来生存之崭新的思考方式、认识体系。之所以这么说，那是因为 20 世纪的科技发展从根本上改变了迄今为止的人类生存际遇和意识形态基础。核武器的开发利用，使人类的破坏力达到了极限。宇宙开发所带来的航空技术的发展，登月的成功，使人类的目光从地球转向了宇宙太空，从而打开了把地球作为浮游在宇宙太空中的一个村庄来认识的历史之门。网络技术的发展、利用和普及,使国界线逐渐丧失现实的意义。特别是网络上的虚拟空间的诞生,使人类的现实生存发生了根本的改变,从此虚拟空间与现实空间开始争夺占领人类的生存世界。最后不可忽视的是克隆技术的出现、开发、研究、利用,摧毁了至今为止人类作为人类生存的最后堡垒。也就是说,克隆技术使动物的无性繁殖成为可能,从而使人类获得了本来属于神才能具备的创造力。这些巨大的科学进步,使人类生存的根本之生命的意识、意义必须重新面对和认识。至今为止的人类构成社会基础的婚姻、家庭、所有制、共同体、国家的起源与存续,都必须开始重新认识和界定。我们已经进入了这样的崭新历史阶段,20 世纪发生的全球化现象,来自于上述人类生存基础的根本性改变,这是最为根源的时代基础。哲学是一种关于根源性问题的探索。公共哲学中所关注的以"公共性"为核心概念的诸问题,必须深入到这种时代的根源性认识,只有这样,才能获得作为新时代的崭新学问的基础。

2. 对于崭新时代的思考、认识与把握,当然是从反省已经过去了的时代的历史开始的。为此,我们要对从古希腊开始产生的西方理性主义和形而上学以及中国先秦出现诸子百家思想的历史背景进行一次彻底的再认识,由此出发探索适应于后现代的生存时代可能诞生的学问,并对此进行体系的构筑。

确实我们应该承认,从这套中译本中也可以看出,现在日本的公共哲学的研究,一边关注现实问题,一边整理学问的历史,正进行着适合于这个时代的学问的再认识和再构筑。他们对于公共哲学的构想与探索实践以及对于学问历史的整理和方法论的摸索,都是站在现实与历史的出发点上而展开的,特别是他们鲜明地提

21

出了对于东亚的思想传统的挖掘和再评价的探索目标,具有极其重要的历史与现实意义。但是,问题是他们的这种研究,尚未克服从西方人的思维方法、问题意识出发的局限,还没有获得具有东方人固有的、独特的把握世界方式的自觉运用。为此,在这里所构筑的"公共哲学",仅仅只是通过"公共哲学"这个崭新的概念对于传统的学问体系所作的重新整理而已。

从泰勒士开始的西方学问的传统,是把与人类现实生活不直接相关的对象即客观的自然中的"存在(最初称之为'本原')"作为探索的对象。之后,巴门尼德通过逻辑自洽性的批判性质疑,进一步把完全超越于人类生存现实的彼岸世界中、完全属于抽象的存在,作为哲学探索的终极目标在思维中置定。但是,由于从自然主义的绝对性出发,就无法承认人的现实生存的种种际遇的存在价值。对于这种自然主义的人文观,出现了强调人的现实生存的价值问题的反省,这就是智者学派的出现。他们为了把人类只朝向自然的目光在人类生存现实中唤醒,为了高扬人类生存的价值和意义,提出了人的"尺度说"思想。但是,如果要想给予人类存在一种客观的依据,人的"臆见"、主张与具有绝对的客观性之"知识"的冲突问题自然会产生。这种冲突以苏格拉底的"本质的追问"形式在学问探索的历史中出现,从而开始了关于如何给予人的思考方式、接受方式以客观的依据,使人的价值获得认识的哲学探索。继承苏格拉底思想的柏拉图哲学,把迄今为止的自然哲学家的探索进行了综合性的整理和把握,把自然的、客观的存在性与人文的、主观的存在性的探索进行思考和定位,构筑成"两种世界"的存在理论之基本学术框架,为之后的西方哲学史确立了基础概念和探索领域。最后,由亚里士多德把两种世界进行统一的把握,完成了西方学问的范畴定立,从此,建立起西方传统的理性主义和形而上学的一套完整的理论体系。虽然,亚里士多德对于柏拉图的超越性存在的定立持批判的态度,但是,在他的形而上学的"实体论"的体系构筑中,最终不得不追溯到"第一实体"的存在,只能回到柏拉图的超越性世界之中才能得以完成。从此,西方哲学的探索以形而上学作为最高的学问,存在论成为哲学的最基本领域。虽然到了黑格尔之后的西方近现代哲学出现了哲学终结论和形而上学的恐怖的呼声,但是,植根于欧洲传统思维基础上思考与反叛传统的西方近现代哲学思潮,仍然无法从根本上彻底动摇西方学问的思维基础和思考方法。

那么,究竟为什么西方人在哲学探索时必须把探索的对象悬置于与人类隔绝的彼岸世界之上呢? 从简单的结论来说,那是因为,自古以来人类被自身之外的自然世界所君临,对于自然世界中未知的存在潜在着本能的恐怖,彼岸的存在来自于这种恐怖的本能而产生的假说。从而产生了把宇宙世界不可见的绝对者在宗教世界里被供奉为神,在哲学世界里被界定为根源性的存在的抽象认识。为了逃离这种绝对者的君临,从本能上获得自由的愿望成为哲学探索的原动力。但是,人类对于超越现实存在的彼岸世界究竟是否存在都无法确认,又将如何认识与把握这个世界呢? 为此,几千年的努力没有结果之后,自然地会反省自身的最初假设,终于就在这种思考的土壤上产生了"终结论"和"恐怖论",点燃了对于传统思考反叛的狼烟。但是,上面说过,20 世纪的科技发展与进步,使人类的存在上升到神的高度。几千年来的人类恐怖从对于彼岸世界的恐怖转移到对于自己生活的此岸世界的恐怖。这时,对于人类的良知和理性的要求,完全超越了智者时代的层次,成为人类从恐怖中解放出来的根本所在。在此,西方理性主义所企图构筑的均质之多样性和谐的传统求知方式,已经成为人类认

23

识世界的过时方法,人类需要探索一种能够把握多元之异质性和谐的超理性主义的知识体系的构筑方法。如果将公共哲学作为崭新的学问体系来探索全球化时代的生存理念的话,那么,首先必须获得的就是这种此岸认识和超理性主义的思考方法,并以此为前提展开公共性、公共理性的思考和探索,构筑起自己—他者—公共世界的三元互动的体系。只有这样,才能够真正地开拓出一道崭新的知识地平线。

3．"此岸"认识与多元之异质性和谐的探索之超理性主义的知识体系,与其说是西方,倒不如说这是我们东方的思维方式。①但是,只要我们回顾一下至今为止的历史就不难发现,那是一种西方的思维方式向东方、向世界的单向输出的历史,东方的东西虽然有一部分进入西方,对于西方的思考却没有构成太大的影响。特别是近代西方通过工业革命之后,其文明得到极端的膨胀,使得东方文明转变为弱势文明。东方文明在西方强势文明面前为了自我保存,不得不采取通过接受西方的思维方式,整理和解释自己的思想遗产,以此获得文明延续的苦肉之策。现在我们所使用的学术话语基本上都是西方的舶来品,西方的思维方式几乎成了人类思考、认识世界的国际标准,我们无意识中都在使用着一个"殖民地大脑"思考现实的种种问题。在全球化日益进展的后现代社会中,这种倾向更为明显地凸显了出来。那么,在这全球化生存背景下构筑公共哲学的探索中,我们就必须有意识地改变西方文明单向输出的人类文明的交流与对话方式,提出一套平等的文明对话的理念。为了做到这一点,公共哲学的目标就不应该单纯地只是

---

① 这里所说的"东方",只是特指"以儒家文明为基础的东亚世界",不包括印度和阿拉伯地区。

追求打破 19 世纪以来形成的学问体系，而必须更进一步，做到对于西方的学问体系、求知方式进行彻底的反思，充分认识与挖掘东方思维方式的固有特征和内在结构，以此补充、完善西方思维方式的缺陷，探索并构筑起与全球化时代的人类全新生存相适应的认识体系。

确实，现在日本的公共哲学研究，已经开始对于东方的知识体系开始整理，相关的研究已经纳入探索的视野。在古典公共哲学遗产的整理过程中，对于中国、日本甚至印度、伊斯兰世界的思想文化遗产也都有所探讨。在金教授的一系列的讲演和论文与山胁教授的著作中都提供了这种思考信息。还有，源了圆教授（关于日本）、黑住真教授（关于亚洲各国主要是日本和中国）、沟口雄三教授（关于中国）、奈良毅教授（关于印度）、阪垣雄三教授（关于伊斯兰各国）等，许多学者也都发表了重要的论述或者论著。而《东亚文明中公共知的创造》①和《公共哲学的古典与将来》②两本著作的出版，集中体现了这种视野的目标和追求。但是，也许是一种无意识的结果，学者们的视点基本上还是存在着从西方的学问标准出发，挖掘和梳理东方传统思想中知的遗产的思考倾向。也就是说，那是因为西方古典思想中拥有与公共问题相关的哲学探索，其实我们东方也应该有这样的知的探索存在的思考。对于究竟东方为什么拥有这种探索、这种探索所揭示的东方的固有性和认知结构如何等问题，都还没有得到进一步的挖掘和呈现。

21 世纪的世界，正是要求我们对于近代以来在接受西方的思

① 佐佐木毅、山胁直司、村田雄二郎编：《东亚文明中公共知的创造》，东京大学出版会 2003 年版。

② 宫本久雄、山胁直司编：《公共哲学的古典与将来》，东京大学出版会 2005 年版。

维方式、学问体系的过程中,形成了东方式的西方思考和学问体系进行反思,从而对于东方的文明遗产中的固有价值再认识和揭示的时代。① 在这个基础上构筑新的学问体系,探索新的思维方式应该成为公共哲学的目标和理想。也就是说,以全球化时代为背景而产生的公共哲学问题,在其学问体系的构筑过程中,其最初和终极目标都应该是:打破东西方文明的优劣意识,改变君临在他文明之上的欧洲中心主义所拥有的思维方式以及由此形成的学问体系的求知传统,为未来的人类提供一幅既面对"此岸"生存又可获得"自由"的思维体系的蓝图。

以上三点,只是作为我们的问题和思考基础提出来的,当然要达到这个目标还需要漫长的探索过程。为了实现这些学术目标,西方哲学的研究者和东方哲学的研究者的对话、参与、探索不可或缺。特别是现在从事西方哲学的研究者们,利用自己的学术基础和发挥自己形而上的思维习惯,有意识地接触、思考、探讨东方哲学思维方式,改变已经形成的思维定式和思维结构更是当务之急。也只有这些人的参与,才有可能出现令人欣喜的巨大成果。

四、在我国译介这套丛书的意义

我国长期以来存在着一种潜意识里的接受机制,一提到国外的著述就会产生"高级感"。确实,在学术上国外的几个发达国家在许多方面领先于我们,需要向人家学习的地方还很多。但是,学

---

① 笔者强调"东方",没有"东方中心主义"的追求,无论"西方中心主义"还是"东方中心主义"都是狭隘的"地域主义",都是应该予以批判的。我们强调"东方",是由于几百年来"东方"文明被忽视之后出现了地球文明的畸形发展,要纠正这种不平衡,就必须提醒"东方"缺失的危险性,克服我们无意识中存在的"殖民地大脑"思维局限,明确地而有意识地揭示我们"东方"的文明价值。

术虽然存在着质量的高低、方法论的新旧，但是更为根本的应该是要把握观点上存在的不同之别。我们认为，现在应该是有意识地克服我们学术自卑感的时代了。所以，我们在学术引进时，虚心肯定与冷静批判的眼光都不可或缺。因为肯定所以接受，而批判则不能只是简单的隔靴搔痒、肤浅的意识形态对立，而是在明白对方在说什么的基础上有的放矢。所以，在我们揭示翻译这套丛书的意义之前，需要上述的接受眼光以及相关问题的基本认识。

那么，从我国近年的学术界情况来看，公共哲学的研究也已经展开，即使没有使用"公共哲学"这个学术概念，而与公共哲学的研究领域和探索对象相关的论文和著述陆续出现、逐年增加。比如说，从1995年开始，由王焱主编的以书代刊的杂志《公共论丛》，在这个论丛中主要有《市场社会公共秩序》、《经济民主与经济自由》、《直接民主与间接民主》、《自由与社群》、《宪政民主与现代国家》等。而从1998年前后开始，在《江海学刊》等杂志上陆续出现了一些关于公共哲学的研究性或者介绍性论文。此外，还有华东师范大学现代思想文化所编辑出版的"知识分子论丛"、清华大学编辑出版的《新哲学》等。特别需要一提的是，中共中央党校出版社编辑出版"新兴哲学丛书"，其中在2003年出版了一部直接名为《公共哲学》（江涛著）的论著，书中的参考文献中介绍了大量的有关公共问题研究的相关论文。到了2008年年初，吉林出版集团也开始出版由应奇、刘训练主编的"公共哲学与政治思想"系列丛书，其中包括《宪政人物》、《正义与公民》、《自由主义与多元文化论》、《代表理论与代议民主》、《厚薄之间的政治概念》等。除此之外，还有一些杂志也登载一些相关问题的文章。从这些丛书的书名中不难看出，在中国，关于"公共哲学"的概念与学术领域的理解是多元的、多维的，其中比较突出的特点是学术视野集中

27

在对于西方学术思想中政治学、伦理学、社会学等介绍和评述上，他们有的循着哈贝马斯的社会批判论，有的倾向于罗尔斯的政治哲学等，所以，在公共哲学的研究中存在着把其理解为管理哲学的倾向，甚至被作为行政学问题进行阐述。因此，这些研究与现在日本的公共哲学研究相比，在学术视野、问题的设定以及参与研究的学者阵容上都相差甚远，基本上缺少一种在现代化和全球化的浪潮逐步深入和拓展的时代背景下，面对日益出现的伦理失范、道德缺席、环境危机、政治困境、经济失衡等一系列与公共性理念相关问题的关联性探讨，更没有把公共哲学作为一种崭新的学问体系来构筑和探索的宏大视野。由于存在着对所研究问题的意识不明确，学术方向和目标定位过于混乱，甚至不排斥一些属于功利的猎奇需要，所以，作为一种学问的公共哲学的研究，至今为止还谈不上有什么引人注目的成果出现。

从这套译丛中我们不难看出，日本的公共哲学研究是建立在各个领域一流学者的参与互动的基础上，寻求构建适应于这个全球化时代的学问体系。他们的那些有关公共性问题的历史与现实的梳理、研究、探索，拥有政治、经济、文化、法律、宗教、环境、科技、福祉、各种社会性组织的作用等全方位的视觉，是一场全面而深入的跨学科的学术对话。因此，在日本学术界掀起的这场关于公共哲学问题的探索与建构，呈现着立足本土、走向世界的一种学术行动的意义。这套 10 卷《公共哲学》译丛，从其所涉及内容的广度和深度而言，所探讨及试图解决的问题已经不只是局限于日本国内而是世界性的问题，其目标是探讨在新时代生存中与每一个人息息相关的生存理念的确立问题。为此，我们认为，通过这套来自于日本的关于公共哲学研究成果的译介，必定对我国今后关于同类问题的研究有所启发并有所裨益。其意义至少体现在以下三个

方面:

第一,借鉴性。日本的公共哲学在建构伊始,首先遇到的是如何把握公与私的内涵、理解公与私的关系问题。因为在不同的文化语境或不同的历史时代,公与私的含义是不尽相同的。从思想史上看,迄今的公私观大体有一元论与二元论之两大类别。灭私奉公(公一元论)和灭公奉私(私一元论)是公私一元论的两种极端形态,尽管二者强调的重点不同,但在个人尊严丧失或者他者意识薄弱的公共性意识欠缺的问题上却是相通的。而公私二元论基本上反映的是现代自由主义思想,它通过在公共领域追求自由主义而避免了公一元论的专制主义;但由于它更多的是在私的领域里讨论经济、宗教、家庭生活等而往往会忽视其公共性问题,从而容易导致单方面追求个人主义的弊端。所以,日本的公共哲学努力寻求在批判公私一元论、克服公私二元论存在着弊端的基础上,提倡相关性的公、私、公共的“三元论”价值观,即在“制度世界”里把握“政府的公—民的公共—私人领域”三个层面的存在与关系,倡导全面贯彻“活私开公”的制度理念,①而在“生活世界”中提倡树立“自己—他者—公共世界”的生存理念,以此促进“公私共媒”

————————————

① “活私开公”是金泰昌教授提出的公共哲学的探索理念。根据他的解释:“私”是自我的表征,是具有实在的身体、人格的,是人的个体的存在。因此,对作为自我的、个体存在的“私”的尊重和理解,对“私”所具有的生命力的保存与提高,就是构成生命的延续性的“活”的理念。这种个体的生命活动,称之为“活私”。复数的“活私”运动,就是自我与他我之相生相克、相辅相成的运动。而把处于作为国家的“公”或代表个人利益的“私”当中有关善、福祉、幸福的理念,从极端的、封闭的制度世界里解放出来,使之根植于生活世界,进而扩大到全球与人类的范围,使之能够为更多的人所共有,在开放的公共的世界里得到发展与实践(超越个人狭隘的对私事的关心),这就是“开公”。简单说来,就是把我放在与他者的关系中使个人焕发生机,同时打开民的公共性。只有活化“私”(重视并且打开“私”、“个人”),才能打开“公”(关心公共性的东西)。

29

社会的形成。

上述日本学术界的有关公共哲学探索中所提出的问题,应该是当今世界上卷入全球化时代的无论哪个国家和个人都存在的并且必须面对的问题。特别是几千年来习惯了在巨大的公权力统治下生存与发展的中国社会,"私"与"公"基本上不具备对等的立场和地位,"公一元论"的问题是值得我们反思的问题。相反,随着市场经济的接受、实行、发展,原来的"公一元论"正逐渐被"私一元论"所取代,公私关系的价值观里的另一种极端在当今社会的各个领域已经开始出现。在这原有的公权力作用极其巨大的作用尚未退场的社会里,随之而来的是对于"公"的挑战的"私一元论"的价值观正在蔓延,那么,在巨大的公权力作用下的中国市场经济社会里,对于"他者"如何赋予其"他者性",应该是我们迫切需要探索的紧要问题。因此,在我国研究、探索公共哲学,就应该把日本的这种对于传统公私关系的反思纳入自己的视野,只有在这种学术视野下的研究,才会出现属于"公共哲学"意义上的成果。如果我们只是把"公共哲学"当做"管理哲学"或者作为"行政学"来理解,至多作为"政治哲学"的一种领域来研究,那么,这种视野里的"公共哲学",其实在本质上还是"公的哲学"范畴,这里所理解的"公共",只是长期以来人们习惯了的把"公"等同于"公共"的历史产物。所以,我们相信这套译丛对于我国公共哲学的研究具有重要的借鉴意义。除此之外,采用跨学科的学者之间的对话互动的探索方式,也是值得我们参考和借鉴的。

第二,推动性。对于"公共哲学"这个学术领域的研究,无论在国外还是国内都只是刚刚开始,基本学术方向和学术领域的设定还处于探索阶段,将来会发展成一门怎样的学问体系,现在还不明确。对于这种新兴的学术动向,通过我们及时掌握国外的相关研究信息，促进我国的学术进步，为我国在 21 世纪真正达到与世界学术接轨，实现与世界同步互动，其意义不言而喻。我们的学术研究无论在方法上还是视野上仍然比国外落后，对于这个问题，从事学术研究的每一个学者都应该是心知肚明的。那么，在这思想解放、国门全面敞开、提倡接轨世界的当代学术界，对于国外最新的学术动态的把握、参与，必将有助于推动我国新时代学术视野的世界性拓展，在未来的历史中不再落后于别人，甚至可能让中华的学术再铸辉煌。

从这套译丛中我们可以了解到，日本学术界所探讨的公共哲学，体现着一个基本理念，那就是如何有意识地让公共哲学从传统意义的哲学中凸显出来，他们所追求的公共哲学的学术特色、构筑理念是：其一，其他哲学如西方哲学、佛教哲学等都是在观察（见、视、观）后进行思考或者在阅读后进行论说。与之不同，公共哲学是在听（闻、听）后进行互相讨论。公共哲学的探索不在于追求最高真实的真理的观想，而是以世间日常的真实的实理之讲学为主要任务。所谓讲学，不是文献至上主义，而是参加者进行互动的讨论、议论和论辩。其二，其他哲学几乎都倾力于认识、思考内在的自我，而公共哲学则以自他"间"的发言与应答关系为基轴，把阐明自他相关关系置于重点。其三，公共哲学与隐藏于其他哲学中的权威主义保持一定的距离。权威主义既是对专家、文献权威的一种自卑或盲从的心理倾向，同时也是指借他物的权威压迫他者的态度和行动。但是，人是以对话的形式而存在的，为了实现复数的立场、意见、愿望之不同的人们达到真正的平等、和解、共福，建立对话性的相互关系是必要条件。后现代的世界不再是冀望于神意或良心的权威，而是冀望于对话的效能，这才是后自由、民主主义时代的社会中作为哲学这门学问应有的状态。

日本的这种学术目标和姿态,可以推动我国学术界对于近代以来单方面地引进、移植西方学术话语与思想的接受心态进行一次当下的反思,促进我国在新的时代自身学术自信的建立,并为一些名家和硕学走下学术圣坛、接受新的学术倾向的挑战提供一种心理基础。从日本的公共哲学探索的参与者来看,许多领域的代表性学者基本都在讨论的现场出现,而在我国出现的公共哲学的研究,还只是一些学界的新人亮相。那么,通过这套丛书的译介,我们期待着能够推动我国各个领域的代表性学者也能积极参与这种前沿学术的探索,并且,目前的公共哲学研究还处在探索阶段,对于究竟何谓公共哲学,公共哲学的理论框架以及公共哲学的最终目标是什么等,都还没有一致的意见。这种具备极大挑战性和将来性的学术探索,对于我国的新时代学术研究的推动作用是值得期待的。

第三,资料性。这套丛书的另一个突出特点是问题的覆盖面广,作为了解国外的前沿学术动态,具有极高的资料性价值。这里所讲的资料价值包含以下几个方面的内容:其一,通过这套译丛,有助于我们了解在日本学术界,哪些问题是人们关注的前沿问题,而这些问题的探讨达到怎样的学术高度。特别是日本的学术界基本与欧美的学术界是同步的,通过日本学术界的研究成果,同样可以让我们了解到欧美学术界的最新学术动态、相关问题的代表性学术观点。其二,通过这套译丛提出以及被探讨的问题,可以让我们了解到在当前的日本社会中,存在着怎样的亟待解决的问题。为什么会存在这些问题,问题的起因、症候、状况是什么,这些问题会不会成为正在发展中的我国市场经济社会必将遇到的问题等等,这些都会成为我们的学术前沿把握中不可多得的信息、资料。其三,至今为止,我们翻译外国文献,即使是一套丛书,也只能集中在某个领域、某些时期、某种学科。可是,这套丛书的内容,其中涉及的学术领域可以说是全方位的,而被探讨的问题的时期既有古代的、近代的,也有现代的,成为他们探索对象的国家有欧洲的、美洲的、亚洲的最主要国家,这为我们拓展学术视野、在有限的书籍中掌握到尽可能多的研究对象的资料等,都具有向导性的意义。

一般情况下,资料给予人的印象都是一些被完成了的、静态的文献,可是这套译丛所提供的资料却是一种未完成的、处于动态观点的对话中被提示的内容。这种资料已经超越了资料的意义,往往会成为激发每一个读者参与探索其中某个问题的冲动契机。

正是我们认识到这套丛书至少拥有上述三个方面的意义,我们才会付出许许多多的不眠之夜,才能做到尽可能抑制自己的休闲渴望,尽量准确地把这套前沿性学术成果翻译、介绍给国内学术界,丛书的学术价值就是我们劳动的根本动力之所在。当然,如果仅仅只有我们的愿望,没有得到具有高远的学术眼光和令人敬佩的学术勇气的人民出版社的大力支持,我们的愿望也只能永远停留在愿望之中。在此,让我们代表全体译者,谨向人民出版社的张小平副总编、陈亚明总编助理以及哲学编辑室方国根主任、夏青副编审、田园编辑、李之美编辑、洪琼编辑、钟金玲编辑,对于你们的支持和所付出的劳动,致以由衷的敬意。同时,在这套译丛付梓之际,也要向参与本丛书翻译的每一位译者表示我们深深的谢意。当然,我们也要感谢日本的京都论坛——公共哲学共働研究所金泰昌所长、矢崎胜彦理事长以及东京大学出版会的竹中英俊理事,是他们全力支持我们翻译出版这套由他们编辑、出版的学术成果。

对于刚刚过去的 20 世纪末所发生的事情,相信我们一定还记忆犹新。世界性的 IT 产业从 80 年代兴起到 90 年代陆续上市,世界上几大发达资本主义国家的股市,很快走向来自新兴产业带来的崭新繁荣。网络时代的到来把当时的世界卷入一场新时代到来的欣喜之中。可是随着跨入新世纪钟声的敲响，发生在发达国家的一场 IT 泡沫的破灭体验，让人们在尚未从欣喜中回过神来之时就陷入梦境幻灭的深渊。然而，IT 技术正如人们的预感，由其所带来的世界性信息、产业、资本、流通的全球化格局的形成，正以超越人的意志的速度向全世界波及。改革开放后的中国经过 90 年代的提速，紧紧抓住了这个历史性发展的机遇，逐渐奠定了自己在世纪之交的这一历史时期里名副其实的"世界工厂"的地位，并逐渐从生产者的境遇过渡到作为消费者出现在"世界市场"的前沿，历史让中国成了全球化时代形成过程中世界经济的安定与繁荣举足轻重的存在。可是，正当中华民族切身体验着稳定发展的速度，享受着新中国成立以来未曾有过的经济繁荣的时候，源于美国华尔街并正在席卷全球的"金融海啸"，强烈地冲击着尚处于形成过程中的世界性经济格局。那么，当这场海啸过后，在我们的面前会留下一些什么？幸免者会是怎样的国家？幸免者得以幸免的理由何在？为什么这种全球性的金融风暴会发生？为了避免类似的事件在将来重演需要确立怎样的生存理念？这些问题都将是此劫过后我们必然要面对的问题。

进入 21 世纪，前后不到 10 年，世界就在短短的时期内频繁地经历着彼伏此起的全球性经济繁荣与萧条，无论是所谓发达的资本主义国家，还是新兴的发展中国家，都要为某个国家、某个地区的经济失控付出来自连带性关系的代价。很明显，历史上通过战争转化国内矛盾的暴力方法，已经被经济全球性的互动格局所取代。这种只有通过相互之间的磋商、协助、合作才能实现利益双赢的 21 世纪世界，我们当然应该承认其标志着人类历史的巨大进步。然而，这种现象的出现，让生活在这个时代的每一个人不得不接受一种生存现实的提醒，那就是"全球化时代"的真正到来。"全球化时代"的到来首先在经济上得到了确认，与此相关的是，在国际政治上不同国家之间的对话方式开始发生变化，而如何做到自身文化传统的独立性保持、宗教信仰的相互尊重等问题也日益凸显。那么，一种崭新的生存理念的产生，正在呼唤着适应这种理念发展、确立所需要的人类睿智的探索、挖掘和构筑。那么，"公共哲学"的探索，是否就是这种呼唤的产物呢？当然现在为之下这样的定论还为时过早。然而，在新时代人类生存理念构筑过程中，我们相信"公共哲学"的探索将成为一种不可替代的学术方向。

那么，这套译丛如果能够为这种时代提供一种参考性思路，促进新世纪的中国在学术振兴与繁荣上有所裨益，我们所付出的一切劳动，它在未来的历史中一定会向我们投来深情的回眸。我们期待着，所以我们可以继续伏案，坚守一方生命境界里昭示良知的净土。

2008 年平安夜　于北京

凡　例

1. 本书是基于"将来世代国际财团·将来世代综合研究所"共同主持召开的第 2 次公共哲学共同研究会"学术上的公私论的基本论点"(1998 年 6 月 13—15 日,国际京都国际会馆)编辑而成的。

2. 第 2 次公共哲学共同研究会的参加者,请参照卷末一览表。

3. 论题及讨论经过参加者的校阅。论题在主旨不变的范围内包括了新写的内容。讨论有缩减或省略的部分。

4. 关于本书中所提到的第 1 次公共哲学共同研究会,作为本丛书第一卷《公与私的思想史》而出版。

目　录

1

3

前 言 一

佐佐木毅

现在，日本正处在这样的时代，即在政府的文件中也出现了"公并不是官的独占物"这样的语句。毋庸置疑，官厅的一系列丑闻给这种反应火上浇油。而站在担负"公"这一原则之上的组织及机构的正当性迅速出现了危机，不得不依靠行政程序法及信息公开法等来勉强确保其正当性。地方政府的情况，事态发展得更加严重。"公"的组织及机构受到要求公的空间重组的社会压力。与此同时，从经济自由主义的立场出发，这种组织的无效率及经济上的负面影响不断受到指责。"公"的组织及机构仿佛陷入了遭受两面夹击的状况。

问题是未来，即是不是可以根据这种状况得出，结束对"公"这一空间的知性追求，还原成聚集"私"的要求的机构就好了的结论。实际上，根据我们的经验来看，例如，对经济活动来说，与"公共"政策相对应的"公"的机构的表现的巧妙与拙劣极其重要，这种议论司空见惯。这暗示了一种不能被认为只是陈旧意识的遗留物而已的事态，即不能以露骨的"私"的利害关系来简单地代替"公"的机能的事态。围绕日本的金融系统危机而出现的经济的低迷走势就是最好的实例。也就是说，"公"的机能应区别于有没有独占"公"的机构存在的问题。

独占"公"的机构的正当性的崩溃，与已经无法找到关于各种各样问题的"最终的"解决办法这样一种众所周知的状况有关。这种独占性机构，从某种意义来说，是20世纪中叶的遗物，越是固执于那种地位，越会陷入使自己的立场恶化的结构性两难境地。同时，对这种机构及组织的批判极其容易也很普遍，但那种情况丝毫也不意味其代替方案也同样是容易的。而本卷提到的政治学、社会学、经济学这些素材，不外乎是展望现在围绕这个代替方案有哪些构想，在它们中间进行了怎样的讨论。

围绕这个代替方案，我认为大体上有两个流派。

第一个流派，"假设"以不同于以往的国家机构的形式，独占性地体现"公"的社会的"场"及精神的空间。既然或多或少是一种"假设"，有时就具有区分康德主义的现象界与本体界的性质。"假设"是与所谓"私"的、偶然的、个别的现象世界截然不同的另一个空间，通过这一向本体界的飞跃，承认了人类独占"公"的特权。这种观点的背后，具有倾向于"最终的"解决办法的古老的哲学传统。这种传统到了20世纪后半期，同"理想的对话"状况及"原初状态"等词汇相结合，经过乔装打扮又以新的形式出现。另外，在表明对于——把与原有的国家同市场经济这两个系统的对决放在心上的——某种自发结合的期待的市民社会论中也能看得到其残余。这种立场同人格的陶冶相结合，也能以主张自己见解的特权的形式表现出来吧。

第二个流派，与其说是主张独占地体现"公"的社会的"场"及精神空间，倒不如说是一种寻求——通过在具体的场中的问题及议论去确定"公"的意义及其机能的——"实践"来作为替代物的立场。在这里，强调以"公"、"私"混合的现实为依据，以具体的形式来审视"公"的机能、进行"构成"的方向。这一立场主张，问题不在于将先天地存在的"公"的基准适用于现实,而是通过"实践"(这常常被涂上斗争和对话的色彩)在具体的"场"中逐步确认"公"的机能。

如果说第一种立场是"公"、"私"断绝型,那么,第二种立场则具有很强的"公"、"私"联合型的倾向。或者说一个是理论性的,另一个则"实践"的性质比较强。一个由于是形而上的理论,对自己的主张的正当性毫不怀疑,而另一个大概永远都不会停止对于主张的正当性的质疑。所以,如果说一个是以脱离现实的飞跃为特征的,那另一个则给人留下了在泥泞的道路上艰难行走的印象。就是说,一个还拖着过去的"最终的"解决方案的影子,相反,另一个则是以"临时的"解决方案为中心的立场。

这是非常粗糙的归纳整理,我完全没打算以此来判断全部的讨论,也不认为本卷的讨论可以以这种形式进行整理;另外,也不想断言在本卷中所展开的各学术领域的讨论是完全的包罗万象。然而,在这些替代方案中也有各自的困难,利用这些空隙,关于"公"的机能的过时的独占论尚可以苟延残喘。另外,旧的组织也并不是不能通过对机能进行灵活的重新认识而与新的状况相对应。索性应当考虑到那种情况,从把过时的独占论相对化开始重组"公"的机能,这也有必要经常地、连续性地进行下去。

而且,"公"的组织的追求、重组活动,需要一定的社会的协作,并经常需要对各种各样的团体及组织的状态与目的进行战略构想。正如现在一些旧有的组织通过部分地放弃其独占地位而存续下来一样,"公"的机能重组问题,是同如何进行新旧组织的有机配合及使之协作联动的问题紧密纠缠在一起的。并且,组织及团体从我们身边到全球性的是多层次存在的,"公"的机能的多层次的分担、重组是一个不可回避的主题。

前 言 二

金 泰 昌

公共哲学共同研究会第二次会议对公私问题首先作为政治哲学、社会学、经济学以及政治学的问题展开讨论,接着,从横跨专业领域的观点进行相互关联的进一步讨论。之所以这样设定论题,是因为在第一次研究会的进行中及其以后,提出了以下的问题,使得对话继续进行:

(1)"公"与"私"的区别有意义吗?

(2)如果"公"与"私"的区别有意义,那么,具体的意义是什么呢?

关于(1),有认为公私区别没有意义的立场,有认为不只是有意义而且是基本的必要的立场。我们暂时先以"有意义"的立场为前提展开讨论。

关于(2),根据其具体的意义,因时代和情况不同而发生了变化的观点,我认为将其整理成四种组合可能会更方便。

A.政治哲学的公私区别(例如,古希腊的公私区别)

"公"——国家、政治;"私"——个人、家族

B.社会学的公私区分(例如,根据社会史、人类学立场的区别)

"公"——国家、政治；"私"——社会、结社、亲密关系、家族

C. 经济学的公私区别（例如，自由主义、经济模式的公私区别）

"公"——国家、政治；"私"——经济、市场

D. 政治学的公私区别（例如，根据现代政治的多元文化主义及女性主义的立场提出问题）

a. "公"——国家、政治；"私"——国家、政治以外的事情

b. "公"——国家、政治 + 社会、结社；"私"——个人、家庭 + 经济

c. "公"——国家 + 社会 + 经济；"私"——个人、家庭

d. "公"——国家 + 社会 + 经济 + 个人（男）；"私"——个人（女）+ 家庭

关于最初提到的疑问，其在反复对话的过程中被整理成以下的问题意识：

（1）政治哲学的问题意识：

a. "公"与"私"归根到底就是政治的问题（关于国家的问题）和个人的问题吗？

b. "公"与"私"能够以同一立场（性质）的哲学进行说明吗？还是需要不同的哲学呢？或需要综合不同哲学的更高层次的哲学呢？

c. "公"与"私"的区别为什么是必要的呢？

（2）社会学的问题意识：

a. 社会学上看到的公私区别与政治哲学上看到的公私区别有什么不同呢？

b. 社会为什么是"私"，社会不是"公"吗？

c. 如果以社会为"公"会有什么不同呢？

（3）经济学的问题意识：

a.经济与市场是"私"吗？不能视为"公"吗？

b.经济与市场是"私"的话会更方便吗？

c.假如经济及市场为"公"，会有什么样的问题？什么样的效果呢？

（4）政治学的问题意识：

a.国家与政治一起是"公"吗？国家与政治不是分开的吗？

b.不是国家为"公"而政治为"私"吗？

c.虽然政治是以"公"为目的的，但是，国家不也能成为"私"吗？

在现阶段，我好不容易才摸索到以下的问题意识：

（1）"公"与"私"是一起考虑好呢，还是分别考虑好呢？

（2）"公"与"私"同善与恶、正与邪、真与伪有关还是无关？

（3）"公"与"私"是现实的记述还是义务的要求？

换言之，"公"与"私"同人的精神（德性）是否相关？

我认为这次研究会不能不成为相当专业的讨论，但是，我不希望专业的讨论以在专家之间的讨论而告终。为了从非专家的立场也能理解专业的讨论究竟为什么是必要的，本着共同拥有在第一次研究会后所提出的问题及通过在其后展开的对话而形成、整理成的问题意识是必要的想法，我斗胆提出了朴素的疑问。但愿这次会议不是专家之间的专业争论及要求己见的正当性的竞争，而是在充分考虑彼此存在差异的基础上，以互相补充为目的的对话、共创的场所，恳请诸位给予理解、指导。

论 题 一

公私问题的政治哲学的基本问题

福田欢一

　　回想起来,在第一次公共哲学共同研究会举办不到两个月的时间,我发现对于"公私"这一问题来说,相继发生了非常重大的事件。

　　谁也未曾想到,印度尼西亚的苏哈托政权那么轻易就倒台了。在这里,板垣雄三先生是研究伊斯兰的著名学者。例如,有报道说,苏哈托个人一个人就通过国家权力积蓄了 160 亿美元,整个家族达到 400 亿美元的资产。在伊斯兰国家,那种任人唯亲具有怎样的关系呢? 另外,一直到最后仍支持苏哈托、特意到雅加达去的国家首脑只有桥本龙太郎一个人。这种情况直截了当地表明了日本对发展中国家独裁政权的合作方式的问题。在其他国家已经放弃苏哈托政权的时候竟然去雅加达,特意地表明"我是会支持你的"。众所周知,这种情况作为 ODA 本身的问题现在受到了严厉的追究。

　　就日本而言,财务省、日本银行最终连防卫省都相继发生了让我们必须从根本上思考"公"、"私"问题的事件。我们本以为"公"就是"官厅",但事实让我们不得不认识到这是一个莫大的错误。

1

经济政策完全错误,在几天前发生了预料中的 1 美元兑换 140 日元的最坏的结果。经济同友会忍无可忍,发表了"固有的公共事业模式是庞大的浪费"的声明。正是在当天,我在土木建筑业者的集会上亲眼看见,已是参议院少数派的单独执政党的干事长堂而皇之地强调"固有的公共投资模式使全国受惠"。

毋庸置疑,对于我们的课题来说,最重大的事件就是印度和巴基斯坦的核试验。今后怎么办呢?昨天,我从鸭川河边经过,头脑里浮现出汤川秀树先生出席京都科学家会议的情景。我想起了汤川先生经常在这里散步。在我一直协作的京都科学家会议上,汤川先生作为物理学家具有多么重大的责任感啊!他出席京都会议,是在他逝世仅三个月前。我明天无论如何必须到东京去,其实也与这件事有关。

我想起了在上一次会议的最后一天,小森光夫先生也谈到了地球的课题(global problem)或公共的课题(common problem)的问题,例如,他指出在国际法的世界,关于核问题不能使用"公共的"(public)这一词汇。

1. 近代的政治哲学

为了发现问题,还是必须稍微回顾一下近代的政治哲学,尤其是"公"、"私"的问题,在近代宪法中表现得最清晰。在其背景下存在什么样的哲学呢?关于这一点,我在上次会议上也谈到了社会契约论,涉及了约翰·洛克型、让·雅克·卢梭型。其现实的前提是"主权国家"。正是在此出现了"主权"的问题。

与此同时,我还讲到,这些人把从 16 世纪开始就使用主权性权力的国家(state)这一新的观念,通过再一次改编成古希腊罗马时代使用的城邦（polis）或基维塔斯（civitas）等词汇，以只指向权力和权力机构的国家这一概念作为事实上的前提，形成了包括被统治者的国民，反过来国民是国家的主人，把国家改变成了通过国民的连带而形成的人的团体。

在那种场合下，作为保障近代性的前提而使用了古希腊罗马时代的语言，但正如在古希腊罗马时代所认为的那样，"雅典人为雅典而存在，但雅典并不是为雅典人而存在的"，"共同体本身是实际存在的"。个人在作为城邦的一员（politis）、作为基维塔斯的一员（civis）的地位中才找到了生存的意义。与此相对，近代的政治哲学是把"人类的哲学"还原成作为自然的人、生理的人，进而"个人"，并通过这一个人的自我保存（self-preservation）来追究，同动物一样只依靠感性进行自我保存的个人如何获得理性，也就是能否以语言为媒介展开认识、以语言为媒介在实践上建立市民社会？

语言象征的使用在此具有决定性的意义，这是作为仅仅是自然的存在的自我保存体系的人通过获得更高级的能力来创造社会生活。

所以，我一直研究的洛克模式主张，通过劳动创造自己的财富（property）的"私"，和以相互性、承认他人的与自己同样的欲望为媒介的、正所谓理性的、勤勉的（rational and industrious）存在是能够共存的，市民社会正形成于此。这种场合的公共、公的内容，保障"私"的共存。其基本是生产、再生产可以共存的行为方式。而这种哲学得出的一个结论，正是法国大革命中的"人权宣言"。

因此，这里的个人同以前的等级社会完全不同，抽象于血缘及身份、地缘，与此同时，国家也被抽象化了。不是拥有具体权力的强有力的人在压制他人的印象，而是在每一个个人的权利义务的意识中,具有最终的存在根据。例如,关于如何调配暴力的迫切问题,像洛克明确指出的那样,在现实中也只有通过共同的、公的权威,统一使用每个人所具有的肉体的能力(physical power),别无他法。人权宣言是在这一一般性的基础上,强调了公民(citoyen)作为一个个人的同时,也是政治社会即国家的一员的权利。

正如我在上次会议上所说的那样,这种模式的前提是在16、17世纪,经济活动还是孤立分散的,可以说是作为"家族这种亲密圈的延长"进行的那一时期的模式。但因为众所周知的原因,18世纪是暴风雨般的产业革命的时代,是"市场经济"针对狭小范围内的财富再生产形成大的分工体系的时期,所以在这一点上,这种理论要处理的现实问题是极其多样的。

如果考虑17世纪的情况,对于洛克来说,人民(people)才是形成市民社会的主体。最高权力(supreme power)归人民所有。洛克非常讨厌"主权"这一用语,所以用"最高权力"代替之。不过,在洛克那里,其立即被人民的代表、至少是人民的一部分参加的议会这种形式所替代。所谓的议会,正如上一次会议中关于中世纪所说的那样,是同中世纪的等级制度结合在一起的。在英格兰,即便在绝对主义的时代,议会也未消失,正因为具有这样的背景,才能以这种形式简单地与现实相对应。

即使到了18世纪,例如,新大陆美国,则还是约翰·洛克模式,即在新大陆还存在着小的孤立分散的财富的生产体系,还未出现产业革命风暴的影响。尤其是出现了新开拓地,即使劳资对立之后,工人待遇一旦恶化,就自己跑到西部去免费取得土地进行劳动,所以,劳资对立并未表面化。在美国,社会主义政党未成立的理由,若不考虑这一情况就无法理解。

可是,在当时的欧洲,尤其是在最先进的英国(不仅是英格兰,当时已经统一了苏格兰),毋庸置疑,是亚当·斯密的模式,即物质的再生产具有了一种法则性。生产的三要素是土地、资本和劳动,出现了分别与其相对应的社会集团——地主、资本家和工人的新概念。

可是,在法国,这种情况并不是自下而上自然发生的,正是在同绝对主义的强有力的结合中,产业革命同重商主义的名字结合在一起开展起来。在这种过程中,卢梭想要通过按照"契约"建国,来破坏、控制那种状态。作为人权宣言的特点,唯独没有"结社的自由"。据说没有"结社的自由",表明在法国旧的团体具有很大的势力。而且上一次会议上我也说过,没有结社的自由这一点,在制止成立新的工人组织的意义上,后来成为列·沙白里哀法(作为镇压旧团体的延长,也剥夺了新诞生的产业工人的团结权)造成阶级对立的一个主要的原因。

因而,虽然出现的政治体制具有各种各样的变化,但"国民国家"这一新的政治社会的组成方法,普遍地把被统治者都包括在内的情况难以避免。像德国那样,即使是在神圣罗马帝国被拿破仑全部解体时,还剩下40个领邦。在其各自成为主权国家的世界里,一方面也如同费希特在《告德意志国民书》中呼吁的那样,诞生了实际上不存在的"德意志国民"的形象,同时,在施泰因·哈登贝格的改革以后,也不得不承认没有被统治者的合作就不能形成国家。

于是出现的是一种在承认社团国家的现实的同时又要采纳近代经济的普遍的生产力的模式。在黑格尔模式中,黑格尔特别读了亚当·斯密,作为与"公共社会"(civil society)相对应的用语使用"市民社会"(Bürgerlich Gesellschaft)一词,将其作为"欲求的体系"进行定义,但又认为这种社会并不是真实的人的秩序。因为

5

市民社会仅仅被赋予私的动机，所以，在市民社会之上设置了国家（Staat）。这正是再一次使用了（卢梭的）契约论欲克服这种私的动机的国家这一绝对主义的词汇，并且为了使这种欲求的体系以普遍性为媒介，可以说把类似于同业公会、基尔特的、身份的特权或那种中间团体设定成了媒介者。的确，国家的现实不外乎是官宪国家（Obligkeit）。

上一次，之所以认为要想在一次谈话中说明关于西方的情况很困难，是因为存在这样复杂的背景的缘故。对此，佐佐木毅教授也提出了质疑。欧洲的公法学是共通的，正如耶利内克（Jellinek）论霍布斯所说的那样："公法学的基本范畴，即作为权利义务的体系的法律学，在当时已经完成了。"尽管如此，实际情况有很大的不同，在英、法之间也有差异，而在同德国之间，这种差异非常明显。

假如要提出一个最大的问题，那就是"暴力"的问题。

英国在 19 世纪末之前仍保留着民兵（militia）这种组织。说起来，若没有民兵，在 17 世纪就不能那么轻易地发生革命。法国则直到大革命时期，巴黎的公社都一直拥有武装，甚至拥有大炮。

然而，德国的情况是只有军队拥有武装，人民不能拥有武力。在拿破仑入侵的时候，曾颁布了"拿起锄、锹，抵抗拿破仑"的敕令，但转瞬之间就被撤销了，因为担心不知道武器会对准谁。若说这种差异会导致什么的话，那就是，在人民武装起来的世界，只有以"象征"和"利益"统一国民。政治的概念与那样的要求相结合，如果最终以武力解决问题，那么政治就不会成立。

虽然一方面存在着抽象意义上的共通性和具体意义上的这种重大的差异，但正是在这里，近代的政治哲学实现了从霍布斯到黑格尔的推移转变，其中把拥有财产和教养的人作为公法的抽象性的承担者这一点,我认为可以说大体上是共通的。

2. 意识形态的时代

意识形态是由产业革命产生的。亚当·斯密认为,既然存在资本和劳动,就有资本家和工人的集团成立。可是另一方面,正因为如此,还继续拥有约翰·洛克以来的彼此换位的相互性的思考方法。到了李嘉图的时代,这个问题成了铁的法则,在现实中,进入了市场经济时期,确认了市民社会就是资产阶级社会。另外,黑格尔已经预见到市民社会(Bürgerlich Gesellschaft)将形成阶级的分裂,指出正因为如此,才必须由内务行政设法加以解决。这一问题已经非常显著,不是过去的契约说、公法的体系可以简单处理的。

与此相对,工人方面的解放要求,采取了社会主义的形式。其自圣西门、傅立叶以来,首先在法国进行,经洛伦兹·冯·施泰因传到德国,通过马克思而形成了宏大的理论。因而,马克思在注中断定"市民社会就是资产阶级的社会"是非常自然的。通常日语翻译成"市民社会"的,在德国都是"资产阶级社会"。

有一部由德国历史学家所编写的非常好的词典《历史的基础概念》(Geschichtliche Grundbegriffe),在黑格尔的研究方面非常出色的学者曼弗雷德·里德尔(Manfred Riedel)在该词典中写了关于"市民社会"的词条。他完全是按着忠实于德国的传统写的。可是,他在"序言"中并未忘记叙述在英国、法国及欧洲其他国家,至今市民社会同以前一样,按照作为人的团体(公共社会)的国家的意义使用的用法仍具有生命力。

我之所以上一次把这个问题说成"以立宪主义而告终",是因为确实所谓的立宪主义是从中世纪的等级制国家产生的,但有这样一个条件,即"拿破仑倒台,在法国路易十八即使进行王政复古,也不得不出台了《西亚尔托(Szijarto)法》(一种钦定宪法)。不管有怎样的限制也必须设立议会。在德国,各个领邦的等级制议会(Land Stände)作为议会而存续"。

在英国、法国革命时期,例如,在宪章派的场合也明显地出现了这样的无产阶级的社会运动。然而,英国的情况,社会变动仍旧不是改变政治体制而是以改革议会这种政治机构的形式,1832年的改革(修改选举法)以后开始步入普通选举。其背景存在功利主义。亚当·斯密以后的古典经济学,如果从政治方面来说,反倒是由接近托利党(Tories)的人首先承担的,但从詹姆斯·密尔时开始同功利主义相结合。就是说,既然近来的政治哲学认为"在所有的人达成共识的基础上才能形成国家",那么单是埃德蒙·伯克所说的,卓越的人也能替我们的利益说话那样的理由就不够了。还是如边沁所说的那样,一人就应该被视为"一个人",不应视为一人以上,也不应视为一人以下。于是,议会这种机构也通过扩大选举人资格的方式,开辟了把社会变动吸收进原来的机构中的途径。在英国承担这种功能的是功利主义。之所以它们被称为激进哲学,正是因为它们将激进主义收敛到机构改革中的缘故。事实是在那种背景下那种哲学起了作用。

然而,实际上最早实现男子普选权的是杰克逊民主时期的美国。法国是通过被称为疯狂年代的1848年革命即所谓的二月革命实现的。

在美国,鉴于从建国时起,即使没有足够的财产有资格成为选举人,在独立战争中大家也都奋不顾身地进行战斗,所以存在想要忠实地实现约翰·洛克模式的动向。可是在法国,由于公社拥有武装,不欢迎王政复古,于1830年发生了七月革命,然后是1848年的二月革命。那次,正是公民拥有武装才打倒了现实的权力。结果,巴黎公社失败后成立了第三共和国。就是说,在法国这个国家里,具有通过动员民众的"物理的力量"而最终消除"阶级对立"的深厚的传统。

关于何为正统权力的问题,在王党派中,既有认为复古的波旁王朝是正统的人,也有认为七月革命的奥尔良王朝为正统的人。不只是在共和派中存在着分裂,也存在主张波拿巴主义、拥戴拿破仑三世的帝政派。在那种情况下,官僚制作为承担秩序(l'ordre)者已经具备了力量。正如在上次所提到的那样,以前的家产官僚制转化成了近代官僚制。

在德国,虽说是同样的官僚制,却是由被称为容克的特权贵族进行文武官僚制的统治,正因为如此,才对社会主义采取了最严厉的态度。在法国,因1899年第一次社会党的米勒兰进入瓦尔德克·鲁索内阁而导致立宪主义的终结。但在德国,1878年的《社会主义镇压法》一直延续到1890年。但是,在该法被废除之后,社会民主党在欧洲成了最大的社会主义政党,在第一次世界大战前已经上升到第一大党。在1870年,德国继意大利之后实现了统一,在帝国主义成为笼罩全世界的重大契机的同时,一方面,因《公司法》实行,企业发展成为一种巨大的力量。在所谓垄断阶段开始的意义上,在英国也采取了义务教育这一意义上,1890年都是划时代的一年。以上是在意识形态的时代中,世界曲折发展的情形。

3. 多元论:其意义与界限

然而,在19世纪末,在欧洲一般被称为多元论(pluralistic

9

theory of the state）的时期，多元论成为关注的争论点，由此开始了针对以前的公法抽象性的激烈的批判，尤其是针对主权概念的批判。

英国这个国家不大喜欢"主权"这个概念。对社会进行"统治"（government）这个概念是有的，但很长时间并不太使用"国家"这一概念。然而，在功利主义哲学取得胜利、奥斯汀的法理论被一般化之后，也就接受了"主权"概念。黑格尔型的"国家"概念之所以作为实体的内容被接受，正如被称做"集产主义"（collectivism）那样，是工人们期待通过"国家"的干预使资本成为可交涉的对象。即如保守党的迪斯累利说的，"在英国不准有两种国民"，期望针对阶级对立的现实采取灵活而自由的对策，理所当然就接受了国家的概念。

另一方面，从19世纪末开始，对主权概念的怀疑激增。新理论认为，实体就是"社会"，而国家本身只不过是社会中的许多团体之一，其中既包括教会也包括大学。就英国来说，这一理论始于菲吉斯（Figgis），继之是巴克（Barker）、麦吉弗（MacIver）、拉斯基（Laski）。在德国，这毋宁说是作为对古代思想的回顾进行的，其代表是基尔克（Gierke）的团体法理论。英国这个国家一流学者一般不做翻译工作，这部书是由高度评价该书的阿内斯特·巴克自行译成英文的。

在法国，莱昂·狄骥出版了《公法理论》，掀起了由"主权论"不科学这一新观点而引起的批判。在多元论的一系列思想中，狄骥的"社会连带论"来自莱昂·布儒瓦（Leon Bourgeois），他针对以往的议会提出了"职能代表"的概念；英国有 G. D. H. 柯尔的"基尔特社会主义"，但莱昂·布儒瓦的"社会连带"的观点，其实不外乎是同迪尔凯姆的观点紧密结合而形成的。

但是，卡尔·施米特批判了国家只不过是相对于国民社会的团体之一的观点。尤其是把拉斯基视为眼中钉，列举了从国家成立以前就存在的教会及大学等团体，非常尖锐地批判多元论的重点在于主张"工会的自由"。然而，作为整体，从社会学来说，这种19世纪末的观点还是斯宾塞的影响最强，认为社会从军事社会向产业社会发展是不断进步的。所以，关于"暴力"的问题，一直没有太多的关心，没有辨明理论上的谁是谁非，轻易就放过去了。然而，20世纪成了战争与革命的世纪。这是下一个问题。

4. 战争与革命的世纪

在普法战争中法国战败，巴黎出现了巴黎公社政权，在甘必大（Gambetta）乘氢气球逃出巴黎后，不久就成立了新的法国资产阶级政权。当时看到这种情景的法国人认为"产生了这种政权，因此就不会有战争了吧"，这成了国际政治学者弗里德里克·舒曼（Frederic Schuman）的笑话。并不是武器发达了战争就消失了。虽说是有了核武器，可战争也并未消失。可是当时，一般认为不只是战争而且革命也会消失。

在英国曾有过民兵。在美国，至今民兵也还是采取州兵的形式。之所以英国的民兵在世纪之交消失，是因为实际上民兵已经没意义了。瑞士至今仍保持每个家庭都有步枪的传统，但武器的发达，在对外方面使其变得毫无意义。

法国的情况是，事实上巴黎公社最终解决了这个问题。这个问题不能不同社会主义进入议会有联系。至此，欧洲各国成了瓜分整个世界的帝国主义，各国在海外的对立反作用于欧洲，不能不在欧洲内部的国家间产生危险的对立。并且，随着选举权的扩大，

11

选举人大众化,甚至出现了情绪化。另一方面,国家主义迎来了容易倾向沙文主义的时代。

虽说在法国公共教育非常普遍,但在阿方斯·都德(Alfons Daudet)的《最后一课》中,描写了普法战争后普鲁士人将要进入原属于德语圈的阿尔萨斯的情景。法国的民族主义果真具有非常大的讽刺意义。还有,在报纸这种媒体形式开始具有号召力这点上,已经开始出现了双重的问题,即公共性的问题和企业性的问题。一方面采取埃米尔·左拉(Emil Zola)就德雷菲斯(Dreyfus)事件所用的那种著名的呼吁的形式,另一方面却煽动沙文主义情绪。

但是,这个"战争与革命的世纪"真正揭开序幕是第一次世界大战。具有代表性的是曾提出"战争只是统治阶级的事,所以工人不参战"的第二国际,最终还是毫无抵抗地参加了这场大战。而以此为契机,在被认为是欧洲最落后的俄国发生了革命。

此后,无论是凡尔赛媾和条约,还是由威尔逊发起而创立的国际联盟,都无力阻止战争。在意大利产生了法西斯,发生了世界经济危机,其结果成立了纳粹政权。在此之前,日本在中国东北开始发动了战争,第二次世界大战已不可避免了。

现在,再回顾一下那以后的冷战时代,其实质是意识形态的战争。但是,在政策上摆在最优先位置的是军事方面的考虑,尤其是核战略问题。为了形成这种大的战略,出现了以美苏为代表的东西方两大阵营,例如,在东方阵营中以有限主权论的形式,核持有国的霸权贯彻始终。

然而,这个时代又是殖民地解放的时代,以前的殖民地相继获得独立。于是,正如现在所看到的那样,联合国拥有超过180个的成员国。尽管解放了殖民地,但欧洲仍持续繁荣,我认为技术革新是最大的原因。同时,大众媒体通过这一过程100%地采纳了新技术,成为了不容忽视的所谓的第四种权力。因此,大众媒体其作用的公共性和经营的企业性问题增加并陷入困境也是事实。

5. 现代公私问题的焦点——Zivilgesellschaft（市民社会）

作为现代公私问题的焦点,我提到了 Zivilgesellschaft（市民社会）。毋庸赘言,这是尤根·哈贝马斯1990年才开始使用的词汇。由于在上次讨论中多次出现这个名字,所以,在此重新引证哈贝马斯供参考。他于1962年公开出版的《公共性的结构转变》一书,具有非常大的影响力,其副标题是"对市民社会（Bürgerlich Gesellschaft）的一个范畴的探讨"。然而,较日本要晚得多,在1989年译成英文时,这个副标题变成了"*an inquiry into a category of bourgeois society*"。"市民社会"被译成了"资产阶级社会"。

关于西欧,哈贝马斯在书中经常以英法作为参照,但基本上是在德国中思考的。他把19世纪后半期以后相对于严格区别公私的自由主义,在所谓的国家社会化的同时,发生了社会的国家化这一现象解释为"转变"。而我认为这本书的基本目标在于,从——以《魏玛宪法》的那个著名条款"所有是赋予义务"为基础的——西德基本法的社会国家的现实中寻求激进民主主义的方向。因而,市民社会被英译为黑格尔、马克思的"资产阶级社会"这一用语,也就再自然不过了。

在该书1990年新版中,仍保持原来的内容,只是在序言中,哈贝马斯谈到了现代的市民社会论的内容,并提出了一个新的问题。在此期间,不言而喻,出现了要与福利国家（welfare state）这一社

13

会国家相对应的现实。

正如刚才在讲意识形态的时代时,最后关于《公司法》所说的那样,在企业本身变成巨大的组织的同时,工人的自我组织,进而作为被吸收到宪政主义内的工人政党、社会主义政党的议会政党的地位在西方是很普遍的。其中,在英国,从贝弗里奇计划(Beveridge Plan)开始,工党的福利国家政策成为现实后,国家的作用就从国防、治安、司法、公共事业越来越向教育、医疗及其他福利方面扩大。在高度发达的资本主义国家,这方面支出在 GDP 中已超过 30%,甚至达到 40%—50%。尤其是在北欧各国,即使是多党制内阁也被追究经济运营的责任。

要想在这种情况下获得多数支持,就得事先做准备,设法为多数人提供利益。至少想通过提供"利益的形象"来吸引多数人,开始努力进行所谓的委托人(client)化,逐渐成为一种寻求消极群众支持的竞争。例如,即使是公共事业本身,也只有经过议会多数通过才能实行,所以这么做也有利于发展更多的追随者。其中,如何才能让被统治者的自我决定具有"平等参与"的意义呢?这就是哈贝马斯的问题的最初起因。

与此相反,"市民社会"(Zivilgesellschaft)这一新的表现,在某种意义上来说,正如刚才所说的曼弗雷德·里德尔写的那样,不由得让人联想到在英法还在按古老的用法使用"市民社会"(civil society)一词。这始于波兰的制限主权,以其针对俄国的统治进行的自我解放为契机而发生的"连带"的运动。国家的权力被完全置于制限主权论之下,自发的工会组织不只是按照被动的立场,而且作为保卫民众的现实生活的组织而与之对立。理论家的工作大致就是用"市民社会"一词来称呼它,作为现实的运动则出现了"连带"的形式。这是导致东欧政治革命的一个契机。虽然在这种意义上是恢复公民权,但其本身未必是想要夺取政权。众所周知,瓦文萨政权成立之后,相对于存在多种多样的结社(association)是自由的条件的观点,产生了将"连带"本身正当化的新问题。

问题是西方是如何继续这个问题的。采取了最激进方式的是耶鲁的一拨人以及科恩(Jean Cohen)和阿拉托(Andrew Arato)的团体。1990年哈贝马斯提及的"市民社会与社会理论"(civil society and social theory)在1986年就已经提出来了,其特点是以国家与市场经济两方面为系统,来自家族或亲密圈(亲密的家族)及近邻其他集团为首的、与之相关的各种结社(在东欧,当然天主教会是最大的)的抵抗,作为"生活世界"而形成了市民社会,正是把东欧革命所提出的论题作为了自己的问题。哈贝马斯似乎相当欣赏这个观点,介绍这种新的运动对于对抗"委托人民主"(client democracy),具有重大的意义,使用了"市民社会"(Zivilgesellschaft)这一新词。

哈贝马斯指出,市场经济所具有的本来的合理性的长处,在"委托人民主"下就会丧失,这是不利的方面。只是这一点讲得很短,同科恩思考的内容究竟在多大程度是一致的? 他本身的立场有不太清楚的地方。对于"市民社会"(Zivilgesellschaft)是否真能取而代之这一点,我感到有各种各样的问题,所以就画了问号。

6. 国民国家相对化的问题

因为在现代"国民国家"所具有的地位、其相对化的问题并未就此结束,一方面主张结社,但另一方面却强烈地提出全球化的问题。哈贝马斯原本是把交流(communication)作为最基本范畴进行思考的人,所以,关于这一点,我感到他对媒体的全球化非常敏感。但是,关于国民国家的相对化的问题,他的基本图式,包括1990 年新版的《公共性的结构转变》序言的内容在内,也正像我刚才所说的是德国的问题一样,是以"国民国家"为前提的。

一个人的参政权的意义变得非常小。在实现普选的大众的时代,人们成了不过是被提供标语口号的委托人。这一点如果从公法的层次来看,是国家、充其量是政党同一个个选民之间的关系,在那之间,剩下的是多元论以来一直被指出的集团喷发(eruption of groups)的悖论。

之所以在政治学上政治过程成为非常重要的课题,是因为压力团体(压力集团、利益集团)的力量增大,仅靠把政党置于视野的公法观念,是无法理解的团体越来越多。机构的美言巧语同现实的差距变得非常大。选民原子化而变得无能为力,在具有受益者思考的时代中,诞生了法西斯的合作主义(cooperatism)。与此相对,压力团体也不被认为只是作为抽象的存在而处于同样的水平,而是以非常大的实力在决定现实的政治过程。那就是新合作主义所认为的那种大团体。在拥有巨大的企业的同时,想要通过工人的组织成为其一部分,来满足西方世界的工人的需求,这是很普遍的。

针对目前的状态如何才能恢复公民?如何才能使被分裂的市民与政治重新结合起来?如果没有这样强烈的理论上的关心和欲望,就无法想象新的市民社会论会引起如此强烈的共鸣。公民的恢复,毋庸赘言,就是公共性本身的恢复,是把"大众"重新恢复为"公众"的动向。

当作为保障市民(Zivil)的东西而提到多元的结社时,与洛克相对的孟德斯鸠和托克维尔的模式又会被搬出来。

因此,至少在左翼运动中,时常被回忆起又会被搬出来的是安东尼奥·葛兰西的《狱中札记》。在葛兰西的霸权论中,我感到非常精彩的是最为明确地关注到了下述的两面性,即权力绝不应只有作为公的权力才成立,而是由于其渗透到社会中才成立的一面以及与此相反,在民众的生活层面中的权力具有支持结社、替民众的要求进行辩护的一面。这大体上与革命战略的阵地战和机动战的区别相一致。在这一点上,如果不能真正看到这一方面,仅仅强调结社未必可以乐观。另一方面也有人指出,非但如此,在美国自埃克施泰因(Ekstein)以来,正因为失去了市民社会的实体,所以市民社会论才具有这么大的魅力。

特别是考虑到日本的情况,以"公益法人"、"特殊法人"的形式所形成的作为官僚制的延长的法人团体,所谓的行政的下属机构变得非常庞大。当然,这开始于战争时期,可是虽然宪法特别规定"国会是国家权力的最高机关",但是无力的政党支配着社会的管理。现实的机能不得不依存官僚制。那种官僚制进行自我增值,为了形成自己的利益,而任意地设置许多下属机构,形成了那种新的意义上的社团国家的实际状态。所以我认为,在这种状况下谈市民社会时,我们必须意识到存在双重的问题——在 17 世纪最初的政治革命时所提出的问题和现代的"委托人民主"的问题。

上次谈到了税收的问题。其意义正如刚才所说的那样,不只意味着将 GDP 的非常大的部分用于收入的再分配,而且意味着税收被用于曾经与国家的工作毫不相干的福利、医疗、教育等方面。因而,为了社团是真正自立的,就应该明确区别是单纯依靠国家的和不是单纯依靠国家的。在社团中,究竟认为个人重要到何种程度? 社团是否实现了以独立的个人为前提的公共性?

同时,光是以收入的再分配为目标,却忽视了租税的根本问题,是否可以就此继续推进议论? 日本存在着像美国那样的(上次提到莱特·米尔斯的《权贵》)关于这些问题具有不同传统的国家无法想象的困难状况。

为什么法国的《人权宣言》忽视结社的自由呢？看看当时法国的现实,正是因为存在"人民主权",才能打破旧的垄断性的结社。我本人深切地感到至今仍有必要再一次回忆那种经验。给"市民社会"(Zivilgesellschaft)画上问号的最后的意义正在于此。

7. 子孙后代(Next Generations)

我想转到第七节"子孙后代"的问题。在上次最后一天的讨论中,吉田敦彦教授希望我谈一下关于公共教育的问题,我从洛克和孔多塞开始,特别谈及了战后日本的教育制度,但今天不再重复那个问题。关于"子孙后代"的问题,主持这次集会的团体本身也在讲"将来世代"(Future Generations),所以无视这一问题就无法思考公共哲学。当然其中最重要的问题,就是我们对于下一个"世代"(generation)的生存条件所负的责任问题。

刚才矢崎理事长谈到了里约热内卢会议(地球峰会)的情况。我之所以非常佩服矢崎先生,想多方进行合作,是因为矢崎先生在上一次会议开始时谈到了这次峰会,其对于那次峰会的看法引起了我极大的共鸣的缘故。

今天,从全球范围来看,人口爆炸引发了环境问题,同时,粮食问题也令人非常担心。尽管如此,发达国家还存在着高龄化与少子化的问题,少子化的问题也是昨天发表的《厚生白皮书》特别讨论的焦点。自 1997 年 5 月达曼斯基(Damanski)的《被剥夺的未来》一书出版以来,提到环境荷尔蒙的问题,总会涉及人类的再生产在 21 世纪能否得到保证的问题。在这样的状况中,再为了弄清我们对子孙后代的生存条件所负的责任,审视关于"公共"的思考方式也是绝对有必要的。公共哲学正是为此而成立的。这是不言而喻的前提。

然而,在上次研讨会的最后,我在谈话中还提出了人格形成的问题。人以怎样的精神态度才能生存下去?这是一个切实的问题。例如,即使在结社多元存在的市民社会中寻求一种解决办法,如果不以精神上自立的个人为前提,那也无法解决。

有在文化中的人的存在方式和个人是如何被析离的这样各种类型的问题。同时,正如 17 世纪的哲学家所认为的那样,把个人作为自然的存在来看待。而其中的生理性的再生产问题首先就是"世代"(generation)的最重要的问题。而接下来的第二个问题,恐怕就是文化的再生产的问题了吧。刚才谈到,在美国的市民社会论中,存在着以丧失了实质的危机意识为动机的内容,这正是这种文化的再生产问题。

我上一次谈到的是,从另一个观点来看待由作为和不作为而导致的人类责任的问题。之所以人被追究责任,是与自己所做的事、应该做而未做的事有关。当然,在中国有过"株连九族"之说。反过来,则"一人登科(科举考试合格)波泽九族"的社会现实也存在过。但至少在近代社会并非如此,自己的命运自己负责,对自己的行为要承担责任。

但是,与此相对,尽管自己的一生归根结底只能由自己负责,其自己本身也并非是自己选择的,完全不是由自己的作为或不作为来决定的。所以,就一般的观念而言,这明显不合道理,因而,常常出现"我并没有拜托你把我生下来"这样的反调,但是,应明确具有接受既定自我,并只有在此基础上才能构筑自己一生的觉悟。由此,才能产生个人真正的精神上的自立。这可以说是实现了自

19

身的内部人格的一种分化。但是看到既定自我，如果在自己的心里没有形成一个想要接受这一既定自我的自我，那是办不到的。

然而，这种内部人格的分化与人际关系的理解直接相关。就是说，这种分化培育了他者感觉，培育了对他人的理解。卢梭在"自我保存"之后提到的同情心（同情和怜悯的感情），也可能存在于那样的地方。所以，原子化个人的精神自立的苦恼本身，并不产生原子化、产生利己主义。上次回答金先生的问题，我指出"与功利主义的问题不同"，说的就是这一点。就像彻底坚持原子论的霍布斯，是依据作为高级能力的理性而导出了作为共存规则的自然法一样，这和——人类的高级能力在单纯的对于在社会中被提供的快乐或痛苦的本来的自我保存的过程中，逐渐具有了严格区分自然与文化的既定条件的眼力——这一悖论相联系。我还想指出的是，假如能够在其上加入超个人的宗教因素，就像我们在战争时期所看到的那样，真的会形成一种非常顽固的精神状态。

为了子孙后代应该做的最重要的事情，我认为不止是积累财富，而是牢固地培植人作为人应有的存在方式。在日本社会里，如果我们用"公共"这一词语发言，官僚方面总以为"那是出于私的利害关系的对行政的妨碍"。官宪顺理成章地独占公的资源这种习惯，在日本确实是根深蒂固。正因为如此，我想起了彻底批判"官"本位的福泽谕吉提出的问题，上一次，在发言最后引用了《丁丑公论》中的一节：

> 立国为私，而非公耶。大义名分为公，礼义廉耻在于私，存于一身。集一身之品行，乃为一国之品行。其业绩，彰显社会之事实而目睹其盛况，乃称道德品行之国耶。故大义名分，不足以为衡量一身之品行之器耶。

我认为这段话符合福泽谕吉"一国之独立基于一身之独立"

这一一贯的主题。作为结语，我想为了子孙后代呼吁"确立个人的精神"。

围绕论题一的讨论

薮野祐三：一提到"公共性"，往往就认为是抽象的、协调而稳定的、绝对的概念，但实际是多元的。您对日常发生的多元的公共性之间的纠纷是如何考虑的？

另外，有时，个别的利益由于履行某种程序就具有了公共性。例如，公共性的承担者"内阁总理大臣"是日本的代表，但实际上其是由日本的某一选区作为个别利益的代表而当选为众议院议员的，成为自民党这样一个组织的总裁，其经过履行某种程序就取得了首相的地位。

无国籍的世界语被废止了，但具有个别具体性的英语却成了所谓的共通语言。于是，所谓的公共性并不是抽象地被赋予的，而是具有了某种非常具体的利益的东西，经过履行某些程序就被赋予了公共性。议会制民主正是如此，对于实际上的公共性的纠纷以及同时的程序上的公共性问题，您是如何考虑的？

福田欢一：我想再深入地谈一下这个问题。就是说，在上一次我谈到"以立宪政治而告终"的话题，工人政党本身即使成为议会政党，也成不了议会主义政党，就是说，他们由过去不进入内阁，到以进入内阁的形式选择了新的多党制的道路。

众所周知，苏联解体带来的非常大的一个结果是多党制。就是说，通过革命而成立的政权并不是要实现民主，而是在多党制的程序中存在民主，这一点已被确认为公理。若不以这种情况为前提，就无法理解市民社会论。

21

那么，多党制的政党中的程序问题究竟如何呢？也有叫民主集中制的政党。以英国为例，因苏伊士运河事件而导致艾登首相辞职后，并没有采取把政权移交给反对党，成立选举管理内阁的手续。因为在保守党内有两名党首候选人。

这两位候选人的其中一人是巴特勒。在第二次世界大战后初期，保守党出人意料地败给了工党。为什么工党能取胜呢？这是因为保守党的组织不行。巴特勒对从基层建立党的组织贡献最大。他出身于下层阶级，靠奖学金读完了大学，过去曾担任过工会领袖，差点加入工党。把这样的人才作为一名职员拉进保守党，在保守党组织重建方面发挥了重大的作用。

另一个人是麦克米伦。于是，结果经丘吉尔同索尔兹伯里侯爵（上院领袖）二人商量后会见女王，奏请女王，后任首相由麦克米伦来担任。仅仅经过了这么一步，麦克米伦就被女王召见，成了首相后自动地成了保守党的党首。

保守党很晚才实行通过党内民主的程序选举党首。撒切尔夫人也是由议员选举才当上党首的。从麦克米伦以后到撒切尔夫人之前，后任党首大致上一直由贵族担任。所以，党内民主程序问题，究竟是在何种程度上存在本身就是非常大的问题。同样的问题也与所有的结社有关。即使有了结社，也不会给人以安心感和任何东西。

当然，比这更重要的是由哪一级进行决策，这就直截了当地提出了分权的问题。在市民社会论中，非常重要的是生活圈靠近哪里这一点，是哪一级最适于处理那些工作的问题。

在上次提问中提出的问题是，在印尼灌溉是自上而下的问题，地方自治团体失去了对于灌溉的责任感、公共性及一切。反过来，保障公共的单位是哪个单位呢？关于这个问题，什么是最合适的呢？而最后出现的还是同一性（identity）的问题。

直率地说，那是少数人的问题。若以国民国家的多数来处理少数人的问题，即使再做多少次，从一开始就已经知道成败了。多数决定忽视了最初的前提条件，即在怎样的条件下它才能真正起作用。多数少数可以转变，这是积极支持多党制的最主要的论据之一，但有时并非那样。

1993年是联合国国际原住民年。在那前一年（1992年）的诺贝尔和平奖授予危地马拉女性吉戈贝塔·门楚。如何使由于太穷而上不了学的原住民过上像样的生活，她发挥了惊人的组织能力并取得了成果，因此获得了诺贝尔和平奖。

1993年，她应日本妇女团体邀请来到日本。当时我也会见了她。我们两个人深入地交谈了一会儿。在我的记忆中，印象最深刻的就是下面的内容。她说："日本的问题希望由日本妇女来处理。我在自己的职权范围内全力以赴。"一方面是有共同的友情，通过交流信息，在那里工作的人们互相支持。尽管如此，仍然具有自己的职责范围的意识。明确知道共同问题在哪里的那种"职责范围的意识"。

如果抽象地认为全球化的美国的标准就是全部的话，这就完了。以黑格尔式的说法，那只不过是抽象的普遍。要使之变成具体的普遍的时候，就必须有门楚女士的职责范围的意识。我想大概因为是原住民这种非主流的情况，这种意识才会特别切实吧。在一个个地把握这些情况的同时，不管是考虑分权的问题，还是考虑全球化，或者在召开发达国家首脑会议时，由志愿者再举行一个首脑会议而形成一种新的"公共"，或者是在国际法上以国民国家为前提的公共（public）一词有多么难以使用的问题，如果不引入新的观点就无法得出答案。

23

在将职权范围精确到何种程度方面,经验交流也是非常重要的。另一方面,如果使用互联网也会非常方便。

另外一点,我们自己所处的日本社会是一个非常特殊的社会。这种情况我并没有充分说明。在日本所有的要求,即使具有公共的意义,官宪方面也会以"完全是私的要求"来处理。而且,官宪方面从一开始就以拥有公共性而进行独断地处理。只有以这一条件(现状)为前提来建立真正的公共性。我认为如果建立了真正的公共性,大概就会出现所谓的公民。

宇野重规:我对于托克维尔的结社(association)的观点是非常肯定的,认为它有利于将人引入公共之中,具有使国家相对化的作用。可是也可能有这样的批判,即所谓的结社并不是救济个人的,反倒是压制个人的,也可能受到走向某种利益集团多元主义和"委托人民主"的方向而没有与公共性相结合。接近公共性的结社和变成利益集团政治的结社的区别是在何处产生的呢?

目前出现了这种批判,即:"说是为实现国家相对化而进行结社,但结果却成了统一于国家的手段。看一看日本社会就知道了。它既不救助个人,也对公共无用处。难道不只是被牵扯到自民党政治中吗? 所谓的中间团体啦,社团啦,哪里有用呢?"

其次,近代的政治学基本上是从个人出发,经个人同意成立政治体。所以您说,近代政治哲学的中心正是在于彻底贯彻这一原理。但从这种意义来说,尽管在法国革命后出现了以列·沙白里哀法压制工人团体的过火行为,根据这种近代的政治原理,对中间团体产生疑问具有合理的部分。

然而,今天的市民社会论着眼于结社,应该如何评价为了使个人成为公民而不得不依靠结社呢? 现代的市民社会论重视结社吗?

福田欢一：先就托克维尔来讲，那些为了复兴市民社会而推戴以托克维尔为首领的人，并未弄清楚托克维尔所看到的是美国的情况，并且是杰克逊民主时代的美国的情况，就将结社抽象化的倾向非常强烈。

而且，他们也没有谈及，托克维尔和密尔所共同关心的公共舆论的新的压制问题令人担心，以及美国现在的问题将是欧洲未来的问题。

还有，在欧洲旧的社团很强大。如上所述，这同为什么在人权宣言中没有采纳结社的自由有关，进一步说，是同卢梭为什么那么强调人民主权有关。那是在与现实的对抗关系中出现的。

列·沙白里哀法的问题是在那以后出现的问题。可是，当然可以说，理论框架一旦形成，要同其对抗是多么困难。也许通过使问题自觉化而可能更早发现各种解决办法。但是，我认为历史的发展迂回曲折，不断在经受大的历史考验的过程中学习这一点也很重要。

即使是推崇孟德斯鸠也好，最近对孟德斯鸠也是在中间团体这一点上给予了很高的评价。不过，因为这是欧洲社会里的中间团体，所以，把托克维尔在美国发现的结社完全等同于欧洲的中间团体的说法是可疑的。从反面来说，并不能如此看待，在权力分立这一以前的公法框架中被认为是非常重要的孟德斯鸠。

但是，如果通过对孟德斯鸠所考虑的中间团体来看托克维尔的结社论，或许可以更确切地说明哪一点是市民社会的主要原因的问题，这是我的一个感想。

再一个问题是，如果不曾有公共的经验，人们就不能具有公共的感觉。今天站在"个人主义"的立场上，我始终讲的是精神自立的问题。虽说在培育精神自立的过程中可以加深对他人的理解，

25

但如果没有同他人的联系,这还是不能成立的。我认为那可能是像家庭那样的亲密圈或像学校那样更开放的世界等各种场合。

正如上一次已经谈到的那样,A. D. 林赛(Lindsay)在《民主的本质》(*Essentials of Democracy*)中引用了"只有教会才是民主的学校"这句话。我翻译的"教会"对应的是 congregation(天主教结社)。教会不可能总是具有完全自愿的性质,也不能经常保障自由。碰巧正是在东欧,天主教拥有最强大的生命力,所以起了重大的作用。但在南美,天主教会起了怎样的作用呢?看一看解放的神学在南美兴起的原因,就不言自明地知道,要使其一般化是非常没道理的。天主教结社的情况则有点不一样。就是说,在观察欧洲的政治思想时,有时与其观察国家,倒不如先观察教会更明白。

例如,上次谈到了等级制议会的问题,它重视天主教中的公会议,公会议运动与世俗逆流而动的方面非常强烈。天主教作为统治的原理是君主政体。位于其顶点的罗马教皇拥有绝对的权威。因此,在天主教中,一方面为了使可能成为异端的人内部化而始终采用修道制度。还有,采用公会议的前提是为了在天主教中引进合议制。在康西里亚运动(Koncilia Movement)最终无望时,却非常象征性地发生了宗教改革。

虽然发生了宗教改革,但因此宗教的组织原理会世俗地反映在什么地方呢?在清教徒的卡尔文主义中,反过来教会成了自立的团体,觉得哪个牧师好就加以聘用。教会是实体,是牧师(圣职者)受其雇用的形式。牧师最初是上流阶级。信仰和品行都优秀的一些人作为长老握有教会的实权。等长老派民主化而成了"所有的教会会员"时,就出现了会众主义(congregationalism)。"教会(congregation)是民主的学校"这一观点中有这样非常巧妙的对应。关于妇女参政权,在 17 世纪的清教徒的分派中,就已经出现了由妇女担任干部的情况，具有那种意义上的先驱性。

因此，既有的社团也会成为体验公共经验的场所。那固然不是解放的神学，但通过在其中的斗争也可能出现培养更高水平的公共形象的场面。如果不能始终关注到葛兰西所有的两面性那样的东西，还是很难具体地说明在这里有解决的办法。

这种场合，要采用与以国民国家为当然的前提进行思考的时代不同的思考方法。作为其线索，除了一一加以斟酌、追问在哪种意义上结社才有用、特别是对于提供公共的经验时有用，除此之外恐怕没有其他的办法。

例如，就连"民主"这个词也很难理解。现在的人一提到民主，认为如果进行选举就是民主，因此，有"为了使人们参议院选举不弃权而延长投票时间"之类的说法。至少在希腊人看来，所谓的民主就是"轮流制"。轮流担任公职，所以任期越短越好。尽管如此，在公职数与人口相比过少时就进行抽签。所谓抽签是指完全无作为。

所以，选举是上层阶级的制度。即便是在大学的学生社团，通过选举而选举某人的时候，理由也是"若委托那个人、那个男的、那个女的，一定能好好地给我们打理吧"。所谓"aristos"，本来是"优秀"的意思，例如，把"aristocracy"译成"贵族制"。但是，一引入"族"这个字，就成了血缘关系。因此会让人联想到是"某门第的人"，非常容易产生误解。这就是外语的困难之处。

27

在野田良之先生翻译孟德斯鸠时，曾邀我商量，他说："能否把'aristocracy'这个词译成选贤制。这种译法可以吗?"我为难地说："虽然先生那样认为，但另一方面，将'elite'这个词译为选贤是相当固定的译法，所以您那样翻译也会产生误解。"先生也采纳了我的观点。

但是,在那种情况下,所谓"教会是民主的学校",究竟在何种意义上是民主的学校呢?按古希腊罗马时代的意义使用民主的人,恐怕卢梭是最后一个吧。卢梭认为,所谓的民主是只适合于超越人类的天使的制度。这是对古希腊罗马时代式的民主(轮流制)的批判,完全无作为地被选出来担任公职,并由其实现公共,普通人是做不到的。所以,"究竟在何种意义上"这一问题更加难以回避。这一点我认为今后若加以注意的话,大概不会产生大的误解吧。

薮野祐三:政治有压迫功能和福利功能的两面性。在现代,对于充实福利功能的要求增高,但在欧洲的政治思想中的近代国家、国民国家中,这种国家的两方面的功能——压迫和福利——存不存在相互争执呢?

福田欢一:刚才你提到的这点非常复杂,我一听到"福利国家"(Wohlfahrtstaat)之类的词,就不寒而栗。那就像上次所说的那样,绝对主义是在相继剥夺了以前在私的支配关系集聚的基础上成立的封建主义的特权而建立了统一国家,但是,以前的君主是位于"人之上法之下"的,作为法共同体而互相承认特权和君主权。例如像《大宪章》(*Magna Carta*)一样,君主若破坏(法)秩序就会引起反抗。这是抵抗权的原始形态。斗胆打破它而称"主权"。就是说,主权最初也是单独的国王的立法权。在形成主权的观念的过程中必须要有大义名分。因此而提出的是"公共的福利"。提出之后,人们也开始受其抑制。

作为法律保证而取得进展的是,自普芬道夫(Pufendorf)之后的自然法学。普芬道夫其人,最初担任冠以自然法名称的讲座。自然法和国际法相毗邻的侧面源自格老秀斯。继普芬道夫之后是托马修斯(Thomasius),接着到了莱布尼茨和沃尔弗(Wolff)则为

"福利"。这一福利后来到了黑格尔不仅是同业公会（corperation），还是国家实体的官吏阶级要具备的功能。因此，与想要通过内务行政来处理阶级斗争的温情主义发生了联系。

所以，无论是谁一看到康德的伦理学就会感到惊讶，为什么他对于幸福主义抱有如此激烈的反感呢？我认为如果将其重新放在德国的伦理思想史中来看，那是与他对温情主义的反感联系在一起的。康德认为，所谓的启蒙，就是人的精神达到成年，成为自立的人。与自立彻底进行对抗的就是温情主义。因此，就产生了对幸福主义的那种激烈的反感。

前面提到了马克思，当然也必须提到拉萨尔。拉萨尔把这称为国家社会主义。俾斯麦的体制，关于社会保险方面比英国或其他任何地方都早。一方面镇压社会主义者，另一方面也准备了社会保险的诱饵。在这一点上俾斯麦走在了前面。强权同福利保障紧密结合在一起。因此，在自由主义、自由放任主义之中，从旧的同业公会获得解放的同时，也从旧的温情主义中获得了解放。只有一身独立才能实现一国独立的原点就在于此。

所以，在这一过程中所谓自我负责是理所当然的。但是，在等级制度的遗制根深蒂固的欧洲大陆，肯定也会有认为那不是自我责任的观点。沃尔特·白哲特（Walter Bagehot）对美国的观察非常有趣。虽然说的只是白人，在美国，所谓"正直即贫穷"（honest poor）是不可能的。那是一个被看做实现了约翰·洛克所说的合理而勤奋（rational and industrious）的梦想的社会。可是，在欧洲，那种议论并不通用。受黑格尔的影响，在英国，到了19世纪70年代，像托马斯·黑尔·格林（Tomas Hill Green）、鲍桑葵（Bosanquet）那样，集中主义（collectivism）的思想统治了牛津大学，其思想也认为应该帮助贫困者，这点在当时的德国就已经存在了。

贝弗里奇计划是自由党员制定的。那也是在张伯伦转向帝国主义之后从自由党中提出来的。因为存在那样的时期，所以福利正是和压迫互为表里的。

另一方面，自由主义不将根本的政府职能称为"国家"（state）而叫"行政"（government）。政府的职能当然是和平、防卫、治安，自然包括警察职能。其次是公共事业，这也是作为私人企业难以维系的事业，只能靠租税来进行经营。但最重要的是通过司法职能，保护人们相互承认的行为、按照合理而勤奋的人类行为方式生活，或再生产那种行为。

于是，在处理无法解决的问题时，只要处于集中主义的阶段，就必须在某处拥有权力的要素，由国家来承担这种职能。所谓的多元主义是对将之作为国家问题的反击。在其范围内还有工会的问题。在那种意义上非常具有象征性的是，工人起初认为由自由党代表工人陈诉要求是理所当然的。可是，在1900年成立了工人的代表委员会，其逐渐发展为工党。

最初将政治要求委托给政党的人，开始组成政党，以权力为目标。如果进入议会就承认多党制，在议会中取得政权。在1926年，工党就同自由党联合第一次掌握了政权。如果从这一点来说，真正从正面提出福利问题，还是1931年的经济大危机。令人啼笑皆非的是，危机发生在麦克唐纳的工党内阁时期。针对那种状况，即使开始救济失业者，在原始资本和一切都失去了的那次危机中，工党本身也分裂了。号称代表全国工人的麦克唐纳少数派，在那之后像斯诺登（Snowden）一样，下决心不得不遵循古典经济学，这就已经不是工人的政党了，于是在1926年曾进行过大罢工的激进派分裂了。事实上取得了政权，在战后建立福利国家的就是那些人。

因此，这不是温情主义，而是"当然的权力"的观点。不过，在前面已经提到过巴特勒的名字，与此相对应的，上一次也谈到过修改第二次选举法的是迪斯累利（Disraeli）而不是格莱斯顿（Gladstone）。英国，的确是一个强有力的王政的国家，具有温情主义的传统。正因为如此，保守党才具有以父亲的形象获得工人支持的自信。

相反，工党理所当然将获得工人的支持作为自主的权利，自盖茨克尔（Gaitskell）下野之后，因工会很棘手，保守党毫无办法。渐渐地，唯有期待工党政权能够从内部控制工会的时候，工党才能取得政权。那时是委托人民主，而同时，也是合作主义的时代。就是说，原本是反体制派的人们开始认为，如果跨过议会本身而在合作主义中能实现坚定的工人权力的主张，那就达到了理想的目标。

可是，结果其无法实现，出现了撒切尔主义，最终使得罢工无法进行。因此，作为深刻反省，必须克服庇护关系（clientism）。托尼·布莱尔从一开始就很清楚地表明这一点。现成的政治权力并不那么愚蠢，当然会同时使用糖果与鞭子。但是，对于这种状况，要想真正具有公共性，我认为只有克服庇护关系，寻求作为公众参加政治的新的道路。

这种场合，最重要的是，公共的观念就是公开，这就是德语中的公共（Öffentlichkeit）这个词本身的意思。如果主张公共的话，那么关于何谓公共的概念，必须公开加以证明。然而，想一想外交问题就很容易明白，那是何等困难的问题。

在哈贝马斯最早的书中，作为统治权力的公的表现，首先会提到出现在仪式等活动中的宫廷。在像英国那样被认为是最现代化的社会里，这种宫廷究竟拥有多大的权力呢？沃尔特·白哲特发表《英国政治体制论》（*The English Constitution*）是 1868 年，他最初写成论文是 1867 年。在论文中他公然地写道:"英格兰是伪装的共和国"(Disguised Republic),他断言女王只是象征性的作用。

反过来说,除了上流阶级的 1 万人,即能参加讨论会的 1 万人外,绝大多数英国国民是因为统治者是女王所以才服从的。所以,当然知道他们在把这种象征性的职能极大化。那没有伯克所具有的那种神秘性,在政治中是没有什么神秘性的。

因为有了这样的认识,现代一般认为,通过提供成为中产阶级模式的生活方式、模范家庭而延续下来的王室,在乔治王朝时期已经到了穷途末路。但是,作为其遗迹,至今仍由女王发表施政方针演说,在工党内阁时发布工党的方针,在保守党内阁时发布保守党的方针。

可是认真想一想,在 20 世纪初欧洲存在过共和国吗? 第一次世界大战前,大概只有瑞士和法国是共和国吧,其余全部是君主制(monarchy)国家。而其中无论是共和政体还是什么政体,作为最为公的存在的支配权存续的就是外交。贯彻的是"外交原本就是秘密"的秘密主义。但是,由于在第一次世界大战中德国战败,德国的外交文件被公开,这一惯例第一次被打破了。以前不知道的事情一下子就知道了。因此,伯特兰·罗素(Bertrand Russell)等人站在了对外交的民主主义统治的最前列。

第一次世界大战究竟对欧洲的知识分子产生了哪些深刻的影响呢? 尽管坚信文明进步,却以欧洲为舞台发生了野蛮的暴行。再也不想要战争了。他们主张,是当时开展的这种秘密外交导致了战争,所以必须对外交进行民主主义的统治。这就突破了最后的公开性的框框。所以,现在规定了外交文件 30 年保密期,美国的外交文件也好,如果过了这个年限,就都可以看到了。

连外交都如此,那么,直到町内会这样,由官宪建立、具有公的性质的组织,其收支情况究竟怎么样?是以怎样的形式维持运营的呢?何况对方的行政权力,既然是以"公共"自称,那就必须负起证明"公共性"的公开责任。我认为这种公开的原则确实很重要。

就这一点而言,日本对公开的原则的确漠不关心。由于有了美国的先例,日本的外交文件也开始公开了。但却以私生活不受干扰为借口,对不想公开的内容就加以控制。因此,吉田茂在国会上堂堂正正地答辩说:"外交原本就是秘密。"他也是外务省出身的人,这么说也是理所当然的。这就是宫廷外交存续这么长时期的原因。

如何推进公开性呢?这对无论在哪一个层次上形成"公共"都是非常重要的。就结社而言,如上所述,在其内部是以怎样的形式运营的呢?假如那是由长老运营的教会的话,清楚地公开年度预算就是对会员负责。

然而,唯有行政权万万不能坚持"行政原本就是秘密"的做法。关于我所说的,由官厅建立的团体,特别是在战后的日本大量滋生、增殖的团体,最主要的问题就是不公开其内容。现在也许还没有出现直接改变政局的动向,只要公开的原则作为一种无法忽视的声音确实地发挥作用,无论是一种氛围也好,领域也好,即使说是交流的范围也可以,只要形成这样的条件,可以认为正在出现形成公共所具有的实质的时机,关键在于民政专员(ombudsman)起了怎样的作用。

我认为在那种场合指定志愿者的作用非常重要。一旦弄错了就会出现下述情况,这在阪神大地震中也全都看到了。官厅的人们仍然在桌子前坐着,而让成为避难所的学校的老师们进行各种各样的劳动,志愿者只能干些杂务活儿,这些通过电视我们都看到了。一旦弄错就会变成那样。我希望思考生活在那样的风土中，我们应以什么为基准才能获得公共性呢？在那种场合下公开性是绝对重要的。

小林正弥：您今天的讲话特意将市民社会的概念摆在了中心的地位，充分聆听到了非常想听的内容，非常感谢。我感到自己本身所思考的问题与您所说的非常接近，但也觉得有些微妙的不同之处，想请您赐教。

关于市民社会论，您谈的中心是消极的方面，所以，对我而言感到很意外。当然，我非常清楚您的想法与所谓的市民社会论不同的观点，但我原以为您会说得再善意些。我对现在的市民社会论也有批判，但觉得您的批判超过了我，感到很意外。

根据先生的谈话，您自始至终以个人的精神的确立这点为轴心。因为我也是从那里开始学习的，所以对"个人"必须打破委托人民主的那种新庇护主义的问题，我完全没有异议。以此为讨论的前提是正确的，但我觉得先生对近代的政治哲学，尤其是对社会契约论的说明及业绩有若干失调感。

例如，在从霍布斯到卢梭的演变中，根据先生今天的谈话，对于您所说的"霍布斯因为推导出了理性法，尽管说是以'个'为起点，也未必会成为原子论"这一点，我认为的确是那样。可是，比较霍布斯和洛克，特别是卢梭的阶段，关于个与全体的关系，卢梭对于公共乃至全体性要积极得多。我认为这一点正如先生就卢梭思想中存在的古希腊罗马模式所指出的那样，是不能怀疑的吧。在霍布斯的场合，因为无法否定基于"万人对万人之斗争"的危险性而进行专制统治，这种思考有其合乎逻辑的地方，所以在这种意义上，在以个人为出发点的情况下，一方面可能确立康德式的近代的自我，另一方面，也有通往利己主义的可能性。

因此,到了黑格尔阶段,就试图以黑格尔的形式恢复公共性。关于现在的市民社会论,我认为在对自发性结社丛生这点持有共鸣的同时,另一方面也不得不有所保留,即关于黑格尔视为问题的这一点。正如先生所言,黑格尔基本上是将市民社会作为"欲求的体系"来看的。私的或利己的利益无论如何也会表现出来,黑格尔试图要依靠"国家"来克服市民社会的这些问题,比起结社存在的陷于拥护私的利益的危险,我认为先生的讲话更偏向于强调确立个人的自我和自律的必要性(以及与国家相黏合的结社有阻碍它的危险)。但是,结社虽然具有培养公共性的机能,然而从更大的公共的时空来看,也存在陷入特殊性之中的危险。也就是说,从国民国家的角度来看政党或市民集团都是部分(party),如果从地球的共同体的观点来看,国民国家也是部分。

所以,我认为,结社论的界限在于对结社本身的公共性的追究并不充分,其是否同时体现了国民国家内部的公共性和超越国家的公共性。因而,这也同国民国家的相对化的问题有关。我认为结社或国家的公共性是以世界的人类的公共意识为前提的,必须得到是其中一部分的意识的支持。

从这个意义上来说,考虑公共性的问题,必须认识到个人自律的确立在变成公民意识的过程中容易陷入的困境,进一步要超越主体和国家的对立而能够发展为世界的公共性的意识。反过来说,我认为只有注意了这些,结社才能具有重要的意义。关于这方面我非常想听到先生的意见。

福田欢一:就市民社会论而言,今天,我特意没有谈日本的情况。我真的非常羡慕哈贝马斯,他通过把市民社会(Bürgerlich gesellschaft)变换成市民社会(Zivilgesellschaft)轻易地摆脱了困境。在日本那是办不到的。

日本的学问受德国的影响、受马克思的影响非常深。因此，所谓的日本的市民社会论，不幸地正是一种"欲求的体系"。尽管是在那样的传统中，但因为讲座派的马克思理解或对日本的适用不对，日本其实并不是资本主义。这一方面有韦伯的影响，像内田义彦那样，除非贯彻一物一价的法则，否则就不承认是市民社会。这点为平田清明等所继承了。有那样的一个传统。

可是政治学家最难办的就是这点，如果是经济学家，研究较斯密更早的情况只是好奇罢了，但政治学家就不同了。若不掌握古希腊罗马时代，那么思想史和学说史一切都无从谈起。

因此，市民社会原本是什么意思呢？第二次世界大战后日本的市民社会论确实非常武断，无论霍布斯还是洛克，大家都追溯到过去来理解市民社会。正如曼弗雷德·里德尔（Manfred Riedel）最初所指出的那样，在英法，对于市民社会，确实至今仍有人抱着从前那样的想法，假如允许那样武断的做法，就无法理解契约论。

那样的想法会带来什么呢？例如，因为据说普芬道夫等人的著作在美国殖民地也被传阅，所以其对美国的独立宣言产生了哪些影响呢？这样的问题至今仍可以成为主题。当然，格老秀斯和霍布斯只差7岁。普芬道夫同洛克是同年出生，但出书较洛克更早。同斯宾诺莎也是同年。所以，完全是同一系谱，这习惯上以自然法的形式称之。如果受德国的学术影响很强，就更是如此了。

如果换成契约论的话，从霍布斯、洛克到卢梭，都主张社会契约。然而，德国的自然法学，是社会契约和服从统治契约双重契约。那是因为所对待的实体完全不一样的缘故。如果将在那种情况下形成的概念，反过来投影于不同背景的17世纪的英格兰进行讨论的话，确实不合适。经济学家也许认为那样也可以，但我们往往认为那样不行。这让人有非常严重的失调感，因为我与内田先生非常熟悉，所以我也曾非常坦率地跟他说过这一点。

可是，如果是哈贝马斯，说市民社会（Zivilgesellschaft），就不会有任何的误解。在日本没有那样方便的词。即使是市民社会，不管是英法还是德国，总之只要是在自古希腊罗马时代以来学问的专业术语一直都很齐全的国家，只要有城邦以及市民（Civitas）的幻象，无论说公民还是说市民社会，都没有失调感。

在日本一说到"市民"，就会听到"我是叶山镇上的居民，也算是市民吗?"这样的话。就是说，"市民"这个词本身被纳入到完全没有城市国家印象的世界，所以成了棘手的问题。所谓政治用语，无论在任何场合都是认识的象征（cognitive symbol），同时也是组织的象征（organization symbol）。所以，即使对工人或农民称呼"小资产阶级各位"，也许谁都不会理你。必须说"工人、农民、市民诸位"。那是作为组织象征的用法。

我认为作为组织象征的用法有其形成的必然性。就是说，所谓的公民，在传统中，太过于消极了，因为是臣民。不过，在德国的国家学中，如果认真读耶利内克，会发现在国家与个人的关系方面严格分为肯定的、否定的、能动的、被动的四种情况，所以，无论怎样都有办法。但作为认识的象征来看时有点过于粗糙。

对此，有一种观点认为，所谓学问必须考虑通信效率，从开始就应慎用肯定会被误解的用语。如果是组织象征，相反，很多时候是因为会被误解而要加以使用，这样就多少可以巧妙地蒙混过去，但学者其实不太情愿干那样的事情。

还有一个就是上述提到的葛兰西的例子，的确必须充分看到社团的两面性。还有在官厅之下形成的社团，最终直到町内会，其全部都是结社，在考虑组织的问题时，无论如何不能忽视日本的这种现状。

37

也许由于误解而一时取得了非常了不起的效果，但醒悟过来一看，连老本都丢了的那种事情，我们从第二次世界大战时到战后经历了很多，因此值得警惕。"市民社会"这个概念，在消极的用法中具有重大的意义，例如，这"不是农村社会吧"，在有的时代发挥了其功能。比如松下圭一的场合，因为是和由"农村型"到"城市型"的社会变化相吻合的用法，所以，他那种场合的市民，不存在同城市的失调感。

但是，如果这样的用法没有问题的话，那么，如何同现在的市民社会论联系起来呢？另一方面，为什么在人权宣言中不得不避开的只有结社的自由（对这一问题会出现相同的回答）这样的现实，在今天的日本已经没有了吗？我希望以这些为前提来讨论公共的问题。如果小林先生觉得对部分内容有失调感，我想大概是因为我今天的发言是出于上述的主旨。

金泰昌：可以说在美国的情况下，市民的概念具有真实感。然而，也许在日本至今仍存在国民、臣民、公民，但感觉好像没有市民。因此，从习惯于市民却不习惯于国民的人的立场来说，恐怕不能不成为令人窒息的社会吧。在这种意义上来说，日本即便是国民社会也不是市民社会，市民社会一词作为日语也许不会固定下来。

福田欢一：因为市民社会不能成为日语令我感到很困惑，所以我注意至少不作为认识的象征而滥用"市民社会"一词。

在现在的市民权的问题方面，存在市民权的国籍的问题，其结果也就是依据国际私法，特别是在国籍法中依据血统原理或出生地原理。盎格鲁-撒克逊系的出生地原理同德意志系的血统原理的情况明显不一样，日本一直采用后者，称之为归化。将归化读做naturalize，的确很有意思，会表现为这样的一些问题。

对于美国的公民权运动（civil rights movement）这一黑人的政治参加运动，日本人究竟关注了多少呢？在英美，即使获得了选民资格，如果不登录就不能投票。在英国，政党成为组织政党是在第二次修改选举法的时候。就是说一口气扩大了选民资格范围。政党为了确保选票而承担了选民登录的工作，因此出现了组织政党。张伯伦的父亲在这点上作出了非常大的贡献。当然并没有像日本那样，一到了20岁就会收到成人式的邀请函，有议员来表示祝贺之类的，既使默不做声，也会收到"请参加投票"的明信片。不会有这样的事。

可是，美国的黑人并不登录。因为不登录，所以就没有投票权。由于认为这样不行，所以从"跟着黑人也要让他们进行登录"的白人学生运动开始，创造条件，使得他们能够运用他们的选举权，成为改善他们地位的武器。因此，如果把那翻译成"市民权运动"绝对是误译。幸亏译成了"公民权运动"。对于像我这样，对词汇是否能准确表达内容敏感的人来说，只有在被翻译成"公民权运动"时才感觉"谢天谢地"。

金泰昌：很抱歉，我同先生的意见多少有些不一样。我对将"civil rights movement"译成"公民权运动"真的是否正确，感到困惑不解。"市民"一词除包括历史、思想史的背景外，似乎还有更复杂的言外之意，而"公民"一词也未必是透明的词汇，因为其历史意义变化也具有各种否定的体态（aspect）。

在法国革命后，产生了"关于人与市民权力的宣言"。我想，在日本恐怕"人的权力"的宣言的意思好懂，而"市民的权力"这一方面，就稍微有些不透明吧。人在拥有私人的权利的同时，形成新的公共性——在人自律且自发地参与到这个过程的阶段中，比起天皇——国家——臣民这种联系很强的"皇民——王民——公

39

民"系统的词汇来,市民这个词更有现实意义吧。在具有参加公共空间的权利的人的意义上,与其说是"公民"这个具有中国、日本思想史背景的词,倒不如说是充分考虑了其复杂的西欧思想史背景的"市民"这个词更能产生共鸣。

既然作为黑人在美国取得了公民权,那么就应承认黑人与白人以同等的关系参加政治空间,正因为具有这一广泛的意义,"关于人与市民的权利的宣言"这句话,才在议论公共性的范围内具有意义。

我现在作为韩国籍的人住在日本,但感觉好像在日本,"人"和"市民"似乎被"国民"这个词混在了一起。因此,即使取得了永住权,那也只是居住在日本的"外人",被剥夺了承认其在日本居住的市民资格的机会,被排除于日本国民的范围之外。也许日本人并未察觉到这些情况。大概在日本人之间不存在特别的问题。可是作为侨居日本的外国人,只能感到有一层厚厚的壁垒。

如果有居住在日本的市民的概念,那就能成为居住在日本的市民。但是,"市民"这一概念在日本并未扎下根来。在不存在市民的日本,只能选择是或不是"日本国民"。日本人不愿意承认这一点的情况,在日常生活中相当多。所以,即使从这点来看,在日本所说的"市民社会"这个词,存在与其本来所具有的意义不相符的一面。让我不惧误解斗胆而言的话,在日本并不存在西欧社会所说的"市民社会",存在的是"国民社会"吧。

再有一点就是通过比较欧洲和日本,我感到有趣的是,欧洲人认为自己是"人",碰巧变成了法国人或英国人。当然,在托马斯·曼(Thomas Mann)的著名演说中也谈到"正因为自己是德国人,所以才是欧洲人,是人",也有像德国人这样,首先是德国人的情况。虽然是非常相对的一种印象,但无论何时何地都很少有

"我们日本人"这样的说法,这是我坦率的感想。

福田欢一:在今天所说的多元论的世界里,认为英国存在的是 national society 和结社,如果直译就是"国民社会"。关于 nation 这个词,我认为契约论所指的联邦(common wealth)或共和国(republic)的概念,是由抽象的个人所成立的抽象的社会。与此相对,赋予情绪实体的是法语的 Nation 这一观念。从这一点来说,就是国民社会和结社或社会和政府的二元论。

然而,在公民权的问题上,德国是血统原理最明确的国家。但是公民权是否根据血统原理的问题,基本上来说,对出生在当地的孩子,对在国外出生的孩子,是那个孩子是否一开始就能取得诞生地国的国籍时的问题。如果没有这一问题,就作为移民而移入的人而言,不管哪个国家都一定存在,归化即赋予公民权的必要条件。

在这一点上来说,日本的情况,作为制度的问题具有怎样的特点呢? 其次,有一个阿部谨也的著名命题"在日本无社会而有世间"。也许还存在是否接受那种情况的"世间"的问题。但是作为国籍的问题而言,我认为这是程度的问题吧。无论在哪个国家,只要不是在那儿出生的,就有必要条件。因此,即便把日本称做国民社会,恐怕也会产生其他的误解,我也没有代替的方案。

金泰昌:我说的不是把日本称为国民社会误解就消失了。也不是说在国籍的问题方面,日本如何如何。我考虑的是,处在不能(不被准许)成为日本国民的立场上的在日本居住的人,同日本国家的关系状况。虽然不是日本国民的一员,但作为在日本有居所的市民的一员生活,对这种状况并没有给予恰如其分的承认和地位。我认为先生所说的英国的国民社会一词中包含的国民的意义,与我所说的日本是不存在市民的国民社会这一场合的国民一词的意义,其内容有很大的区别。

因为在英国所谓 nation 的"单一民族"——"一元的国民"——"一元的国家"这一性质,同日本相比具有很大的伸缩性。在日本,单一民族的逻辑原封不动地被延长、适用和强制于一元的国民的逻辑,也许市民存在的可能性消失这一倾向的原因就在于此。我认为考虑新的意义上的公共性时,主要的问题就在于这部分。

我认为阿部谨也的"世间论"作为理解日本社会的切入点也很有趣,那正是一种自我封闭内向的共同体,其排他性和压迫性也受到了一部分日本学者相当严厉的批判。但是,由于那种情况在任何社会里都有,所以我无法断言这是否只是日本社会的特征,但我认为那是由与公共性不同的意义上的共同性的逻辑,或者说伦理(éthos)构成的。因此,我想说的是,由于日本大和民族共同体的性质很强,所以大和民族以外的人,即使不是国民也要作为一个健全的市民,去开拓更大的可能性和妥当性的世界,这很重要。关于市民社会论的政治学史、社会史背景,或是市民一词被使用的经纬,我不太熟悉,所以我想说的是,希望进一步开拓文化横向对话的可能性。

论 题 二

从社会学观点看公私问题
—— 支援与公共性

今田高俊

20 世纪 80 年代至 90 年代中期,社会学界几乎没有讨论过公私问题。在 20 世纪六七十年代,市民社会论和市民公共性成为热门话题,随着大众社会状况下的匿名性以及对政治漠不关心的程度日益严重,人们围绕社会变革的方式展开了热烈的讨论。但是,进入 80 年代之后,富裕社会迎来了成熟期,出现了消费社会化和大众的分化。进而到了 90 年代,随着信息社会的到来和全球化的进程,公共性以及与之相关的市民社会的观点似乎隐退到了社会背景之中。

但最近几年,又迅速地出现了对市民社会和公共性进行再思考的热潮。这是为什么呢?也许历史再前进一步的时候答案会更明朗,但至少有一点毫无疑问,即有必要重新审视——在个人化和全球化迅速发展的信息社会中的——个人与社会的存在方式。

让我们先从结论说起。像现在这样,个人主义化在大众规模上发展的社会中的公共性,终归是以"私"(private)为前提的,必须找出超越私的性质的"公"(public)的可能性。为此,取代过去以与"私"相对的"公"为前提的市民公共性概念,构建在私的行为

43

中发现公共性契机的理论，这一工作是不可或缺的。

从这样的观点来构筑公共性是难乎其难的，但作为一个突破口，我们可以试图开拓一个让引导近代社会的管理范式（Paradigm）后退到社会背景中去的领域。即使不废弃管理，但至少也要让它停留在必要恶的程度上。

作为相应的理论战略，我认为重要的是要用"支援"的观念来代替管理。这时候值得注意的是，志愿者活动和NPO活动中以支援为焦点的活动不断增多的现象。因为支援活动是以被支援者为前提的，所以，如果以自我为中心的话就不能成立。有必要追踪被支援者的状况是否得到改善，来检讨自身的行为。而且，支援活动与过去所谓的利他行为不同，活动本身最终会带来支援者本人的自我实现。在具有自我实现的私的特征的同时，又以想他人之所想的形式兼有他者性，在这点上，志愿者活动和NPO中的支援活动可以成为开拓新的公共性的契机。

现在，过度发达的管理机构所具有的弊端集中地表现出来，管理的局限性随处可见。比如管理教育的弊端、由审批制度造成的民间活力的低下等，以管理为中心的公共政策已经不能确保一个有活力的社会。在物质基础充裕的今天，每个国民都向往给人生和生活增加附加价值。行政部门若能在这方面起到有效的支援作用，行政的意义将会重新得到肯定。但是，在第二次世界大战后的体制下，认为行政是管理国民的发挥公权力作用机关的看法已经固定，要彻底舍弃管理的姿态并不容易。

在此，我将通过批判性地检讨以往有关公共性的议论，对解构作为日本社会特征的行政管理型公共性的方向性做一个探讨。在这一过程中，我不会把历来被重视的市民运动型公共性作为对峙的一端，而将指出从志愿者活动以及NPO活动中发展起来的自发支援型公共性的重要性。

1. 什么是公共性

以上是我最终想要主张的内容，在推导出这一结论之前，兼作复习，我想先来谈谈什么是公共性，迄今为止对公共性都有哪些看法。参照各家论点，我想要对公共性下一个最简洁的定义的话，说"民主的政治秩序的形成原理"似乎能得到大多数人的赞同。

公共性有各种类型。汉娜·阿伦特（H. Arendt）在《人的条件》一书中谈到"城邦（polis）的公共性"。她把人的行为分为"工作"（work）、"劳动"（labor）和"活动"（action）三种。她认为"工作"和"劳动"属于经济活动，而参加与前两者相区别的"活动"即是参与公共性的行为。她所说的"活动"指的是由以自由的市民间的"对话"为媒介的相互主观的交往行为。其公共性的特征在于对话尽可能被公示，为万人所见所闻。① 家（ΟΙΚΟΣ）的生活圈是今天所谓的经济活动占支配性地位的私的领域。与此相对，城邦是由对话和共同行为构成的公的领域。可见于城邦的公共性中的，通过在公众面前的讨论形成公共舆论的活动成了今天的公共性的原点。

城邦的公共性在直接民主主义之下是有效的，但时代已经不同了。哈贝马斯认为现代已不是希腊时代，城邦的公共性难以为继，提出以"市民的公共性"取而代之。他在《公共领域的结构转型》中，把进行公开讨论的空间视为市民的公共性的基础，从各种

---

① Arendt, Hanna, 1958, *The Human Condition*, Chicago: University of Chicago Press. 志水速雄译：《人的条件》，筑摩学艺文库 1994 年版，第 75 页。

各样的角度就公共空间展开了讨论。

他首先讨论了17世纪后半期至18世纪期间出现的文艺的公共性。他把英国的咖啡屋、法国的沙龙、德国的读书会中开展的作为有关文化以及艺术讨论的文艺的公共性看做现代社会公共性的原点。这些场合的活动都不分贵贱,特别是咖啡屋,只要付了一杯咖啡的钱,任何身份的人都可以参加,就文化和艺术进行各种各样的讨论。这些公共空间是在市民社会从国家分离的过程中形成的,是一个以国家权力相对的形式形成政治舆论的场。

通过文艺的公共性形成政治舆论有其局限性。因此,随着资本主义经济领域的扩大,讨论的主题逐渐带有政治性。于是哈贝马斯把由公众以及公共舆论形成的、作为通向市民欲求的国家的媒介功能的公共性,称做"政治的公共性",以区别于文艺的公共性。从20世纪60年代到70年代,经由公共舆论的政治的公共性的重要性,因为与市民社会论的关系受到很大关注。但是,由于福利国家的发展以及大众民主(mass democracy)的普及,作为自律讨论的场的公共空间被瓦解,公共性问题逐渐远离了国民的视线。

可以说,在日本这种状况特别明显。如开头所述,20世纪六七十年代社会学有关市民社会论以及公共性的讨论非常多,但到了80年代以后,却不再被提起,其背景中就存在这种情况。一旦福利完善,大众民主开始普及,通过公开场合的讨论形成的公共空间的效果就必然会减弱。问题在于这种状况出现之后,我们应该如何重新看待80年代以来的公共性。

2. 重构公共性的尝试:哈贝马斯与梅鲁西

在20世纪80年代以后有关公共性问题的讨论中占重要位置

的是哈贝马斯和阿尔伯特·梅鲁西（Albert Melucci）。哈贝马斯在 1981 年撰写了《交往行为理论》一书，对自己以前的批判社会学的立场作了大幅度的修正。他从交往行为的观点重新建构了社会理论，在这一过程中，有关公共性的看法也由以前的市民的公共性转变为"自律的公共性"。

还有一位是 20 世纪 80 年代末起在日本引起关注的意大利社会学家梅鲁西。他讨论了后物质社会中的新社会运动的方式。梅鲁西是出身精神医学的社会学家，曾师从哈贝马斯、尼克拉斯·卢曼（Niklas Luhmann）、阿兰·杜罕（Alain Touraine）。他的议论在以独自的身体论重新构成这些学者的讨论内容的同时，吸收了吉尔·德鲁兹（Deleuze Gilles）、费里克斯·加塔利（Félix Guattari）等后结构主义的观点展开讨论。因为引入了各种观点，他的论述并不清晰，但他所说的集合的同一性形成问题，对公共性问题有很大的启示。

（1）作为达成共识的公共性

哈贝马斯在 20 世纪 80 年代之后，几乎不再使用市民的公共性这一概念，特别是 90 年代之后，在我的记忆里没有再使用过。为什么不再使用这个词了呢？我认为其原因在于他认识到在新的产业社会的阶段，市民的公共性这一概念已经变得不贴切，即这个概念不能贴切地把握公共性的现实。他重新提出了"自律的公共性"这一概念。这是在《交往行为理论》展开的系统（system）和生活世界对峙的这一社会的二重结构中，作为从生活世界中产生的公共性提出的。所谓自律的公共性是由自律的个人形成的，以结社为媒介的"高层次的相互主观性"，即作为达成共识的公共性。

哈贝马斯议论的基本构图是与"系统"相对的"生活世界"的

47

动态学。制度是对社会以权力和货币作为控制媒介被运营的这一侧面的抽象，而生活世界是通过公共的往来产生具有象征性的社会连带和统合的世界。连接这两者的媒介是由自由的并且自律的主体构成的作为中间集团的结社。可以认为，这一议论与托克维尔访问美国时曾重视作为个人和社会媒介的中间集团的理论相一致，但哈贝马斯同时也重视以作为中间集团的结社为媒介的公共性。担负这一战略意义的即是交往行为。

《交往行为理论》并没有过多地讨论公共性的问题。但这本书基本体现了他的想法，即过去的行为理论已经不够。哈贝马斯谈到，过去的行为理论的主流是功能主义的理论，只考虑与经济行为一样，旨在获得成果的合理主义的行为。这就无法确保公共性。

交往行为不仅是旨在获得成果的行为，还以人们之间的相互了解为目的。按照哈贝马斯的观点，交往行为的前提是，参加者的行动计划经过相互了解进行调整，并不计较能否实现自我中心主义的成果或目标。因此，即使实际上是在交往，但只要以自我中心主义的成果计算为前提，就不是真正意义上的交往行为。

所以，达到了解的相互调整过程才是必不可缺的。功能主义的社会理论采用的旨在获得成果的行为，建立在目的手段模式之上，以实现行为人的利己主义目标为焦点。所以环境或他人的存在都作为手段或者控制对象。这样的话，社会就不会成立，因此，要从外部给行为注入社会规范来调整关系。哈贝马斯如此构筑他的理论。但是这使得我们无法从人们的相互行为中内在地引导出公共性。即便可以从外部注入公共性，但也不能成为使行为内在地发生公共性概念的契机。

在以塔尔科特·帕森斯（Talcott Parsons）为代表的功能主义行为理论中，相互行为也处在理论的核心位置。但是这时候的行为，乍一看，也许是相互的，然而由于各当事人都把实现自己的目标放在第一位，只不过是利己的单方面行为偶然重合在一起，互相提供了帮助而已。这就不是以互相了解的相互行为为目的。哈贝马斯认为这样的行为论是受到近代的唯我论污染的理论，非常严厉地批判了西方近代的个人主义和主观主义，我认为这一批判是正确的。

与此相对，关于通过交往行为作出的行为调整，哈贝马斯谈论道："讨论的各种参加者克服了最初的比较主观的想法，凭借以理性为动机的共同信念，通过确认客观世界的统一性和他们的生活中诸多相关领域的相互主观性，由非强制的达成共识的力量所支持。"①总而言之，关键是通过讨论达到主观上的彼此共识。而所谓讨论中的发言的合理性，是指相互主观上承认可以进行批判的妥当性要求。

哈贝马斯的议论，是在阿伦特所说的由自由的市民进行对话的延长线上，从手续的侧面来展开的。这么说是因为作为达成共识的手续，他提出了"讨论的理论"。由于哈贝马斯在理论的展开上首先强调了共识，导致在公共性上也不得不以"作为共识的公共性"为前提。帕森斯由于从外部对行为者注入规范，被指出是预定调和式的，而在唯有通过各种讨论才能达成共识的意义上来说，哈贝马斯也是预定共识的理论。

哈贝马斯担心的是，由于利用货币以及权力这些媒介进行控制的扩大化，剥夺了人们本来所具有的交往能力和对话的理性，丧

---

① Habermas, Jurgen, 1981, *Theories des kommunikativen handelns*, 2 Bde., Frankfurt am Main: Suhrkamp. 河上伦逸等译：《交往行为理论》（上），未来社，1985—87，第33—34页，译文根据笔者的观点有所修正。

失了运用符号(symbol)进行社会统合的产出力。他说这是问题所在。因此,据他看来,近代一开始就走了一条错误的道路。正是基于这样的理由,他站在了主张必须重走近代之路的批判的现代主义者(modernist)的立场上。

要从现在的病理状态中重新站起来,必须要有一个与侵蚀生活世界的系统的力学相对抗的理论。哈贝马斯对有关的手续作了如此描述:"适合旨在了解的行为结构的,调整对立的手续——即由讨论来决定方向的共识过程、以共识决定方向的审理以及判决手续——必须代替被当做媒介来利用的法。"①这段发言,象征性地表明了他考虑到了作为手续的公共性。

经由讨论达成的共识,仿佛让人想起发生劳资纠纷进行工资谈判时,劳方和资方通过彻夜交涉,最终在某个妥协的金额上达成共识的场面。这时,按照哈贝马斯的理论,不能不说是两者间在主观上达成了共识。但是这种谈判行为不外乎是劳资双方目的合理性的行为。他所说的交往行为,似乎不能完全排除患得患失的、只限于当时的共识,即出于目的合理性的共识。但是,为思考作为手续的共识、作为手续的公共性提供了一个重要的观点。

(2)形成集合的同一性的公共性

关于梅鲁西,我试着加了"形成集合的同一性的公共性"这个标题。他在自己的代表作《生活在现代的游牧民》中,并没有从正面讨论公共性。虽然没有专设以公共性为内容的章节,但不少地

---

① Habermas, Jurgen, 1981, *Theories des kommunikativen handelns*, 2 Bde., Frankfurt am Main: Suhrkamp. 河上伦逸等译:《交往行为理论》(下),未来社 1985—87,第378页。

方谈到了公共空间的话题。

梅鲁西的目标在于如何把握新的社会运动。他与哈贝马斯的根本不同在于,他提出了后物质社会的社会运动乃至民主主义的问题。他认为现代社会虽然并没有摆脱物质的制约,但比起这点更重要的是在后物质层面上,开始出现了各种各样的问题,社会运动也是围绕后者展开的。他的论述的构图是把自由问题从"所有的自由"转换到了"存在的自由"。物质社会关心的是"所有"(having),而后物质社会关心的是"存在"(being)。另外,他也把权力从"平等的权力"改变为"差异的权力"。在法国、澳大利亚、加拿大都因民族主义的问题使差异的权力变得非常重要。总而言之,已经发生了从"所有"和"平等"为主题的物质社会到向如何活着这样的"存在"和"差异"的问题为主题的后物质社会的转变。一旦有了这样的转变,以往的社会运动和公共性也不得不发生改变。

社会运动已经变质。比如,以往的社会运动都是以要求经济权利以及市民权为焦点的,但进入20世纪80年代以后,生老病死和环境的共生等与生存方式有关的问题成为问题的焦点。重心提升到了生存方式和生活的规则的问题。物质社会一直以来都是由系统在和"所有"相关的生产以及行政控制进行管理。但现在的问题是,系统控制以及管理超越了"所有",逐渐渗透到与"存在"相关的情绪、性、健康甚至出生、死亡等领域。

51

医疗机构和法律部门都已经开始对脑死亡、植物人以及安乐死、过劳死、药物危害、公害病、精神紧张、精神障碍等问题,进行决策和管理。问题在于有生命的存在本身成为管理的对象,新的社会运动几乎无一例外地都以这一问题为对象。围绕财富分配与再分配问题而引发的工人运动,虽然依然存在,但已经没有过去那样的影响力。比起财富的再分配,社会运动更多地围绕这样一些存在的自我决定展开,比如,如何防卫暴露于危机下的生活方式、如何生存的问题。这也是大多数的社会学者所赞同的趋势。

问题在于如何把握这一趋势。按照梅鲁西的观点,为了承认差异的权利,有必要使个人和集体的意义表示过程保持自律。如果能够进一步地从受物质的所有强有力限制的社会获得解放,通过信息以及符号真实地表现自己,也会提高实现真正自我的重要性。但是,由于存在成为管理的对象,意义表达过程并不自律。因此,在后物质社会,为了表达确认自我或者确立自我同一性的自律的意义就成了焦点。

在现代功能主义的理性之下,并不看好异质性或不确实性。因此,人们重视尽可能地控制异质的、不确实的东西,提高同质性和确实性。但是,这一旦涉及存在的水平就变成很大的问题。梅鲁西说:"唯有承认多样性,对个人之间的差别怀有敬意,才是通向连带和共生的新定义的第一步。"①连带和共生是与公共性有关的事项,如果把它们换为公共性来表述的话,承认多样性,对个人之间的差别怀有敬意就成为通向新的公共性的第一步。

在梅鲁西看来,新的社会运动是自我的实现也是自我的表现,运动形态已经完全发生了变化。重要的不再是游行或者罢工,而是如何更好地宣传自己,并且通过参加运动达到确认自我,确保自我同一性。用句比较通俗的话来说,就是如何打出好的标语给运动造气氛,进行符号性的挑战的问题。挑战支配性的文化符号,在集合

---

① Melucci, Alberto, *Nomads of the Present: Social Movements and Individual Needs in Contemporary Society*, London: Hutchinson Radius, 1989. 山之内靖、贵堂嘉之、宫崎嘉斯米译:《生活在现代的游牧民——创造新的公共空间》,岩波书店1997年版,第232页。

性的交涉过程中形成自己的自我同一性会促进新的社会形成。

实际上，梅鲁西曾这样说："现在运动组织已不再被认为是实现目标的手段，所以，也不再能只用'运动的效果'这样工具合理性的谓语来评价。组织带有重归自我的性质，其形态表现行为本身的意义（乃至目标）。它同时也是行为人测试自己挑战支配性文化符号能力的实验室。"①对他来说，能够与支配性文化符号相对抗的集合的自我同一性形成的场就是公共空间。例如，考虑到社会生活中的能源需要，认为利用原子能发电也是不得已而为之，如果有这样一种支配性的符号存在的话，那么，构筑与之相对抗的反原子能发电符号的同一性形成的场就是一种公共空间。不是进行具体的破坏运动或者实力冲突，而是在记号表现以及文化符号的水平上进行象征性的挑战。

这样的公共空间是独立于政治制度和国家权力的，通过在日常生活中成熟起来的意义表达行为来表现和传播事态。因此，按梅鲁西的看法，公共性是带有非政治性的。关于社会运动，他指出："社会运动通过公共空间表达对市民社会的要求，更容易注意到复合社会中的权利关系。"②通过明确地表述权力作用的存在，可以让人看到复合社会被权力推动这种情况。他认为这将成为社会运动的焦点。

但是，必须注意的问题是，梅鲁西毫不犹豫地将社会运动和公共空间与集合的同一性的形成联系起来。按照梅鲁西的认识，现

① Melucci, Alberto, *Nomads of the Present: Social Movements and Individual Needs in Contemporary Society*, London: Hutchinson Radius, 1989. 山之内靖、贵堂嘉之、宫崎嘉斯米译：《生活在现代的游牧民——创造新的公共空间》，岩波书店1997年版，第83页。

② 同上书，第305页。

代多样化、流动化的社会引发了同一性"丧失故乡"的状态,固定地归属于特定的模式以及组织,已经无法确保同一性。现代人需要的是根据情况,适当地改变同一性的形式,并进行再定义的能力。而为了在变化中维持自己的统一性,我们不得不在多样的信息通路的交叉点上,自由地"开闭"通路,或者参加或者退出信息通路。①

总而言之,时代需要的不是固定的自我同一性,而是可变的自我同一性。如果是这样的话,集合的同一性的形成本身,不是也应该受到怀疑吗?但是,我们无法保证在个人的水平上流动、可变的自我同一性,一定会归结为集合水平上的同一性。虽然这一过程不是哈贝马斯所说的通过达成共识的社会统合,但也许会残留一些对于"统合"这一近代典型性叙事的乡愁吧。

以上概观了哈贝马斯和梅鲁西的公共性。我的想法与梅鲁西的更接近。迄今为止,我参加了自我组织性以及后现代的讨论,梅鲁西对后物质社会的社会运动和同一性形成问题的看法,给我很多启发。为了开拓新的共同性,我们有必要摆脱近代的束缚,梅鲁西给我们开了个头。但不管怎样,我们有必要确认哈贝马斯和梅鲁西的共同点在于,在日常世界和生活世界构建公共性的姿态,他们面对的是公权力和行政的存在。用哈贝马斯的话来说是系统,用梅鲁西的话来说是政治、官僚制度。可以说两者都提出了如何挑战臃肿的管理机关的问题。

---

① Melucci, Alberto, *Nomads of the Present: Social Movements and Individual Needs in Contemporary Society*, London: Hutchinson Radius, 1989. 山之内靖、贵堂嘉之、宫崎嘉斯米译:《生活在现代的游牧民——创造新的公共空间》,岩波书店1997年版,第134页。

3. 从管理到支援:后现代时代的公共性

现代使管理机关作为社会运营的主导原理渗透到了社会中,管理机关越臃肿,公共性就会越片面。遵循民主的手续形成政治秩序的原理是公共性,而作为被赋予了正当性的公权力的行使也是公共性的一种(经常被歪曲)形态。经济学上讲的公共经济以具有公权力的主体管理的活动为对象。由于公共事业以及"上头"所进行的规定也具有公的性质,现代社会一向重视这种行政管理型的公共性。但现状是行政管理型的公共性臃肿产生了各种各样的问题。因此,需要一种把管理和控制相对化或者弱化的公共性。一直以来,管理和控制都被认为是必要的恶,但是,我们必须构筑使之尽量缩小的公共性。为此,有必要导入后现代的观点。这是因为管理机关是从近代特征性的"社会合理化过程"中产生的。

所谓后现代情境,指的并不是旨在获得成果的控制,而是由差异化和意义表达所支配的世界。在那里,系统带来的富有效率的全体化以及达成共识所带来的同一化被否定。中心是地方的非主流的异质性的活动,无法相互通约的差异化的悖谬(paralogy),即反逻辑的想象力。容许差异存在的精神构造是其前提。

后现代的公共性应该构建作为一种让引导近代社会的控制思想和管理制度后退到社会背景中去的哲学。不是要舍弃它们,而是至少要把控制和管理从社会运营的主角地位上拉下来。

哈贝马斯的公共性概念仍然受到追求达成共识、社会统合以及正统性的"宏大叙事"的约束,残留着对18世纪的市民公共性的乡愁。当然,控制系统源于旨在获得成果的功能主义理性,作为与其相对峙的行为概念,提出以了解为目标的交往行为,可以说是重新构建公共性过程中的一个新阶段。但是,这一行为走在了相互主观的意义形成(＝共识＝公共性)前面,停留于把作为手续的公共性概念化。

梅鲁西把公共空间定义为,信息(象征性的)资源在过渡到反身性生产的后物质社会中,形成集合的同一性的场,提出公共性是作为对支配性的文化符号的挑战以及个人的自我实现出现的,在这点上与后现代有相通之处。但是作为过程的集合的同一性形成这一概念,非常近似于作为近代叙事的达成共识。

如何与压抑生活世界或者日常世界的管理机关相对峙,是哈贝马斯和梅鲁西的公共性中共通的论点。但是,管理通常是由行政机构和政治制度等公权力所承担的,在今天公共性作为将管理活动正当化的理论受到重视。因此,不仅要与管理机关相对峙,还有必要通过建立打破管理以及控制正当性的理论来构筑解构公共性概念的桥头堡。

(1)支 援

作为上述理论的基础的微观行为概念,我认为"支援"很重要。现在支援受到社会很大的关注。从传统的支援形式如开发援助、福利援助、升学就业咨询,到最近的临床护理、生活支援产业、支援决策、学习支援、医疗上的诊断支援制度、设计支援、事务处理支援制度、文书写作支援、翻译支援等,支援一词遍地开花。

我一直把支援当做代替管理的另一个社会组成原理,但我认为新时代的公共性取决于能在多大的程度上把支援这一思路加以固定化。如果从行为外部导入公共性,那不过是一种残余性的概念。最好是从人们一个个的行为中导出公共性。我想探讨一下作为这样一种战略性概念的支援。

管理这个词不太好听。特别是在日本,人们对被管理这件事甚至抱有厌恶感。与此相对,说支援或者 Support 的时候,却能被人们毫无芥蒂地接受。支援这个词频繁出现是 20 世纪 80 年代,随着新保守主义的高涨,有关"放宽限制"的讨论多起来之后。与此并行,普通居民自发参加支援活动的例子也不断增加。要获得由"官方"提供的公益性高的服务,必须递交申请、排队等待。但排队要花很长时间,这时往往发生燃眉之急的情况,如果不能提供及时服务,就成了雨后送伞。因此,出现了不依靠行政而由居民志愿提供服务的趋势。也就是不依赖行政而是凭借自己的力量提供公益性高的服务的动向。

日本进入 90 年代之后,志愿者活动以及 NPO(非营利组织)、NGO(非政府组织)的活动如雨后春笋。过去人们曾经认为志愿者活动是某些奇特的人做的救援活动,但特别是以阪神大地震的救援活动为契机,志愿者活动不是作为神的使命,或一种挺身而出的行为,而是作为一种普通的活动被广泛接受。这样的活动是市民按照自己自发的意志进行支援的典型。

在这种情况之下,痛感有必要将支援加以科学化的有识之士聚集到一起,1993 年成立了"支援基础论研究会"以推进研究。研究会开始之初,连对于支援的学术性的定义都没有。于是研究会的成员们考察支援的各种个案,确立了一个定义。这个定义是这样的:"支援是对持有某种意图的他者的行为施加作用,指的是在理解其意图的同时,维持、改善行为性质的一系列的行动,最终使他者增加力量(empowerment)。"①

57

---

① 今田高俊:《通向支援型的社会制度》,选自支援基础论研究会编《支援学——超越管理社会》,东方出版社 2000 年版,第 9—28 页。同时参见今田高俊:《从管理到支援——以社会制度的结构转变为目的》,选自《组织科学》第 30 卷第 3 号,第 4—15 页。

像在志愿者活动和NPO活动中所看到的那样,进行支援的当事人(支援者)并不一定是以慈善行为以及利他行为为目的的。虽然有时也会有这样的意识,但这样做不会长久。能长期持续的条件是支援行为与自我实现相结合。

自我实现的动机始终带有私的性质,但支援的前提是,被支援者行为的质量得到维持、改善,且当事人的能力得到提高。因此,支援并不是精心算计的以取得利己成果为目的的行为。也就是说,支援是私的自我实现与对他者的关心、照顾以及相互性直接相连的行为。在支援行为上,使他者增加力量和本人的自我实现是联系在一起的。支援既是为了自己,也是超越这一层面具有连接他者性契机的行为。可以把这作为我们思考新的公共性内容的原点。

首先,在这里我必须指出,这种公共性成为可能的条件是,社会处于后物质的时代。后物质社会中,行为人最关心的事不是所有而是存在。自我实现是存在水准的目的,而获得成果则是所有水平的目的。自我实现虽然还是目的,但其状况已从物质水准改变为后物质的水准。正因为如此,虽然是私的行为,却能与他人发生关系。但这只是作为一种可能性,实际上如何从中引导出公共性,还是一个有待解决的问题。现在我也还在摸索之中,但在此我想以支援行为的性质为中心探讨一下这个问题。

如果是自己独自确立成果目标并完成这一成果目标的行为,只要自己负责决定达成目标的手段和资源就行了,但在支援行为中,被支援者这一对象是最为重要的。因此,维持、改善对方的目标乃至行为的性质是支援的中心,自己随便树立一个目标即便达成了,如果不能满足对方的话,就是做得还不够。所以,如果不能随着对方情况的变化,灵活地改变自己,支援就不能进行。这是其特征之一。

其次，由于支援行为只有当支援者和被支援者相对应时才有意义，所以必须经常反馈被支援者处于何种状态，他或她如何接受支援行为的信息。必须顾及、关照被支援者的意图如何，像福田先生讲到的"培养他者感觉"的重要性，没有他者感觉也就谈不上呵护。

再次，如果支援者的目的（姑且设定为自我实现这一高尚的目的）超出被支援者的目的，就不是真正的支援。有必要控制支援者突出自己的目的或意图。当然也有人会走到前台，但在定义上这不是正确意义上的支援。泡沫经济时期，许多企业参与文艺赞助活动（保护学术、艺术）以及企业在驻地的公益活动（慈善活动），但也不乏出于提高企业威信的动机。这样的企业只要一不景气，就会很快地停止这些活动。能努力坚持下来的企业，所考虑的才是正确意义上的支援。

还有一点就是不得把支援强加于人。这在行政服务中经常可以看到，例如，因为辛辛苦苦地确保预算建起了老年服务设施，没有人用就说不过去，于是动员老人俱乐部施加压力，让大家多用，这表面上看起来是支援，但对当事人而言却是帮倒忙。强加是管理的别名。为了使支援得以成立，不能允许这么做。

以上从支援者的立场探讨了支援的条件，但从被支援者一方看来，绝不能滋长"支援依赖体质"。若指望着别人支援而放弃了自助努力就不是真正的支援。正因为如此，在支援的定义里加上了"使他者增加力量"。只有被支援者凭自己的力量自主地增加实力，才能说支援是成功的。因此，支援仅靠捐赠慈善活动是不够的。发达国家经常对发展中国家进行粮食援助和医疗救助，但如果过度，就会损害发展中国家的自助精神，从而变得毫无意义。支

59

援不应该是出于人道主义的观点进行的。人道主义本身不应该受到非难，但我想说的是，不能把支援作为人道主义的基础。

（2）从支援到公共性：展望和课题

关于支援大致就是以上这些要点，但尚待解决是否能从支援来开拓公共性的课题。最后，我想谈一谈展望和课题。

从志愿者活动中看到，由支援活动开拓出来的公共性是实践系谱的公共性，并不是言论系谱的公共性。在前半部分谈到了从阿伦特经过哈贝马斯到梅鲁西的有关公共性的讨论，这些公共性是公共舆论和讨论等言论系谱的公共性。但是，假设存在以支援为基础的公共性的话，那就是实践系谱的公共性。也就是说，完成支援行为本身包含公共性，换句话说，支援意味着完成性的公共性，即便本人对公共性没有自觉意识，作为结果还是在完成行为方面参与了公共性。

公共性可以分为实践系谱的公共性和言论系谱的公共性两种。作为实践系谱的公共性，过去有阶级斗争，阶级斗争过时之后，由市民运动继承了，但现在这个系谱处在被切断的状态。不仅是社会运动，志愿者活动和 NPO 活动等社会参加活动，也能成为行为本身连接公共性的实践系谱的公共性。

毋庸赘言，作为言论系谱的公共舆论以及讨论的公共空间也是很重要的。虽然最近电视里经常进行的文化人、知识分子的公共讨论，常常有堕落为公共性的作秀的倾向，但承担这种公共性的不全是这样的公共舆论。应该从一般老百姓（市民）每一个人的行为中找到公共性的契机。志愿者集团以及 NPO 中也兴起了言论系谱的公共性，即公共舆论。这当然可以。我想说的是必须考虑实践系谱和言论系谱这样两层的公共空间。最近有实践论缩小、言论增大的倾向。卖弄言论符号而夸夸其谈者太多了。实际上我们无法抹去实实在在动手做事的人实在太少的印象。实践和言论两方面应该保持平衡。

已经有很多以支援活动为基础的志愿者集团和 NPO，但从支援活动中开拓公共性而形成公共空间，还需要支援活动作为一种日常的活动渗透到全社会中去。开拓新的公共性时要关注的问题是，这种渗透在多大程度上是可能的。特别是货币以及权利等控制媒介流通的经济和政治，很有可能会从管理的思路出发吞噬支援活动。避免这种情况出现的条件是什么呢？再者，支援最终有没有可能变成仅仅是为了弥补管理上的不完备的一种辅助性概念呢？还有，比起出自支援行为的实践系谱的公共空间来，是不是通过迅速发展电子媒体论坛以及假想共同体的讨论来复活市民的公共性（曾经在沙龙、咖啡屋、读书俱乐部等开展的公共舆论）更符合新时代的公共性？等等，要思考的课题还很多。

但是，在考虑这些问题的时候，按后现代主义论者利奥塔尔（Lyotard）的说法，我想重要的是把公共空间作为小问题而不是大问题来对待。像现在这样个人主义化程度越来越高的社会，不以个人为前提来考虑公共性就毫无意义。发达国家尤其如此。迄今为止，所谓公共性都太过于夸大了。一提到公共性，就会被劈头盖脸地要求"为社会，为他人"或者是"为了天下国家"，对一般老百姓来说，经常不得不采取回避的态度。应该考虑到更贴近生活的公共性。为此，不光是言论系谱的公共性，还可以考虑在日常行为中加入公共性。在个人主义化进一步发展的社会，如果不开拓以个人的实践为前提的公共空间，恐怕就不能确保人们的参与。为此，不仅是公共舆论以及讨论等言论系谱的公共空间，开拓志愿者活动和 NPO 等实践系谱的公共空间也是很重要的。我想应该以此为杠杆,促进行政管理向公共性改变。

围绕论题二的讨论

小林弥六:今田先生今天的报告主要反映了最近 15 年到 20 年社会学的氛围以及社会的气氛,作为门外汉我有以下几点印象。

我认为第二次世界大战之后,社会学做了各种各样非常富有挑战性的工作,包括帕森斯等人系统性的构建。姑且不说那好不好,我想对我们和其他的领域都有很大的刺激。与此相对,最近这 15 年左右,社会学转到了一个几乎没有变化的时代。我想问,这一点是后退还是前进?

第二点,我想也是类似的问题。这 20 年间越南战争结束,发生了海湾战争,其间日本国内也好,世界也好,都经历了一个经济、政治动荡的时代。在这样的状况中,哈贝马斯等欧洲的思想家集中精力所做的这些工作是一种发展? 或不客气地说是一种逃避?

我想,他们当然是以发展为目标的,但从我们看来就感到非常焦急。对于哲学也有相似的印象。实际上去问社会学的老师:"您觉得怎么样",就会听到"啊呀,虽然讲的是自我实现之类的事,但没有什么特别的"这样的真心话。听了今田先生的报告,我知道不是这么回事,可是……

"公"的问题变得越来越大且频频发生,对此我们可能逃进了自己的世界。有的情况下通过交往建立起来的所谓社会,仅限于构筑一个与公的社会不同的私的联系的世界。先生的话里也曾谈到,因为一方面是管理机构,有受到其压迫的危险。这点您怎么看?

第三点,先生刚才谈到的动向,即自我实现或者志愿者活动等都是加强包括自己在内的与他者联系的动向。这一动向是否有和更广阔世界的公共动向接轨的可能性？如果有那样的办法的话，请赐教。

今田高俊：我想前面的两个问题是针对社会学这个学问领域本身的。即进入20世纪80年代之后的大约15年间是进步还是后退，看起来似乎是停滞的，这是你的主张。

我认为这跟观点有关。第二次世界大战后建立的以有秩序的繁荣为目标的社会学范式，帕森斯的功能主义是主要潮流，批判社会学（包括马克思社会学在内）以与此相对抗的形式存在。冷战下两大范式在紧张中保持了微妙的平衡。这种对立的瓦解是在进入80年代之后。

见缝插针就出现了意义学派。这一学派提出了现实的主观构成问题。民俗方法论（ethnomethodology）、符号互动论（symbolic interactionism）、现象社会学，等等。各自分担构成社会的不同功能的地位和作用，这一功能主义是帕森斯的主要理论，但这种理论缺乏现实意义。靠现存的作用以及地位，已经出现了各种各样的问题，因为宣称重要的是赋予主观性的意义，反而陷入了主观主义。从这样的观点来看，是一种后退，"社会"不知道跑到哪里去了。但是哈贝马斯和卢曼承认了上述的问题，试图建立起宏观的社会理论，在这点上是一种进步。

进入20世纪80年代之后，主要的社会学理论（在唤起学界话题这一意义上的主要理论）没有一个不以"意义""交往"为基础。即以"意义"以及"交往"为基础，把以前的主题如作用、地位、功能、分工、统合等重新组合的动向。卢曼和哈贝马斯也都是以交往为基础重组了社会理论。在出现语言论的、意义论的转折这点上来说，也可以说是一种进步。我认为，这似乎也同时回答了是后退还是进步这一问题。

我想年轻人理解主观主义是不好的这一点，但无法否认学问的视野变窄了的印象。日本尤其是这样。只顾追逐细枝末节的风潮过剩。我觉得这也是暂时没有办法的事。

其次，以支援和公共性的形式进行的讨论，就是否参与更广泛的世界，更具内容这一点来说，不管有没有"理论"，我想"现实"变得非常广阔。在日本，不管是NPO还是NGO，都必须通过法案，所以政治以及行政毫无头绪。

也许落后的只是日本，在世界范围内NPO、NGO和志愿者活动进步非常显著。今后这些人通过电子媒介相互联系，建立起另一个世界的倾向会越来越强烈。也许会成为一种与在功能主义的方向上建立起来的社会制度相分立的形式，我想它会在世界规模上展开。

这么说虽然稍微有些粗暴，但如果上述倾向与企业合谋的话，也许会繁荣到没有国家也没关系的程度。像跨国企业和志愿者团体联合起来就不再需要政治那样，把既定的政治手续放到电脑软件里，重要的审议也可以通过另外的网络在线议会进行。这是我的空想，但这种倾向确实不会更显著吗？我想只是理论没有跟上而已。我认为将那样的行为很好地理论化的尝试还远远不够。

薮野祐三：我有一个看法和一个问题。

如您所说，支援并不追求利益。但我这里有一个亲身经历的例子。福冈市和广州市是姐妹城市，作为姐妹城市的同行，福冈市某百货商店派员工到广州市的百货商店去研修。中国商店里东西卖得很好，据说商品就搁在柜台上，没有橱窗展示。所以，员工们研修的是如何向顾客介绍商品。

实际上在1995年，IULA（国际地方自治体）在阿姆斯特丹召开大会时,想要调查世界的姐妹城市,所以做了约 300 个案例的调查。其中一个调查员从荷兰来到福冈,问了许多诸如"为什么姐妹城市间会按友情(friendship)办事"的问题。听说回答是因为从长远来看一定会赢利。调查员听了之后,说:"相互追求利益就不是姐妹城市,不是友情。"这从概念上就行不通。通过这件事,我体会到即使是同一种实际情况,根据词语的用法不同也会大不一样。

我提的是关于公共性的深化的问题。其实这也是我的私事,在福冈市和北九州市两个政令指定都市,我担任了六年男女共同参与规划社会推进协议会的副会长,一直负责女性问题,所谓女性和公共的问题。

首先,日本在制度上实现了女性的参政权。其次,劳动权在宪法上受到保护,但实际上是否存在男女的雇佣机会均等呢?现在,问题从政治转移到了社会制度上。更有趣的是转移到了家庭的男女共同参与计划这一"家庭的平等"问题上。像这样,从政治、经济到社会、家庭,范围在越来越深化。

所以,这是个很愚蠢的问题。但作为一个有趣的问题,我想问,志愿者怀着一份关怀之心参与到他者的生活中去,激励他者增加力量是支援,那么所谓夫妻是不是公共的支援关系?其实,一直以来这都被认为是非常私人的领域,但在男女共同合作方面的意识已经非常深化,已经开始出现我们从未想到过的、必须以公共空间的形式加以讨论的问题。

今田高俊:您谈到支援并不是追求利益这一特点,所谓瞄准长远利益的情况,有时候只不过是遣词上的不同而已。

这和我过去在国民生活审议会,组织参加社会活动的委员会时发生的争执有关。包括我在内的两三个人,提议应该加入规定

65

条款,只要志愿者不以追求利益为主要目的,可以接受一些金钱或方便。因为不以追求私人的利益为主要目的,所以,如果强制性地规定,即使被邀请吃午饭也不该吃,那志愿者活动就会推广不下去。因此,我们认为道一句"您也辛苦了",接受盒饭费或者车钱也没什么不可以,但被否决了。即使现在想起来,也还是觉得有些委屈,当时感觉"难道真要毁了志愿者活动不成吗?"但是,认为长期下去,会有利益回报的观点是不好的。如果以利益为主要目的的话,就不能准确地说是支援。至于不作为主要目的,指的是何种程度等细节问题的讨论,我想可以具体情况具体分析。

关于夫妻或者亲属关系是否也能成为公共性支援关系的问题,我认为如果并不突出自己的目的,以改善对方行为的质量、激励对方自主增加力量的情况,姑且可算做支援。我没有说这种支援即公共性到了什么程度可以叫做公共性,这是值得研究的问题,但我认为夫妻关系中有充分的公共性的基础。

小森光夫:今田先生的论题非常有趣。在谋求"支援"理论化的前提下,您列举了福利援助、就职升学咨询、开发援助等例子,但从行政法或行政学的分类来说,我认为这些主要对应的是所谓的"给付行政"。行政上还有一个叫做"限制行政"。在给付行政的部分"支援"的作用显著。但是,比方说,包括环境限制的问题在内,不知您对有意识地在限制行政的部分加入支援这个问题是怎么看的。

在"限制"这一部分,最近不仅是他律的控制问题,也产生了如何自律地对应的问题。根据情况的不同,支援也有可能在自律方面起作用,但从整体来看,可能会出现他律占多大比重、自律起多大作用的问题。请您大致谈谈这方面的看法。

还有,就是关于给付的部分,您非常犹豫地谈到支援"有可能会只是一个辅助性的概念"。我想问的是，要具备什么样的条件，支援才不是辅助性的而有代替（行政）的可能性。这种情况，比如说，您认为现在的行政机关所掌握的行政资源（预算、人员等）要以什么样的形式进行重组，才能具备这样的条件？

今田高俊：我认为从属于管理的支援有很多，但是不是一直都存在，还需要认真地调查。简要地说，整体的目标在于管理，在我的支援的定义之内，并不包括附带着进行支援的这种形式的限制行政。

但是，我想应该完全允许为了支援的战略和管理，为了让支援顺利地进行下去，如何管理的问题是非常重要的。至于支援和管理各占多大比例，社会才会正常运转的问题，因为现在是管理太强，所以，至少在达到两者平衡关系之前，我认为可以说："支援更重要，停止管理吧！"

现在，也许在市政府已经看不到住民支援课了。如果到了市政府，只要说"我想做这样的事情"，就能得到一些相关的信息和有益的经验指导，那么，即使因为行政改革受到被裁减的压力，我认为这个课也应该保留下去。但现在管理太强了，似乎没用的部分就该全部裁掉的逻辑占了上风。

我想进行管理和行政限制的一方，也会陷于如果不很好地引入支援，就不能生存下去的状态。我认为支援会逐渐地被采纳到行政限制里去。

关于具备了什么样的条件，支援对于管理就不再是辅助形式的问题，我是这么认为的。有很多针对管理的技术指南和手册。法律领域有六法全书和很多判例，有关经营管理的手册也多如牛毛，但是，针对支援的指南手册几乎还没有，好像最近在陆陆续续地出版。

如果不整理好支援的经验以及相关的各种信息，支援实际上就会变成辅助性的了。在被制度化或者得到财政支持以前，就必须做好技术指南集。把人、物和信息调来支援当然很重要，但更重要的是必须作出指南手册来。

支援的指南和管理的指南不同，对应支援的情况，个别性、特殊性比较强些。而管理以一贯的形式适用于全社会，可制定成全国标准。由于认为这是个问题，才会有支援这一思路，所以，支援的经验指南也许会很费工夫。但如果因为费工夫没法儿整理成手册就放弃了，那就毫无办法。我想做成相当于六法全书十倍厚的手册或经验集就好了。如果把它电子化，做成数据库的话，不用搬来搬去，大家也都可以用。我想积蓄这样的东西也是支援不再是辅助性的条件。

可以期待由政治家立法来制作这样的信息库，但即使不指望他们，大家不也可以一起做吗？我想志愿者团体稍微下点工夫，肯定可以做到。以今天的状况，在非政治化的方向上，不如说作出这样的信息库的可能性更大。我想，如果被全世界链接的话，就更令人鼓舞。超越日本，通过网络建立联系并积蓄经验。我现在所能说的就是以上两点。

间宫阳介：我有两点意见。第一是关于公共性的概念。今田先生列举了阿伦特、哈贝马斯、梅鲁西等各种各样的人，把所谓的"support"、"支援"和公共性联系在一起。这些人的公共性并不是互相违背的，或者说不是不可以兼容的。可以有阿伦特似的公共性，也可以变成哈贝马斯似的，也可以有支援。既可以有志愿者活动，也可以有住民运动。总而言之，难道有各种各样的公共性不好吗？

还有一点，这不是针对今田先生的发言，而是对后现代的想法而言的。我感觉以前的"公"和"私"似乎倒过来了,即感觉"私"正变得越来越"公"。刚才说到了"差异的权利",所谓差异,比如说,人也有各种各样的人。男人和女人不同,男人也各不相同,间宫就是间宫这个人,今田就是今田这个人。

所谓差异的权利,说的是一个叫间宫的人,因为他是间宫,所以就要求某种公的认知。一直以来,比如说,所谓的间宫是隐藏在私的空间里的。我认为还是这样更好。人与人各不相同,不是要把差异公共化,不是说给有钱人投两票的权利而只给穷人投一票的权利,虽然有贫富的差异,但公共性的场合都只给投一票的权利。我想这就是平等的权利。但是,当变成差异的权利的时候,沉淀在私人领域的东西就变成了公的。

这种逆转现象究竟好不好?是"存在"而不是"所有"成为公共性的东西,这反倒让我非常强烈地感觉到危险。不知您对这点怎么看?

今田高俊:如你所说,当然可以有各种各样的公共性。像公共性的类型学这方面的内容,即便是哈贝马斯也做得不多。他把公共性分成了文艺的公共性和政治的公共性,但那只是从历史的角度来区分的。在这个意义上,我想我们有必要建立公共性的类型学。我在论题的最后也提到,至少可以认为有实践性的公共性和言论性的公共性两种类型。

你在第二点讲到"公"和"私"逆转,"私"似乎变成了"公"的问题。所谓"差异的权利"产生于民族问题。不管是在法国、加拿大还是澳大利亚,经济状况好的时候,这样的问题解决得很好,但一旦经济恶化,失业者增加,"为什么要优先照顾这些家伙,我们自己还没有工作呢"之类的抱怨就会增多,听说最近有倒退的倾向。

我所说的所谓的"差异的权利",并不是要主张自我主义,问题在于能否宽容地对待对方的差异。人们一旦受到现代社会的伦理影响，往往很难忍受差异。因此，会沿着均质化的方向努力地去消除差异。所谓大众社会大多如此，日本尤其是这样。

泡沫经济时期，外国劳工大量涌入日本。"差异"一开始是人为地出现在大众生活的水准上的。过了不久，当地的年轻女子被强奸了的流言飞语四起，我想是发生了难以容忍差异的状况。报纸也做了报道，但后来真相大白，这完全是没有根据的流言飞语。不安的心理状态，让此类的流言蜚语自动扩散。我所说的"差异的权利"，针对的问题不是"所有"，而是"存在"的水平，所以，完全用不着采用特别付钱等经济援助的形式，而是要把不同作为一种差异来接受。

间宫阳介：那叫做"平等的权利"不行吗？不因为不同而受到不同的对待，这是平等的权利。所谓"差异的权利"，指的是人是不同的，根据其不同而拥有相应的某种权利吧？

今田高俊：所谓差异的权利不是我讲的，是法国和加拿大等国在人种政策上出现的讨论。在那种语境里，我想是意味着提供一种间宫先生所讲的物质性的机会。我乃至梅鲁西考虑的"差异的权利"与所谓物质性的机会平等或者分配不同。因为指的是存在水平，从现状来说，我想说成容忍差异、不同，这样的表达方式更贴切。

至于"公"和"私"的逆转，"私"像"公"一样大摇大摆畅行无阻的问题，不如说是过去"公"比起"私"来过于优越了。因此，我的意思是说，"私"在一段时间内以推翻"公"的气势进行主张自我，逐渐获得平衡，稳定在该稳定的地方就好了。

间宫阳介：刚才薮野先生讲到夫妇关系也能成为公共关系。根据今田先生的公共概念，夫妇间的关系也能变成公共关系吧。

今田高俊：确实有这样的一面。

间宫阳介：所以，我说这是逆转现象。

今田高俊：也可以这么说。但出于私人目的做的事情，不管本人有没有自觉，最终会具有公共的性质。我不认为这是一种逆转。这正可以成为我们这个研究会的口号，即"活私开公"的基础。

公和私相对立，不是说私必须成为公，我是把"支援"这一模式作为解构公和私这个二元对立的行为来考虑的。

间宫阳介：宏大叙事难道不好吗？比方说，现在年轻的学者只考虑细小的事情，会不会变得没有宏大叙事呢？

今田高俊：从个人的喜好来说，我是讨厌宏大叙事的。对于鼓吹"必须解放全世界"云云的"解放的政治"之类，我总会想"怎么说得出口呢？"看看大学纷争的时候就非常清楚，只有鼓吹这些的学者，在个别运营自己的组织的时候是非常保守的，常常会采取简直是无可救药的态度。这与其说是公与私的分离，不如说是人的毁灭。

这姑且不论，现在再讲"社会统合"或者"解放的政治"之类的宏大叙事，谁也不会接受了。这是客观的判断。

间宫阳介：如何对待日美防卫合作指针等问题，难道不算是很重要的事吗？

今田高俊：这不是什么重大的事。因为是日本必须个别处理的问题，所以在这个意义上并不是大问题。我说的"重大"指的不是因为是国与国的事就大这样的规模大小的意思，而是指现实的状况距离应该到达的状况非常远，几乎没有任何到达现实可能性的状况。我认为单单是作为一种理念、理想来讲的故事才是宏大叙事。

板垣雄三：我对今田先生的讲话很有同感，而且听了很受感

71

动。所以我想讲一点感想。

薮野先生说到的夫妇问题,在伊斯兰《古兰经》上一开始就写得非常清楚,讲"丈夫是妻子的衣服,妻子是丈夫的衣服"。也就是说虽然是夫妻,但完全是公共的关系。两者之间不光是公共性的,夫妻各自所处的与外界的关系也是公共性的。夫妻原本是契约关系,所以一开始就是以有可能被取消为前提的,直到在证人面前谈好了相当于聘礼的麦亥尔的金额(其中一半在离婚的时候支付),才能结婚,这就是一个公共性的事情。

刚才间宫先生担心私的东西在不断地变成公共性的东西,必须在限定了"逆转"是在何处发生之后再来考虑这个问题。问题是不是在于,现在整个世界是否都处在逆转之中呢?

然后小林(弥六)先生讲的是进步还是退步之类的问题,我感觉与其说是特定的某个人的工作在某处作为文本存在,还不如说是作为同时代的问题,自己一直以来的思考和感觉、想法被共同分享,不断地把自己投入其中。因此,我认为在某个特定的学科,比如,社会学的话就在社会学这个学科,比起这样那样的问题来,自身的能力会受到全面的考验。

我想在这儿说的一个重要的问题,有一半也是对今田先生的疑问。听了您的谈话清楚地知道了您系统地考察了"支援"。不仅是理论,还向我们展示了您脚踏实地的思想成果,非常感谢。

但是,在您对支援行为的说明中,我感觉是不是过于固定了支援者和被支援者的关系。您的思考已经非常充分,我想今天的论题大概是由于时间的关系没能讲到这方面。当然,支援、支援行为等的定义,应该明确,设定支援者和被支援者的关系也是当然的。

但是与此同时,如果支援者也以自己的方式实现自我的话,在某个局面中也极有可能出现支援者受被支援者所支援的情况。也就是说,这种支援的相互作用、相互支援也许具有非常重要的意义。

因此,所谓自助努力不是单方面的事情,必须要有双方的自助努力。加上这一点,今天的论题所提及的,所谓实现非常积极的公共性的支援行为的意思就完整了。而且,这比起单纯的二者关系,可能是更多角的关系。因此,比起双方向性来,是多方向性的,不如说只有通过建立联络网的形式来思考支援的意义,才有可能突破将差异转化为差别的管理。

我想您今天是以比较统一的形式来说明管理的,但归结起来,除去差别体制,管理就不存在。支配管理的一方,在某种意义上有彻底地、人为地制造差异来加以利用的一面。类似的情况一个个考察下去,到底该如何看待支援者和被支援者这对关系?这是第一个疑问。

还有一个问题。我也同意把公共性分为言论系谱和实践系谱。今田先生所思考的事情确实是以实践这个契机为特征的,这一点我也非常理解。但是,是不是有必要进一步重新展开交往行为的意义呢?我想按照分配、配置意义和资源的形式来考察人类的整体行为。作为场的逻辑,"交感"、"共同参与计划"、"共生"三者像三个旋涡一样混合在一起,以这样的形式来考察交往行为的话,就没有必要区分"言论"和"实践"。

比起在言论以及议论维度上的话语或者缩小限定意义的维度进行的讨论,我们可以讨论,支援作为一种交往,在更广阔的场景中创造出共同空间、公共空间的情况。在这个意义上,我想更进一步扩展交往行为的意义,特别是"交感"是非常重要的。

"共识"也很有问题,也有可能相互认识到,越讨论下去越不能达成一致的情况。双方彼此承认最终无法达成共识。或者相互

73

自觉到在根本上彼此总是一种误解的关系,这样的交往也是可能的。因此,我想"交感"也包括彼此虽然感觉到"不能达成一致",但也只能在一起生存下去的情况。

也许我的谈话有些东方的色彩,但加入这样的问题之后,在支援和人道主义等问题上,是不是有可能会出现新的切入点呢?

今田高俊:你最开始提到的那个问题说得很对。我在其他地方讲支援制度的时候,也有人说:"你讲的支援是从支援者这方面来看的支援,几乎完全是支援者这方面的支援。所谓支援是各种各样的,如果不再增加一些从被支援者来看支援的观点,单方面规定支援应该是这样的,有种强加于人的感觉。"

还有一点,就像板垣先生所说的那样,在不同情况下的支援行为,支援者和被支援者的位置会发生互换。最终我认为非常重要的是,如果支援者是在实现自我的话,那么被支援者也通过获得力量在实现自我。因为这必须是相互的,所以,如果被支援者也是在实现自我的话,即便他的立场是被支援者,当然也会有成为支援者的一面。因此,在支援行为中,必须考虑到支援与被支援的转换。参考今天大家的意见,我想再补充这样一个方面。我认为这是很重要的。因为如果单向地界定支援者和被支援者的模式,对支援就会有不舒服的感觉,不能完全消除支援似乎是一种慈善行为的印象。

我曾经和研究生们一起讨论过,所谓的"使他者增加力量"(empowerment)是为了超越"支援"而提出来的概念。我们讲到,这是在医疗领域、社区看护以及支援残疾人等活动中出现的,为了把它与支援联系在一起,若不下番工夫是做不好的。据说与支援有关的概念,按照援助、支援、使他者增加力量、共生的顺序,内容越来越丰富。共生被认为是支援者和被支援者完全对等的状态。

有残疾儿的家庭，如果丈夫在外面工作，往往是由主妇来照料孩子。这是很不容易的。去上学的时候，眼睛一不盯着孩子，就不知道他会发生什么事，也许会遇到危险，所以大人一直不离其左右。

刚开始，父母是因为觉得"这孩子太可怜了"才这样做。但是，据说一旦过了某个阶段，就会超越这种认识。他们会觉得跟孩子在一起这件事本身是美好的，如果不变成这样的想法就很难坚持下去。不是哪个是因、哪个是果的问题，我想这大概是相互的吧。到了这样的阶段，据说，就是和自己的孩子处在一种共生状态。这已经超越了支援。

刚才讲到了夫妇的问题，在大学的讨论课上，曾经讨论过"养育孩子是不是一种支援"的问题。父母是支援者，孩子是被支援者，在改善其行为的性质以及使他者增加力量这点上，养育孩子相当于支援。虽然可以说父母是孩子的支援者，但事实上，父母也受到孩子的训练、教育，是一种相互支援的关系。

在家庭里，教育、照顾孩子，在定义上也属于支援的范畴，但因为有不能还原为所谓单纯的"支援"的一面，所以不能停留在行为性质的改善以及自我实现的水平上，而扩展到了使他者增加力量。再往前，也许还必须考虑板垣先生所讲的共生。

"共生"、"共同参与计划"以及"交感"给人的印象都是"支援"系列的词，旨在获得成果的合理性行为中，不太会出现这样的词。大概可算做是交往行为。从哈贝马斯所说的"了解"和"相互主观性"的确认来判断，这些"支援"系列的词和交往行为有亲和性。

不过，哈贝马斯所说的交往行为，是共同性和达成共识在先。从手续的角度来看，我想可以进行很好的讨论，所以我希望能以此为参考,进一步追究支援和共生、交感的关系。

金泰昌:我有一个小问题。实践很重要,这用不着说大家也很清楚。但在我的印象里,人们对于讨论的重要性似乎还没有充分的认识。所谓讨论就那么没有效果吗?

今田高俊:不,完全不是这样的。自从古希腊的城邦的公共性以来,通过公开的讨论、公共舆论来形成政治秩序的公共性论不绝于缕,我想今后大概也会持续下去,不会消失。但不仅如此,我们说作为另外一个方向,比如说,实际的实践活动本身会成为公共性的这一方面也很重要。有必要以这样的双层结构来思考公共性。对于交往、言论方面的问题我谈得有些过于咨啬,但这只是出于宣传自己的支援论的战略。

金泰昌:不管是"支援"行为还是"实践"本身,并不能叫做公共性。我想实践本身既是公共性的,也是私密的。那么,在何时何地如何做,某个行为或实践才会成为或者被认为是公共性的行为或实践呢?我想那还是要通过"讨论"。从实践本身来看,"公私不分"或者说是"公私合一",总之,我认为"公"和"私"是缠绕在一起的。

我理解在这样的状态下完成的行为和实践,通过自我反省、与他人相关联的对话、讨论、检讨更广泛地为人所知,被更加深刻地反省,通过从多数的他人那儿得到批判、建议以及承认,其公共性才会得到提高。我想应该在共同参与创造、推广、提高公共性的每个参加者,能够在各种各样的意义上被活用——我用日语中的活かされる(be kept alive)这个词来替换 empowered 的意思——的矢量上来把握公共性,而不是在过去那样——政府和官僚为了管理以及统制一定的既成的公共性,单方面地由上至下地强加——的矢量上。

综 合 讨 论 一

主持人：金泰昌

国民国家相对化的时代

金泰昌:讨论中频繁地提到了哈贝马斯和阿伦特。阿伦特曾在某处提到"公"和"私"的问题，由于政治的维度和社会的维度混合而变得复杂，所以，有必要在新的政治空间里寻求公共性的生活空间。哈贝马斯认为，如果光是政治性的东西，不知道行政管理意义上的公共性会怎样，所谓批判的、自律的公共性肯定难以成立，所以，想要通过人的对话性的活动空间进行重建。我认为哈贝马斯的这个愿望是很强烈的。

首先，我想，问题在于社会性的事务是不是非公共性的，以及是不是只有政治性的事务才是公共性的。我看了也听了各种各样的议论，发现有一种把所有超越个人的东西或者共同体似的东西，都当做公共性的东西的倾向。我感觉"公共"观似乎是多样的。

今天难得请到两位先生，发表了非常精彩的演讲。我想请二位先就这方面的问题作些补充之后，我们再进入综合讨论。目睹今天日本发生的各种问题，我们应该如何看待"公"和"私"？我想请你们就这个问题再概括地谈一下。

加藤宽先生写了一本名为《公私混同亡国论》的书。虽然论述的主要是经济问题，但他认为，日本现在的很多问题来自于

77

"公"和"私"的混同。还有一位在日本长期居住的叫罗纳德·多尔的英国人,写了一本题为《不要把公私化了!——日本果然是不可思议的国家》的书,就日本存在的各种各样的问题,提出了非常尖锐的看法。除此之外,还有很多人从"公"和"私"的观点提出了问题。首先想请福田先生从政治哲学的角度,对此稍作一些整理。

福田欢一:如果把问题局限在日本的话,我想我在论题演讲中,该说的都已经说过了。

就您刚才提到的问题来说,一是在于我们进入了一个国民国家相对化的时代。很显然,国民国家已经不能再独占"公共"。在这样的时代里,不管怎样,所谓政府从一开始就不能超越"接受国民的信托进行管理"这一框架。因此,问题在于要在多大程度上打破"公共即官"的印象。

在这种情况下,应该等同于公开性(Öffentlichkeit)的"公",不仅仅是"政府",还从"政府机关"扩散到了"特殊法人"、"公益法人"。在政府职能曾经局限于最小限度的"必要恶"(necessary evil)的时代,在那种场合也是"必不可少的存在"(necessary)。但是,政府职能的扩大早已超过其"必要恶"的限度,以回应作为委托人的选民要求的形式,扩大到教育、福利方面。在这种"公共"扩展到学校、医院、自然保护以及环境领域的时代,我们是否可以继续保持"官治"呢?

在国民国家相对化的潮流中,当然还有一个分权的问题。直接碰到的不能就近解决的问题,由上头(政府)接管。单单是接管的话没有问题,但这正是加藤他们所说的"公私混同亡国论"。研究公共经济学,就会注意到这个问题。比如说,现在福利设施成了被蚕食的对象。这是活生生的现实。

正在进行的公共事业,被经团连和经济同友会称做是巨大浪费。现在的政党政治,正是靠此维系的。那么,当我们问到批判这一现象的原点在哪里,如何进行整理的时候,紧急的课题是营造出证明"公共性"的新氛围。否则,绝对不会实现分权。

作为其反面的内在的问题、个人隐私的问题,是无论如何也不能让步的领域,必须坚决地加以维护。

另一方面,我想主权国家的"主权",对于环境问题这样全球化问题的解决,将会产生很大的障碍。事实上,禁止核试验的问题,就是在作为国家主权绝不能让步的问题上碰壁的。如何对待,这也是切实的问题。

与此同时,个人认同的问题,对每个人来说也成为非常切实的问题。我刚才讲到了少数派(minority)的问题,但"民族性"(ethnicity)一词,一直作为使在国家(nation)这一框架中,没有充分得到情感体验的人,在心情上得到同一化的词被使用。美国最先开始使用"民族性",正是这个作为人种问题被使用的词,很快普及为学界的通用语。这一问题,比如,在英国成为一股强大的力量,以至于苏格兰、爱尔兰和威尔士都不得不进行地方分权(devolution)。

与此同时,随着欧盟的统一进程,比如,苏格兰和北欧,威尔士和布尔塔尼,超越国界而重新形成一个与以前的国界无关的一个圈子,这一形势已经越来越明朗。也就是说,中心和周边的关系,会随着合并单位的扩大而变化。周边已经开始在周边范围内寻求共同的问题。

在这样的现实中,少数派的问题,已经不能靠一国的议会来解决。因为无论投多少次票,少数派肯定是要输的。一旦进入通过地方分权,来重新承认少数派问题的时代,自我同一性的要求就会各不相让。而且,自我同一性也有双重性、三重性。这实际上是对

79

因为结社只主张非常片面的利益,绝不能保障市民社会这一问题的回答。非常坦率地说,在阿拉伯世界等地区,就自我同一性的问题,有区别地双重、三重使用是很平常的。

在这种情况下,现在市民社会(Zivil Gesellschaft)一词开始被使用,意味着公民的复权——不仅仅出现了作为委托人的个人、民众、受益者,而且出现了要适应新的时代,在某个层面上,共同地来处理共同的问题,并为此而展开讨论的气氛。

也就是说,在从抽象地把所谓"公共"只限定于一个单位的时代,到国民国家相对化的进程中,要在非常具体的形势下,就如何划分的问题一点点地作出展望。我想这正是进入 21 世纪最为迫切的问题。

在这种情况下,说起"信息",就像刚才的发言中所提到的那样,比如,志愿者进行的有关活动,通过联络网很快地就会传开。具有在各自的职权范围内,真正积极地对应这一问题的活力。以"我做我自己的这摊子事,你做你自己的事"的目光面对各自问题的时候,所谓全球化,就不单是抽象的普遍的问题,而是表现为一个有内容的具体的普遍问题。

那并不是因为不能定义为某一问题,而是必须进行哲学处理的问题。如果是抽象性的普遍的话,也就算了。但显然我们将要迎接的时代,已经不是这样的时代。我想今天的原点在于,认真思考过去以自由主义模式为前提的问题及如何在这样的多重结构中对公共进行分配。

我绝不认为,一旦规定为多重的,大家就会对来自上头的要求变成"私"的立场。志愿者协会也好,志愿者活动也好,或者是民族性也好,通过在其中的公共生活积累共同处理问题的经验,培养更高层次的能力。正是通过交往活动,创造新的形象,才能创造出参与到活动中去的能力(认识能力和实践能力)。在这样的过程中,才会激活未来一代精神自立的目标。我认为寻找这样的途径是非常重大的问题。我由衷地期待,在今后这个研究会的研究活动中,会找到对于21世纪的答案。

金泰昌:在这里必须考虑的问题是,官僚所认为的国家利益——是不是叫做官方利益更好——和每个人所追求的私益都比较明确,但所谓的公(共)益是什么? 官方利益是不是等同于公益? 我想实现公益应该是与官僚和私人都不同的政治家的作用,不知先生的看法如何?

福田欢一:从政治机构的构成来说,这是理所当然的事,50年前就该开始做了。但是,实际上政党所做的不过是通过恳求官员,批准各自选区中不符合条件的事情,以此来确保选票。因此,当选民具有作为公民的意识时,政党也就一筹莫展了。在这样的状况下,如果要政治家来实现公共利益的话,我认为最重要的是,期待政党具有提出尖锐问题的能力。现在最迫切的问题是,在这种能力已经极度荒废的情况下,能不能马上做到这一点。

就这点来说,既成事实过于沉重了。冷战与此局面有很密切的关系。在冷战结束后,不幸的是,欧洲和日本的对应截然不同。

束缚日本的咒语还未解开。在官宪制国家这一既成事实牢不可破的情况下,公众将会担负起考察打着"公共"名义的组织的目的、追究其能力的课题。我想,问题在于政党能否吸取公众的意见。

金泰昌:我想政治家的作用在于,进行调整被官僚所独占及规定的官方利益(一般以"国家利益"来表示)和每个人追求的私益,或充当媒介作用。如果特意把政治家的概念定义为通过选举使其地位和作用得到公认的集团的话,我想这样的看法是理所当然的。

81

但是,期待政治家能够实现调整官方利益和私益这一意义上的公共利益,并起媒介作用,在现阶段还很困难,我感到这似乎是现在住在日本的人们的真实感受。那么,不管是各种中间团体、结社也好,志愿者团体也好,或者是今田先生所提到的进行支援的个人的集合等,在这些方面有没有树立公共利益并使之推广下去的可能性?如果不能对政治抱有期待,就不得不把希望寄托到其他方面。在重新开始讨论之前,包括在日本社会的何处有这种可能性的问题在内,请您进行一下总结。

今田高俊:虽然我也想寄期望于政治家,但……我也想谈谈这方面的问题。确实,以今天的现状是很难对政治抱有期望的。

向生活政治的转变与支援型社会体系

今田高俊:我的另一个研究题目是社会阶层论,因此,我想联系物质财富优先的社会中的分配问题来谈谈政治问题。在以往的阶级政治的时代里,政治家们对如何调整阶级利益很敏感。这如实地反映了冷战结构。社会党维护工人阶级的利益,自民党维护资产阶级的利益。不管这种形式是不是理想,日本一直到20世纪60年代中期的政治主流也都是如此。

但是,在这种状况下,从1960年早些时候起,政党的注意力开始变成培养健全的中间阶级。现在亚洲新兴工业经济体(NIES)致力于这一问题,正在推进"为了国家的发展培养健全的中间阶级"的政策。在日本,以自民党为首,民社党和其他多数政党一直都以培养健全的中间阶级作为经济高速增长期的目标。就这样,政治逐渐从阶级政治变为地位政治,这一直持续到70年代末。自民党转变为包容型政党,打出超越阶级和地位的差异,不辜负广大中间大众期待的旗号,一度重新获得了高支持率,但社会党一直都没有改变方针。

这种地位政治逐渐终结，即便从今天讨论的脉络来看，国民对于利益诱导和地位保全并无太大的关心。他们更多地把关心转移到了生活中的生存方式（way of life）方面。这是向充实生活质量以及"生命"意义上的生活政治的转换。"生活政治"这一说法，在日语里似乎不太通顺，但这不仅是所谓保卫生活的意思，还是与生存方式问题有关的政治。可以说是"生命"和生活的政治，其他的政治已不能引起人们的关注。在这点上，大家都认为现在的政治和这个方向有距离。

在这个意义上，政治必须变成生存方式和生活的政治。为此，重要的不是"管理"，而是"支援"人们的生存方式和生活。有了这样的转变的话，认为政治和行政有足够存在理由的人就会增加。所谓的无党派层，并不是政治意识低。（现实的政治）过于偏题，人们不愿意支持政党或投票。据说这样的无党派阶层有近60%，一旦行动起来，形势就会发生变化。政治家必须对此进行反省，做一些改变。这样的话，对政治还可以抱有一点期待吧。

接着，来回答在什么样的地方能发现公共性的问题。要找到公共性，我想现在是非常困难的。在以未向"公"开放的"私"为前提，认为已知的"公"无可争辩的想法之下，说官吏的"公"一旦公私混同就会亡国，我认为是当然的。而把"公"视为"私"，是个人借"公"的名义或者利用类似的东西，利己主义地追求个体的利益。在那种范围内，这是非常重要的意见，但我更想知道的是"这之后怎么办"。公私不混同的公私的存在方式是什么？不把"公"视为"私"的"公"是什么？这样的讨论会不可避免。因此，在这种意义上，我想有必要创造新的"公"和"私"的空间。

我并不喜欢后现代论的很多词汇，但有一个词我喜欢，即"脱

83

分化"（dedifferentiation）这个词。摆脱现有的社会分化，摆脱现代的、功能性的专业分化。用现在的例子来说，比如"公"和"私"的分法，"主体"和"客体"的分法，昼夜的分法，专家和外行的分法等等，把这些分法脱分化，就是要融化它们之间的界限，取消它们的区别。

过去根据功能性的想法决定作用和地位，在此之下进行社会性的活动，但正在出现对这种分化的逆流现象。在这里讨论"公""私"，我想也是对有关"公"、"私"区别脱分化的一种尝试。

当然，比起脱分化来，我认为重新构建更困难。我想用一个橄榄球球队的例子来说明我最近在思考的问题。这个事例是我在进行"社会体制的结构转换"这一题目研究时的案例。我在思考从"管理型"的社会体制转向"支援型"的社会体制的问题。

日本的橄榄球联赛，新日铁釜石队曾经七连冠。其后，神户制钢队成了日本第一，也实现了七连冠。这两者实现七连冠的方法截然不同。新日铁釜石是管理型队伍，由教练严格地进行训练，选手按照教练决定的布阵努力打球，因此实现了七连冠。后来，从1989年起，平尾诚二（是个非常受欢迎的人）率领的神户制钢实现了七连冠（他做队长到二连冠）。这个队伍是非管理型的队伍。他的口头禅是"系统是无关紧要的"。据平尾氏说，事先决定布阵的框架，把一个个选手安置其中，按照这个框架进行训练，这种想法不适用于日本。因为橄榄球运动源于英国，这种做法对个儿大的人有利。像日本人这样小个儿的体格，采取和欧美人同样的做法是行不通的，所以，他得出了系统可以在最后考虑的结论。这和刚才福田先生提到在自己的职权范围内好好表现，就是稳定整个系统的说法是相通的。

平尾的哲学是："体育的目的是实现自我。因此，橄榄球队员必须以实现自我为目标。"从这样的观点也能看出，还是不陷入管理性的框架为好。首先提高个人的实力，然后相应地建立一支能让各人发挥其实力的队伍(system)就好了。这是一种认为系统是随时可以改变的想法。这说不上是支援型，但是非管理型。

一般认为，如果建立"队伍"的话，就会提高个人的实力，整体实力也会增强，但平尾说这是骗人的。建立队伍以及系统可以增强实力，这不是自明之理。如果角色分配不好，强加于人，整体的实力会低于个人的能力相加之和。神户制钢队废除了教练，只有顾问和队长。经常改变战术，打破惯例，以"即兴橄榄球"为口号。因为硬碰硬地格斗会输，所以发明了作为球技（在开放的空间里投球）的橄榄球而实现了七连冠。

我想说的是，至少非管理型会提升组织的实力。因为不是千篇一律地把队员硬塞到框架里，所以很费工夫。但是，费工夫建立起来的组织往往比用管理型建立的组织更有活力。我想神户制钢队就是这样的一个例子。

把以上的例子用到"公共性"上去的话，所谓公共性也不是要预先决定"这是公共性"。每个人都会想："公共性应该是这样的"，但是，我认为应该将公共性的东西作为——把这些想法很好地连接起来，组合完成的——一个过程来考虑。

以志愿者活动以及 NPO 活动为基础创造的"公共性"接近于这种想法，我认为只有这样才能确保充满活力的公共性。我想要使这样的空间不断扩大，支援将成为重要的课题。如果这样的活动在日本全国展开的话，就能从中发现公共性。

这需要根据具体事例来看。因为不是像管理这样有效率地，以某种标准来做，所以，我想会出现各种各样的情况。研究人员可以分析这些例子，而实际从事活动的人，也可以利用互联网在主页

85

上多介绍"这种情况下要如此做",或者"曾经有过这样辛苦的经验"等。我想这也能成为言论系谱的公共性。最好以这种形式进行各种讨论,彻底地开放公共空间并且不断进行反省。在一段时间里推进彻底的公共性是必要的吧。

自我组织性也是如此,我想原点是要在自己的职权范围内好好地干。所谓的所有人都必须"在全球规模上思考"并行动,我想是办不到的。现在最重要的工作是,建立起一个很好的人际关系的回路或者说系统,可以使人们通过在自己的职权范围内好好干,就既能与世界也能和公共性发生联系。

因为政治家擅长建立这样的组织,如果他们能充分发挥作用的话,就可以对其寄予期望。为此,政治家也必须改变想法。但是,梅鲁西也曾说过,我也觉得这件事可以在非政治的空间里进行。大家都很投入的话,也会引起政治家的注意,参加进来。最重要的是像迎接客人似的,以一种"欢迎光临"的形式在市民层次上高涨起来。

金泰昌:我认为加藤宽先生和多尔先生(Dore Ronald)所说的和今田先生所指出的方向没有什么不同。并不是要把混合凝固在一起的"公"和"私"分开,否定"私"而行政管理式地推进"公"。加藤先生强调,比方说,在日本"公用停车场"是禁止入内的。按过去的想法是那样,但既然是"公用"停车场,就应该开放。私有地是禁止入内的,但公用地应该开放。按加藤先生的说法,日本只不过是把"官"与"民"对换成了"公"与"私"。这就是所谓的"公私混同"。

多尔先生的问题意识也基本一样。他认为现在可以实行"福利"、"医疗"、"教育"等的民营化,开始都是这样一些常见的有关民营化的议论,但他的出发点在于,由于"公"(官)不想对弱者承担责任,便把责任甩给名为"民营"的经济理论。这样一来,虽然确保了自身(官)利益,但实际上只是把公的责任全部推给了个人。因此,必须将被置换为"官""民"关系的"公"、"私"关系加以还原,在真正的意义上对相互联系、相互补充的"公"、"私"关系进行再定义。也就是说,一旦过去的公私观解体,就必须根据新的观点来进行重新建构。我在这儿重新引用、介绍他们的观点,是想抛砖引玉,推进讨论。

公共性的要素与管理、支援

花冈永子:管理的力量是自上而下的,支援的力量则是自下而上的,两者都给人一种自己受到歧视或是被条条框框所束缚的感觉。但是板垣先生提出了相互支援等各种建议,像刚才今田先生也讲到的那样,后现代时代,是在所有的领域诸如主观、客观或两极性之类的东西都消失了的时代。当今的时代,比如,强调重点要从发达国家转移到发展中国家,从大人的群体转移到小孩的群体,夫妻由男性强势转移到女性强势,我认为带有此种方向性和歧视性的东西是不恰当的。

福田先生刚才谈到今后研究会要摸索面向未来的各种展望,所以,今田先生提出了反身性的(reflexive)和操作性的(performative)问题。过去讲了很多反身性的问题,而操作性的,即哲学上所说的"身体"却被忽视了几千年。在阿伦特那里,工作、劳动以及最后提到的活动,是与身体联系在一起的。您认为在社会学方面今后探讨有关"公共性"的新的展望的时候,身体是否隐藏了某种程度的可能性?

我认为日本和欧洲的哲学之间的根本不同,还是在于如何理解身体。您非常强调实践性的公共性,劳动也好,活动也好,工作

87

也好,都是从身体而来的。这是所有人共通的一个维度,所有的理念、空间和两极性都是汇集在身体上成为一体而发挥作用的。实践也只有在那里才是生动的。我认为两极性在一起发生作用的情况可以通过身体来理解,但身体在社会学上,作为未来的公共性的一种展望,具有多大程度的可能性呢?

今田高俊:我并不是没有读过身体论,但说实话,我理解不了。从身体这一概念很难产生出社会。总而言之,可以说由于受到权力作用的压制,真正的身体性还没有发挥出来。如果真有哪怕是一点点,关于如何从身体性本身挖掘出社会的公共性的议论的话,我肯定抢先读了。

花冈永子:我想在哲学方面,这样的讨论至少还处在暗中摸索的阶段。

佐藤炼太郎:今田先生讲到的橄榄球队的例子,也适用于作为志愿者活动的剑道。我每周用两个小时教二十几个从大学生到幼儿园小孩的剑道。因为这个关系,我上周六和周日参加了全日本剑道联盟的指导者讲习会,一开始是等级最高的老师训话,他的谈话里也讲到了刚才福田先生引用福泽谕吉所说的"一身之独立乃一国之品性"。我想这也反映了当今的世态。

社会学者鲁思·本尼迪克特在《菊与刀》里,写日本是"耻"的文化。她说,当"知耻"是以公共性为背景的时候,被人知道了会蒙受羞辱的这种想法成了对坏事的抑制力,廉耻之心是很重要的。现在的政治家和官僚都已经不知廉耻了。问题是我们把什么看做"耻"。

接下来那位老师说道,因为剑道是武道,所以有粗暴的一面。它原本是一种杀人的技术,在战争中也曾作为支持兵力的手段被利用。1953 年,一直受到 GHQ 压制而被禁止的剑道复活,作为剑道的理念,全日本剑道联盟提出"剑道乃人格形成之道"。通过剑的理法进行修炼成为对社会有用的人,这才是所谓"剑道乃自我实现之道"。

为了向青少年普及剑道,剑道联盟也举行指导者讲习会。但在那儿所宣讲的廉耻之心,指的是道义性的追求。所谓剑的理法即合理性。也就是说,日本刀有它的结构,所以,比如立刀背挥舞的方法中有最为合理的容易发力的刀法。要掌握这些方法。

老师还讲到在比赛或做裁判的时候必须公平。比如做裁判时要维持公平性,既不偏袒也不包庇犯规。在比赛的时候不能用竹刀撞倒对方或者说狂妄的话。也就是说,必须要尊重对方的人格。他也说到必须要培养他者感觉。他的讲话中包含了一个所有人都认同的正确的理想的存在方式。我想这不仅限于剑道,对于所有的事情也通用。

因此,如果把今田先生说的"支援"换成剑道的教育和指导来看,剑道上讲"师徒同行",边教边学。因为教得不好,所以徒弟也不能进步。因此,要在教的过程中不断提高自己,追求理想的状态。我想这不仅限于剑道,在任何领域都是可能的。

听了今天今田先生的发言,我认为道义性、合理性、公平性、尊敬之心可以被公认为公共性的要素。所谓的尊敬也表现在敬语和敬礼上。听了今天的发言,我感觉这四者彼此之间并不排斥,而是可以作为一个复合的整体包含在公共概念中。虽然有些自吹自擂,谨作为一个话题供大家参考。

佐藤岩夫:我简单说说我自己对于公共性的印象。刚才有人说到所谓公共性是"实体"还是"关系",或者说是"理念"还是"空间"的问题,我觉得把问题简化为二者择一,或者二者对立,并不合适。我一直认为,所谓公共性是包括这些概念在内的一个非常多重的概念。

公开性（Öffentlichkeit）这个词出现了好几次，英语圈的人把这个词翻译成英语的时候费了很大的劲。有译成 the public 或 public interest 的，也有译成 publicity 或 public sphere 的。总之，"公众"就"公共性的事务"在"公开"的场合进行讨论，或者行动的"公共性的空间"，这些含义，我想全都包含在公共性这个词里。

那么，说到这样的公共性是如何成立的时候，哈贝马斯和梅鲁西都是把它作为一种对于支配性的事物的挑战来把握的。哈贝马斯说的是一种制度，梅鲁西说的是一种支配性的文化符号。我也是一直带着这样的印象来讨论公共性的。但今天今田先生的发言，在让我觉得很有意思的同时，也有些感到意外。

我说的意外，指的是"支援"究竟在何种意义上是对支配性事物的挑战的问题，我想大概并不是那么回事。那么，反过来，我想再请教一下"支援"到底是如何与公共性发生联系的呢？

在您的发言中，比如说，在私人性的符号中会出现公共性。在这种时候，私人性的自我实现转化为公共性。我非常想知道它的机制。

我自己想了几点。一个大概是利他性。要言之，给他人利益。在讲话中您一边明确地否定利他性，一边也强调不能做害人的事。也就是说，虽然是自我实现，但因为有益于他人，所以具有双重意义。我认为一种解释是这种利他性奠定了公共性的基础。

总而言之，在何种意义上私人性的东西会转化为公共性，我希望您能就此说得再详细些。

今田高俊：我首先回答合理性、公平性、道义性、尊敬之心的问题。刚才有意见讲，这与交感、共同参与、共生等也有关系。在"管理"上需要合理性和公平性，但可以不考虑尊敬之心和道义性。但是如果可以确认——在"支援"也涉及后两个方面的意义上——支援有值得思考的价值，对我来说也是极大的支持。若不从这样的侧面创造更多的表述支援的词汇，就不能进行理论武装，所以我非常感谢这一意见。

关于私人性在何时以及如何转化为公共性的问题，我在今天几乎没有谈及。我刚才说有成长为公共性的种子，但要进一步深入下去的话，需要进行考察、分析各种事例。不能够简单地说空间由私变成了公。我想把其作为今后的课题。

过去很少有人明确地提到"自我实现是利他的"。我认为通过加入"支援"这一想法，偶然可能出现这种情况。

佐藤岩夫：以前不太重视"支援"、"利他"等等。在这个社会中，开始明确地谈论这一点，这种情况本身正在形成一个公共圈，可以这么解释吧。

今田高俊：大概是那样吧。梅鲁西的观点认为，在形成集合的自我同一性的同时，会暴露出现有的支配符号的权力作用。社会运动的意义在于，将大家没有认识到的东西可视化。因此，这一阶段并不是那么积极的公共性。梅鲁西也在很多地方提到了公共空间，但没有进行系统的论述。

比如说，如果我们能够充分地论证导入新的符号本身意味着开拓公共空间的话，那会很有意思。我想梅鲁西将来也会讨论形成类似的公共空间的问题。如何从私人性转化为公共性的问题，也就是如何把新的符号导入到已有的符号中去的问题。这一研究非常重要，我也想进行这方面的研究。

支援与职权范围

难波征男：我一直研究朱子学或阳明学。朱子学者以及阳明学者从事名为"书院教育"的教育实践。我对此很感兴趣，这几年一直在研究这一课题，如果可能的话，希望把书院教育具体应用到实践中去。今天今田先生讲的"支援"和福田先生说的职权范围有一定关系，所以我想谈谈我的一些思考。

去年(1997 年)召开的国际阳明学京都会议，提出将来的问题"教育"是一个关键。对此，哥伦比亚大学的名誉副校长德·伯利(Deh Bury)先生提议，今后的教育应该进行区域性的建设。他那么说，我不知道他对日本的情况了解多少，现在日本的学校教育功能非常弱。家庭也在很大程度解体了。为了让家庭和学校再生，有必要重新构建与二者相关的"区域"。进一步说，有必要培养在重新构建区域中起核心作用的人。所以，他说，为了这一目的，可以说哲学是很有必要的。

这与今田先生讲的有关，在教育重新构建区域的人才时，如果"上头"、"权力"、"官宪"、"政治"等自上而下地提出方针，就不可避免地成为管理。而凭着所谓的公共事业、公共道德等等，我想是难以见效的。

应该以今田先生所说的"日常世界"或者"生活世界"为基础。德·伯利先生讲有必要制定"礼"，即新的"礼节"。"礼"原是中国的概念，大致可分为两种：一种是通过拜祭祖先确立的礼仪做法；另一种是为了形成活着的人们的共同体，并使之顺利开展下去的礼节。从与个人的关系而言，作为存在欲望的人，调节欲望与欲望之间的冲突。在对方的欲望和自己的欲望二者都能得到尊重的地方，恰到好处地画线为界，这被认为是"礼"。我想在这种意义上，制定新的礼节会变得很重要。

我不是教育专家。对于书院我还刚刚开始研究，但我认为大致而言，书院包含三个行为要素：一是为了树人的讲学；二是因为朱子学者、阳明学者属于儒学,有孔子庙,要在那儿礼拜;三是收集书籍藏书,自主自发地阅读。

书院传到日本,书院运动在幕末维新时期开展起来。因为日本没有科举考试制度,所以办的是一些藩校、乡校、塾、寺子屋。在这些地方都举行什么活动呢?

首先有一个指导者,由他进行讲学活动。在京都、大阪一带普及的石门心学有一种叫做"会辅"的活动,各自提出自己的问题,以类似今天所说的讨论课的形式进行讨论。另一个是静坐,这像是花冈先生所说的一种身体论式的修养活动。这些是主要的实践活动。

其次,朱子学者和阳明学者进行区域建设的方法有三个:一是建立区域的规矩。这与刚才说的礼节有关,因为是乡土规约的意思,故叫做"乡约"。这一区域应该成为什么样的地方? 比如说要孝敬父母、如何管理公园等等,可以说是建立一种乡土的规矩。第二是建设社仓。需要储备好粮食以防备饥荒。因为是粮食,所以过了一两年就成了陈粮,会烂掉。如何分配这些陈粮,收集新的粮食。这些事情不是由中央来的官僚,而是由住在当地的人们,组成自主管理的组织来进行。这是一种农业合作社运动的始祖。第三是建设培养人才的场所,即书院和藏书的房子(今天所说的图书馆)。

我现在住在福冈,也想在天神这一中心街道上办一家书院式的机构,进行区域建设。比如说,博多有著名的"山笠祭"。抬神舆的时候需要大约 120 人。但现在在博多大约只有 20% 的本地人能参加这一活动,剩下的 80% 得从其他地方召集。对于博多的人来说,参与"山笠祭"是生活在这个区域的一个证明。

具体来说,到了青年班这一级,就会扎上红头巾。成为扎红头巾的人,是人生的目标之一,是我们今天所说的自我实现"立志"的一环。随着年龄的增长,其目标成为在神舆上指挥的"上台人",这样一来,自我实现的成熟度也会很高。但在今天,年轻人到郊外去居住的"空心圈现象"严重的情况下,要继承、发展这一传统面临着某种困难。如何变革以及变革什么? 为了思考这一问题,有必要检验共同体解体的原因,也有必要在振兴"山笠祭"方面下各种工夫。过去"山笠祭"是如何被传承下来的,我想请领袖人物到我要办的学校来讲其中的智慧,把他们在实践"山笠祭"复兴方面的智慧,应用到新的区域建设,甚至是新的"现代书院"的建设中去。

我想在发言中提到的自己的"职权范围",也指自己生活的区域。对所有人来说都是这样。区域的重新构建不是自上而下的,而是要自下而上地重新做。把有关的经验和理论集中概括起来的话,我想今天先生讲的内容能够结出更为丰富的成果。

思考新的公共性

金泰昌:我想在此通过今田先生的论题,整理一下我的感受。第一点,我认为,他律的公共性和自律的公共性、行政管理的公共性和自助支援的公共性、向下强制的公共性和向上累积的公共性,这些认识重构上的类型构成以及有关深入的讨论,从通过旧的公私观的解体思考新的公共性这一公共哲学共同研究会的主旨来看是重大的进展。

第二点,在否定、排除、压抑"私"的方向上来确立、确定、确保"公"的公私观,转变为我称之为"活私开公"的公私观——即在使"私"充分成长、成就、成熟的同时,其中的原动力又能广泛、纵深地开拓"公"的领域,我感觉这是时代的要求。从这样的立场看来,今天今田先生的论题也让我受益匪浅。

第三点,关于"私"和"公"相互联系的密度和方向,"公"和"私"是自然地发展联系到一起的,还是必须介入某种人为的操作？或者说,公共性是现实、体验、生活、心情、感觉的问题,还是理想、规范、理念、理性、道理的问题呢？问题在于强调哪一点。当然两方面都同时是必要条件,但我认为在现在的日本,哪种问题设定具有更大的现实关联性这一点也很重要。

95

论 题 三

从经济学的观点看公私问题

间宫阳介

1. 作为私领域之学的经济学

经济学作为私领域之学的发展,几乎未论及公共性。但是,自亚当·斯密以来,一直讨论关于市场内部与市场外部的关系,特别是国家、政府对市场的关系。然而,在市场的内部是否存在公共性,几乎没有作为经济学的中心问题从正面展开过讨论。但如下所述,曾讨论到在市场内部的某种意义上的公共性,即所谓的公共财产问题。

从市场经济学观点思考公私问题时,首先从思考"私"的问题着手,或许从那里隐约可见公共的问题,所以我想先简单谈一谈经济学的源流。

众所周知,经济学的出发点是亚当·斯密的《国富论》。该书于 1776 年出版。福田欢一先生虽然未说从柏拉图、亚里士多德开始政治学要早得多,而经济学则新而简单,总之,作为一门学科,到了 18 世纪后半期,经济学才开始形成。在亚当·斯密以前,一位生活在英国的荷兰医生曼德维尔(Mandeville)写了一篇讽刺性的散文诗《蜜蜂的寓言》,被认为是先于亚当·斯密谈到了在《国富论》中所论述的问题。

诗本身并不太长。他把蜜蜂的巢看做人类社会，叙述了它的状况。在蜜蜂的巢里，最初是以淫荡的或非道德的颓废形式进行生活。尽管是非道德的，但社会并没有衰落，而是非常繁荣。穷奢极欲的生活反而刺激了生产的发展，促使蜜蜂社会繁荣。

看到这种非道德的状况，就对其加以限制，恢复到原来的道德状态，虽然非道德的状况不盛行了，但经济却陷入了非常严重的状态。

从日本来说，江户的田沼时代正是如此。贿赂横行，生活浮华，处于严重的非道德状态，但经济繁荣。可是，田沼时代之后，通过宽政改革进行道德的强化。其结果，经济方面反而衰退了。有一首狂歌曰"昔日田沼之混浊令人迷恋"，认为在经济方面非道德的状态好，歌颂与曼德维尔相似的情景。

另外，有一位叫蒲柏（Pope）的诗人写了首散文诗叫《人间论》。他不像曼德维尔，很难说是讽刺，但诗里颂扬自爱是人类本来的面貌，自爱是社会的根源。

在亚当·斯密之前，有一些人欲摆脱基督教对经济社会进行客观的考察。从正面对这一课题进行思考的是《国富论》。

经过20世纪70年代的两次石油危机，在80年代初，被称为"世界同时不景气"的非常深刻的不景气，袭击了各发达国家。在不景气的80年代，美国、英国、日本、西德发生了财政危机。在危机中有人倡导小政府。因为政府过大，导致出现了庞大的财政赤字，在这种情况下，经常强调"回归斯密"，即回归到《国富论》中所提倡的自由主义的小政府。但是，我感到斯密当时论述经济学或论述市场的动机，同20世纪80年代有所不同。

斯密为了批判当时的重商主义而写了《国富论》。所谓的重商主义，是由国王领导进行海外贸易。出口迅速增加，作为其等价报酬，金银流入英国国内。为了不耗费积蓄的财宝，迅速增加出口，尽量减少进口。按上述做法，去积蓄作为贸易差额的金银。重商主义主张这种金银才是"财富"。

可是，亚当·斯密说，不论积蓄多少金银，对英国国内来说，也不能形成任何利益。当然，可以说这对现代贸易也是同样的，尽管日本迅速积蓄贸易盈余，假如不使用它，不但不能变得富裕，反倒变得贫穷。

斯密主张社会的实质财富不是金银，而是通过劳动创造的生产物（食品、衣料、家具及其他）才是一国的财富。所谓国富论，就是诸国民的财富（wealth of nations）。所谓的使国家富裕，就是增加通过劳动创造的生产物。于是，斯密围绕在一国之中物是怎样制造、交换、消费的进行了思考。

那时，他主张私益（self-interest）的问题。现在想起来一点也不奇怪，但在当时的欧洲，与他人的事情相比，以自己的事情为主考虑问题，被认为是不道德的。因而，我认为主张私益的观点是非常有勇气的。

斯密列举了有名的肉店和面包店的例子，肉店制造肉食品，面包店做面包。互相进行销售、购买、交易。可是，那时肉店并非因考虑面包店的情况而卖肉，面包店也并非因考虑肉店的情况而做面包。各自始终只考虑私利而制造肉食品，生产面包，并通过交换制造的商品而增加利益。斯密说，与利他的行为相比，基于私利而进行的利己行为反倒扩大了交易，还增加了产量，获得了满意的成果。

如上所述，在亚当·斯密那里，"私益"是一个关键词。但斯密的私益和以后的经济学的私益有点不同，后来的经济学认为，人本身具有私益的核心,其外包裹着衣服,把一切都消解到了私益中。无论是制造物品,还是消费物品,其他无论干什么,全都基于私益。所以,现在的经济学家,即使对一看就不属于经济方面的自杀呀结婚及其他各种各样的现象,也要以私益进行经济学上的说明。

然而,亚当·斯密使用的"interest"的本来意思是"interesse",即指连接存在与存在。总而言之,所谓的"兴趣"(interest)是指自己与对象,例如,自然科学家因对自然的惊叹、兴趣等而要阐明其结构。即兴趣不是封闭在自己的躯壳里,而是将外部世界和自己连接起来的情绪,是感觉。在斯密那里,也一直保持着那样的含义。他说,人类进行行动是由于私益导致的。那是个人的兴趣、关心等等。如果是农业经营者,就会因私益而学习作物的状态、土壤的状态、气候、生物学知识等内容,以此为基础进行农业生产。如上所述,连接自己和世界的"理由"就是私益。

关于教育,他也认为,人在天性的能力方面没有太大的差异,因兴趣不同而产生了区别。总之,归根到底,由于有没有兴趣及关心,才导致了能力的分化。

他在《国富论》的最后,涉及了国家的作用、政府的作用,这成了以后被称为"小政府"的观点。依斯密所言,政府应该做的事情,充其量不过是司法、行政、警察等和若干公共事业。道路也由民间想造就造。

斯密的这种观点,看起来好像接近后来的新自由主义者的"小政府"、"脱离政府的自由"的观点,但未必如此,绝不是政府或是市场的两分法。他说,存在私的领域即市场以外的因素,人们基于那些因素而造桥、修路。政府所干的事情并不那么多。但公共事业并非是作为民间私人营利事业实施的,建设桥梁、道路,即使不依靠国家,也可以由城镇和村庄自己建造。国家可以不必专门征收税金,支出造桥、修路的款项。总之,作为整体来看,他认为国家的作用是相当有限的。

亚当·斯密在国际上主张自由贸易。所谓市场社会、市场经济,恰似水滴在一张纸上,通过毛细现象迅速扩展开来,成为甚至扩展到世界的自由贸易。如上所述,整个世界成为市场的社会。斯密认为,如此进行下去就是发展、进步。

写作《国富论》是在产业革命的前夜,当时阶级的对立尚未那么表面化。总而言之,社会在物质方面发展下去,以点心做比喻,就是馅饼本身迅速变大。因而,尽管工人同资本家、地主的分配比率对工人不利,因为馅饼本身迅速增大,所以阶级间的纠纷并不那么大。

然而,到了19世纪,实现了产业革命。对19世纪前半期的李嘉图来说,自然本身并不是大量给予人类恩惠的存在,而是非常吝啬的存在("自然的吝啬")。因为不愿付出,所以物资没怎么增加。于是阶级的纠纷、对立表面化了。

"自然的吝啬"这种自然观的最突出的表现,是马尔萨斯的《人口论》。人口按几何级数增加,但粮食充其量只按1、2、3、4、5的算术级数增加。这就是马尔萨斯《人口论》的基本观点。与物相比人增多了,引发了阶级的对立。市场社会已经不像斯密那么乐观了。可是,例如关于贸易,李嘉图还是主张自由贸易。李嘉图的"比较优势理论"作为自由贸易的经济理论而广为人知,在根本上市场社会和人类社会的进步紧密相关。

到了19世纪的后半期,从斯密和李嘉图的古典派变成新古典派,与今天的市场经济学相连接。

在那期间,在德国兴起了历史学派,从经济学的流派上来说,不是主流而是支流。该学派的理论,非常强调国家的作用。它的先驱者是弗里德里希·李斯特。他生于法国大革命之年,但在1846年用手枪自杀了。当时的德国,由于分成小的领邦国家,即使在国内物资的流通移动也被征收关税,作为国家尚处于未统一的状态。另一方面,英国实现了统一,在经济上迅速向世界发展。与其相反,德国存在非常强的落后意识,李斯特想方设法统一德国的国内市场,大力开展运动,希望经济达到英国的阶段。为此,反而遭到镇压,他逃到美国后又回国,但不久因绝望过度而用手枪自杀了。

他认为,亚当·斯密的经济学是全世界的经济学、普遍主义的经济学。就是说,这是经济发展阶段的最后阶段,德国也应该以世界主义的工业社会为目标。可是,德国尚未达到工业社会之前的商业社会阶段,处在更早的农业阶段。在这个阶段,若基于斯密的世界主义的经济学开展自由贸易,国内产业反而会遭受到严重的损害。因而主张德国应该在达到英国阶段前采取保护主义,对从外国进口的商品征收关税,对国内新兴的企业和产业给予补助金,统一国内市场。总而言之,李斯特表现出非常强烈的历史发展阶段的意识。

历史发展阶段的观点不限于李斯特,不久,经济学以外,在法学等其他各个领域兴起了历史学派。始于李斯特的历史学派,到了19世纪中期以后,成了新历史学派,在德国设立了社会政策学会。他们的学术观点主张不听从市场的力量,而是要以社会政策,从上至下救济市场所带来的弊端。

所谓要以社会政策救济、解决市场所带来的弊端的观点,一直持续到现代。第二次世界大战后初期的西德,提出了社会市场经济的概念,并不是纯粹的市场经济,也许有以前的历史学派的观点。德国的情况，未必是对市场经济乐观的一边倒。

但是，李斯特的那种观点是支流，经济学的主流是从古典派到新古典派经济学的流派。

新古典派经济学，是古典派的市场社会的经济学，但加了一个"新"（neo）字，意味着要在理论上更严密地思考古典派所思考的问题。例如，法国经济学家瓦尔拉（Walras）写了一本《纯粹经济学要论》的书，所以叫"纯粹经济学"，在那以前的英国的经济学，是政治经济学（political economy），是实践导向很强的学问，但到1870年以后，纯粹经济学的色彩增强了。

但19世纪后半期的新古典派的创始者们，未必认为市场是自立的自行完结的体系。瓦尔拉的一般均衡理论也是如此。所谓的市场社会，是各种各样的市场并存，同时均衡。瓦尔拉的一般均衡理论就是要思考市场均衡的状况。新古典派虽然在理论上规定市场是自行完结的体系，但他们本人绝不是书生，例如，瓦尔拉这个人，后来就主张进行包括土地在内的国有化的社会主义。

英国的经济学家杰文斯（Jevons），提出了非常功利主义的设想。他的理论是边际效应理论，针对现实经济所产生的各种各样的问题，主张必须是功利主义地自上而下地解决问题。他不仅写理论的书，而且，也写关于煤炭问题或工人问题的现实问题的书。在20世纪后半期，由于石油冲击而爆发能源危机时，人们重新发现了杰文斯，提起了他的《煤炭问题》这本书。

还有一个人是门格尔（Menger），他也是奥地利非常著名的理论家，在19世纪的后半期，他同历史学派的施穆勒（Schmoller）展开了"方法论争"。门格尔主张经济学是科学（science）。他主张为了使经济学成为科学，应站在原子论的立场上，假定人是某种合理的存在，通过分析生产行为、消费行为来分析市场的交易情况，这才是经济学。

历史学派则认为所谓的经济，是与历史发展阶段的时期相适应而采取个别具体的形态。这种立场，当然同门格尔的立场相反。

这场论争并没有决出胜负，门格尔在"方法论争"之后，由于他认为自己的科学的经济学还存在若干问题，在晚年修改了论争以前写的《国民经济学原理》。这是《国民经济学》的第二版。在石油危机之后，日本东京大学的玉野井芳郎等人提到它。在这本书中，确实包含着人类学的要素。表述货币起源的人类学、历史学的记述，明显受到历史学派的影响。门格尔也并非是令人头痛的科学主义者，具有非常大的灵活性。

进入 20 世纪，到了第二次世界大战后，新古典派的色调就变化了，特别是到了 20 世纪 80 年代的新自由主义的时代，形势完全变了。

例如，弗里德曼作为新自由主义的领袖，他所写的《选择自由》、《脱离国家的自由》，适应时代潮流而成为非常畅销的书。我想是在他撰写《选择自由》的时候，制作了由他担任编导的电视节目。这个节目在日本也播出了，其中举了一个"福利女王"的例子。提到这位女士一边接受具有生活保护性质的社会保障给付金，一边驾着卡迪拉克汽车兜风，借此呼吁所谓福利国家、福利政策是不行的。

弗里德曼的新自由主义，针对市场经济，取消了其以前的学者们所维持的各种各样的限定和保留，或取消国家和市场之间存在的各种紧张关系，公开提出作为脱离国家的自由及其反面的选择的自由。并且，他不认为市场是具有某种界限的领域，不如说他扩张了界限，把选择的武器，推广到教育及医疗等经济以外的领域。

那种新自由主义观点的一个极端的形态，是叫做合理预期学派的一个学派。他们认为，人本身是非常合理的，具有预见未来的能力。即使实施凯恩斯式的财政政策、金融政策，也能预测到其前景。例如，如果实施财政政策，通常就会发生通货膨胀。如果财政支出大，就容易出现通货膨胀。人类是合理的，所以能预测未来。出现通货膨胀或财政赤字，就预测到大概会增税。若进行财政支出，大概就会出现这样的情况，人们把这些预测的结果都纳入到考虑中再行动。所以财政支出并不像凯恩斯所认为的那样有效果。

依据合理预期学派的观点，所谓凯恩斯主义，就是要以财政支出为诱饵，诱骗国民增加支出，然而，人们在推测到未来的结果后才行动。于是，即使增加财政支出，对其也没有反应。所以，主张凯恩斯的经济政策无效。合理预期学派对里根产生了重大影响，被纳入政策之中。可是，不久因为这是脱离现实的理论而被放弃了。

像以上简单看到的那样，在经济学方面，是以私的领域为中心进行思考问题。尽管说是私的领域，既有家族也有地域共同体。当然有各种各样的私的领域，但作为私的领域中的一个领域考虑"市场社会"的问题，使市场社会同政府、国家这些外部的领域相对立。主张不只是对立，而且要尽量避免政府、国家，从外部介入到市场的领域中来，不希望出现那种情况。

作为其理由之一，就是保卫自由。亚当·斯密也有这种想法，新自由主义者中主张此观点的是哈耶克等人。在市场社会中，自己的事情由自己决定。不受国家做这、做那，或不许做这、不许做那的指挥。要坚持自己的事情由自己决定的自由。但尽管说是自由，也不是自由主义的自由，是在形成某种私的领域的法（law）内保持自由。

105

作为拥护、保持那种自由的市场社会的动机,哈耶克具有纳粹时的体验。纳粹接连不断进入私的领域中。经历了纳粹时期的那种痛苦经验的哈耶克,具有准确地确定私的领域,即便是国家,也不允许介入其中的观点。我认为这同弗里德曼的观点也稍有不同。

有人认为那种自由,从经济上看,能带来非常理想的结果。就是说,市场在资源分配方面是有效的。不是国家基于国家的判断,给这个工厂分配这种资源、另一个工厂分配那种资源,而是企业基于企业独自的计划购入原料,制造产品,卖给消费者。这在配置有效资源方面能带来非常有效的结果。这后来形成为一个有名的定理。不是独占或垄断,无论卖主买主都很多,呈现自由竞争的状态,其结果,资源、生产物在消费者或企业之间进行分配,即把这种状态叫做"帕累托最优"。

所谓某种资源的分配状态是帕累托最优的状态,是指在重新分配这些资源时,与原来的状态相比,肯定有的人的状态变差了。假如社会整体的存量是有 10 公斤肉和 10 公斤鱼,设定在那个社会里只有两个人,最初的配置状态是甲消费 10 公斤鱼,乙消费 10 公斤肉。这种状态恐怕不是帕累托最优状态。就是说,有肉的人把一部分肉换成鱼。于是,有鱼的人这次不仅消费鱼,而且可以消费一部分肉。也就是说,双方都可消费肉和鱼,当然这与最初只消费肉和只消费鱼的状态相比,双方的状态都变好了。因而,最初只有肉或只有鱼的状态不是帕累托最优状态。适度拥有肉和鱼的混成物的状态才是帕累托最优。

诺贝尔奖得主经济学家阿罗设计数学模型,证明了在完全竞争的市场下,资源配置呈帕累托最优的状态。认为市场本身不只是维护、保持自由,以效率基准看,在资源配置上会产生出最理想的状态。第二次世界大战后,市场社会的优越性被大肆宣传。那也许有东西方冷战的影响。阿罗并不具有那样的意识形态的意图,但结果,在形式上被利用,成了维护市场的理论根据。

针对帕累托最优,有所谓的边沁最优。刚才讲的杰文斯和后来的凯恩斯的师兄、经济学家庇古,都站在功利主义的观点上。所谓边沁最优,假设有 10 公斤肉和 10 公斤鱼,要使其分配做到对社会全体效用(utility)的最大化,分配的主体是第三者。第三者要使肉和鱼加在一起,两个人的利益的总和最大化,按着给甲几公斤肉和几公斤鱼、剩余部分给乙的方式分配,使其效益最大化。即把社会上存在的资源全都汇总起来,亦叫调节。当然从社会的观点来看,要使总和最大化,就应采取资源重组分配的形式。

然而,在帕累托的情况下,每个人基于每人的意思进行交换。其结果在某种场合下,达到了帕累托最优的状态。边沁最优的场合,是要使资源的社会效益最大化,即要使最大多数获得最大幸福,要由第三者进行判断。所以,在功利主义的场合,从最初开始,经常关心怎样做才能使社会的福利或物质幸福增大。边沁的情况也是那样。

可是,进入 20 世纪,特别是两次世界大战期间,边沁最优因被认为是不科学或非常独裁、家长式的做法而遭到否定。在 60 年代,清水几太郎写了一本《伦理学笔记》的书,认为边沁最优并非毫无价值而开始重新评价它。

2. 由市场决定市场

如上所述,虽然作为私的领域的学问的经济学取得了发展,但在现实世界中,若问其究竟具有怎样的作用,在股票市场出现严重混乱的时候,政治家认为,与其介入市场还不如听凭市场的判断,即"由市场决定市场"。虽然从政治家的那种话里,可以体会到由于自己不懂,所以要听凭市场这样一层回避责任的微妙含义,但经济学家也主张"由市场决定市场"。最近堀内昭义撰写了一部《金融系统的未来》(岩波新书)的书,他基于重视市场的观点写到,现在金融系统不稳定的原因,是因为自20世纪80年代开始的金融自由化不彻底,所以,如果更彻底地实行自由化,就不会出现这种状况了。

最近去世的宫崎义一的《复合不景气》(中公新书)一书写于1992年,是在日本泡沫经济刚刚破灭之后。根据宫崎的观点,始于20世纪80年代的金融自由化与经济的泡沫化有关,也与泡沫的崩溃有关。就是说,按照宫崎的观点,金融自由化是泡沫崩溃的原因,而按堀内的观点,金融自由化不彻底是泡沫崩溃的原因,他们的观点完全相反。

当然,他们都各有各的道理,如果按着堀内的观点,日本对于金融还保留着各种广泛意义上的限制。例如有安全网,在银行破产时,为保护存款者而设有存款保险机构,有高达1000万日元的保障金制度。在杂技场上走钢丝时,事先在下面铺上网,即使掉下来也可得救,所以敢于表演非常危险的节目。就是说冒很大的风险。安全网也是如此,因为即使银行倒闭了也能得到保障,所以存款人才敢于去冒风险。若金融自由化,经营状况恶化的金融机构较其他银行大幅度提高利息,例如达到3%,普通存款利息现在还不到1%。觉得这家好,所以存款人都蜂拥到那里。可是本来经营状况恶化就应该破产。但尽管如此,由于有可以保障存款的上限,所以就敢于冒险。其结果就与金融系统的不稳定性连在了一起。因为不依赖市场的力量,存在包括安全网在内的种种限制,所以就冒险,称之为道德风险。就是说,在有风险的情况下,如果采取对风险加以保障的措施,就要冒超过平常以上的风险。

无论是生命保险,还是医疗保险都是如此。即使得病也能很容易就医。家属死亡也能得到几千万日元的保险金。于是,偶尔也出现杀人什么的。比如医疗保险,没有医疗保险时,一冷了就多穿衣服,注意健康,但如果能很容易就医,就不太注意身体的情况。这样就需要花费比过去更多的成本。这就是道德风险。按堀内的观点,由于没有彻底实行金融自由化,引起了道德风险,而导致了金融系统不稳定。

然而,宫崎的观点是,由于金融自由化,富裕的资金流向了资本市场。金融市场是不满一年的资金借贷市场,但资本市场是一年以上的,即有代表性的是股票市场或国债、公司债市场。商品可以在那种市场上转售。在资本市场上,股票可以自由买卖。

可是,资金的借贷在金融市场上不能再被转售。若签订了资金借贷合同,交易就结束了。然而,通过出售或买进股票,或者出售或购入土地,商品经常被转售。在那种市场上,资金大量流动就导致了泡沫化。所以,宫崎主张金融自由化的结果,使资金流向了土地市场和股票市场,而形成了泡沫化,由于泡沫崩溃就导致了金融系统的不稳定。在两者之间,对金融自由化最终波及的市场的观点不同,所以就得出了不同的结论。

股票市场一般也主张"股票市场的事情由市场决定"。总之,就是任由市场来决定。然而,持有那种主张的人其观点也未必是一贯的,当股价严重下跌时,就主张为了维持股价,由政府导入公共资金购买股票,即所谓的 PKO。或者认为虽然在日本是受到禁止的,但应该允许取得本公司的股票。本公司购买本公司发行的股票,作为法人企业系统是非常异常的事情。因为只有普通百姓拥有股份,才能控制法人企业,假如某股份公司全部持有本公司的股份,就会出现非常奇妙的状态,即由自己控制自己。

虽然在美国允许拥有本公司股份,但规定在 5%—10% 以内。在日本,由于不允许持有本公司股份,所以即使购买了本公司股票,也必须放弃。之所以出现允许持有本公司股份的要求,是为了维持股价的缘故。通过在股价下跌时购进本公司股票,使上市的股票数量减少,就可以抑制股价进一步下跌。因此,虽然在形式上承认"由市场决定市场",可是一旦出现股价下跌或混乱,无论如何都会以某种形式加以介入,关于市场的观点并不是一贯的。

经济学具有一种倾向,即认为市场是自发的系统。然而,从经济学内部也提出了"不,请等一下!"的疑问。人们开始思考在财产(goods)中,总是有与普通财产不同的财产,在将财产分类的形式中,市场体系是不是并没有自行完结。

3. 公 共 财 产

经济社会、市场社会的财产是私有财产,可以清楚地设定所有权——这是自己的财产。如果是自己的东西,当然怎么处理都可以。虽然怎么处理都可以,也并不会造成浪费。因为人是合理的,所以一般在处理自己的财产时,生产者会追求利润最大化,消费者会追求使用价值最大化,其结果就带来了非常合理的状态。

教育或医疗也是一种服务。但是,如果认为这也可以委托给市场来提供,那是不对的。如果将义务教育的小学、初中的教育完全市场化,将会如何呢?当然有私立学校,但是,如果使其一律成为在市场上进行交易的对象,像现在这样,学生数量一减少,学费就下降。像战后不久的婴儿潮时期,在需求多的时候,学费就提高。谁都不主张可以用那种形式把义务教育市场化。

医疗服务也是一样的。在经济学家中，大概没有人认为应将医疗服务委托给市场。美国的医疗体制同日本不同，是以自由医疗体系为中心，但医生未必是以利益本位进行医疗行为的。在美国，基督教会及其他宗教团体设立的医院非常多。虽然是自由医疗，但医疗费根据收入多少而设立了不同的收费标准。有钱的人多收，而贫困的人几乎不收。尽管是同样的医疗行为，收费标准有差别。

日本医疗保险是一律收费。但未必因此就是公共的。在那种状态下，有时利润动机反倒会起作用。日本是分数制，对于医疗行为采用记 5 分或 10 分的分数。每 1 分等于 10 日元。可是，由于物价上涨分数也就改变。如果 5 分变成 10 分，那么 50 日元就变成 100 日元啦。如果做手术，由于伤口长度不同分数就不一样。例如，假设刀口长度 3 公分为 10 分，5 公分为 15 分，如果是以 10 公分等于 20 分那种方式增加分，本来刀口长度 3 公分就可以了，医生却切成了 10 公分。实际上关西医院给脚癣患者做 CT，就是为了得分。关西与关东相比，被认为是西高东低，索取额高。被认为过度医疗倾向很强。将医疗和教育等委托给市场总感到不妥。

按相反的意义来看麻药的情况会怎样呢？禁止麻药的理由，是因为对第三者造成危害，但若非如此，难道就可以随便地买卖麻药了吗？并非那样。在常识方面，即使同样的商品，委托市场进行交易也不合适。这叫价值商品(merit goods)，经济学家对此进行了特别处理。

在美国的经济学家之间，20 世纪 70 年代，曾发生过一场关于卖血争论。是关于卖输血用血液的是非。出卖血液的人主动地卖血。如果卖血过多，也许就损害了自己的健康。有一种持赞同意

111

见,认为那是经当事人自己考虑后认为没有关系,所以是可以的。另外,还有一种意见,认为那还是不合适而发生了争论。关于结果如何不得而知。

顺便说一下,在日本,我上小学时也有过献血制度,但卖血还是经常发生,是非常严重的社会问题。因为是依靠卖血维持生活,经常抽血,血液就呈黄色,非常有害于健康。这成了社会问题,逐渐地就不能卖血了,而形成了单一的献血制度。

对于这种价值商品,就采取了家长式的供给,即由政府或自治体代替供给。

还有一项是公共财产(public goods)。这正是在经济学中出现"公共"这个词的极少数例子之一。公共财产可以说是在社会上公共性非常高的财产,但在经济学上未必如此。日本有公共费用一词。决定费用的场合,是通过国会议决,有批准制或许可制等,依据法律严格规定。烟草、大米或各种运费、车票都是如此,以前由国会相当严格地决定国有铁路运费。

经济企划厅是如何解释公共费用的"公共"二字的呢?经企厅的观点是因为依法律规定需要国会议决或需要申报,所以才是公共费用,并不认为具有特别的公共性或社会性。就是说,并不是通过深入到"公共"的"内容"中,而是因为决定费用的"手续"是依法规定的,所以才叫公共费用。

关于"公共财产"也可以说与此一样。公共财产,在社会上看,未必认为无论如何都是必要的财产。这种财产所产生的服务就是实质的公共财产。公共财产,一是具有非竞争的特点。假如自己吃面包,排除不吃面包的其他人,就是竞争。但例如,收音机、电视的电波,并不会因为我看了很多 NHK 的节目,就导致隔壁的人因电波减少而无法收看。这是由于电波普及而不存在竞争。

另一点是无法排除的情况。即无法排除不付款的人。电波的情况就是如此，即使不付收听费，通过流动的电波也可以偷听收音机。

这若是电影，情况会怎么样呢？在电影院里，正常的情况下也没有竞争。电影院满座时，如果出现站席的话，就有问题，但一般在有空位的情况下没有竞争。因为不会因为旁边的人看得多，自己就看到很少。可是，电影院这种建筑物，可以在入口处排除不付款的人。所以，电影不是公共财产。

既非竞争也不能排除其他人，这理所当然就叫公共财产。就是说，不能向获得服务利益的人收费，这是通过市场无法提供的。因为通过市场无法提供，那么，是不是就可以不提供了呢？不，仍然需要提供社会性的便利条件。所以，必须要通过某种形式进行供给，把由政府或自治体提供的财产叫做公共财产。

比如电波，可以让许多人享受到电波的便利，所以公共财产的公共性，可以说是量的公共性。不是对一个人或两个人提供方便，总之是针对不特定多数人，能够提供某种方便，并且无竞争。电波的场合，无须个别地向各个家庭提供，如果从电视塔发出电波，剩下的是只要有接收机，就可以随便地接收。就这种意义上来说，经济性也非常高。数量上获得方便的人很多。而且，市场无法收费。一般称这种服务为公共财产。

公共财产或价值商品在经济学中都是非主流的问题，当然，经济学在基本上是私有财产的学问。经济学本身有领域的限定，市场就是市场，理论就是理论，并非是一把什么都能切断的万能的刀。最好牢记这一点。但一旦拥有了一把非常锋利的刀，往往就像古时的武士，为了试刀，夜晚在街上杀行人一样，有想要试刀的冲动。最近通过政治学和经济学的结合点而形成了公共选择论，

113

就是把政治过程模拟成市场。因政治家及选民具有经济人似的某种合理性，为使某某东西最大化而行动。于是，在思考投票及其他政治过程时，就将其过程模拟成市场。

于是，最终会产生一个问题。就是说，是不是那就可以买卖投票权的问题。现在毕竟还无人谈到这种程度，但我认为穆勒（Muller）这个人以前曾说过，即如果买卖投票权，谁受损呢？一方面有想买的人，例如，如果是 1 票 5 万日元，有人想买 1000 张票。当然，也有想卖的人，考虑与其弃权，还不如卖 1 票得到 5 万日元，这不是很好吗？总之，买卖投票权，按市场价格规定是 1 票 5 万日元，在那种状况下分配票，就是帕累托最优状态。如果没有市场，反正是弃权，所以 1 票就白费了。买的人因违反公职选举法就被捕（失去了当选资格）了，如果将其公开，那么谁受损害了呢？没有受损害的人。情况反倒较以前好。由此就出现了买卖投票权没什么不合理的说法。若贯彻经济学的想法肯定是如此。那么，为什么认为那不行呢？当然是由于经济同政治是不同的原理。

4. 政府（public sector）与市场

确实，市场经济的核心存在私的动机。利润动机、效用动机，或自发的交易、交换的动机，如果其接连不断地向周围扩展，总感到有些不合适。那么，其界限究竟应在何处？这是非常难以回答的问题。

"公共财产"和"公共部门"，是在经济学中出现公共的少数例子。也有一种观点认为，所谓的公共部门，未必是指市场的外部，因为市场社会若不将公共部门纳入其中，就不能成立。

凯恩斯就是如此。凯恩斯认为，总之，市场社会如果放任不管,就不能实现资源的最佳配置或劳动力的完全就业。也许偶尔实现了完全雇用,但那始终是偶然的。他在 1936 年写了《就业、利息和货币通论》,当时世界经济不景气,当然英国经济也不景气。凯恩斯认为,这是资本主义经济的常态。

与此相反,凯恩斯的老师及师兄弟,即新古典派的经济学家则认为,不完全就业是一种反常的状态。反常的原因是什么呢?例如,是工会的存在。由于不景气,失业者很多。按市场来说,这是供给过剩的状态。劳动力这种商品的供给超过了需要。因为供给过剩,所以按需求和供给的作用关系,作为价格的工资应下降而未下降,所以就很难消除失业。为什么工资没下降呢?认为这是由于工会抵制降低工资。哈耶克等人主张"抵制降低工资的工会应该解散"。

凯恩斯认为,如果降低工资,事态反而会更加恶化。一降低工资,家庭收入就会减少,如果工资减少一半,那么收入也要减少一半,于是,消费量就减少。如果工资减少一半,消费就会减少一半,也许超过一半以上。若收入减少,反而造成对未来的不安,所以进行有意识的节约。如果减少工资,消费就减少,反倒使景气更加恶化了。

因此,凯恩斯以后,一旦出现不景气,就采取为增加收入而减税的政策。欲通过减税而增加实际收入,来使消费增加。在凯恩斯看来,不存在以前的经济学家所认为的那种市场的作用。失业、不景气是随时都可能发生的状态。凯恩斯主张出现不景气后,政府应该扩大财政支出。

另外,还有一点就是金融。如果出现不景气,是什么原因导致大家都想握有包括存款在内的现金或近似于现金的货币呢?不是买股票或进行设备投资,或者购买商品,而以现金的形态在手里握

115

着。这对经济也是不利的。如果都拿着现金不放,在市面上的周转资金就会减少了。如果购买国债,不是可以得到利息吗?如果存在银行里,也许利息很低,但总比以现金形态握在手里的零利息好吧?尽管如此,为什么还握有现金不放呢?

于是,凯恩斯提出了流动性的概念。他认为人们之所以握有现金,是要保持流动性的缘故。如果是现金,在喜欢的时候就能换成商品。可是,一旦变成了商品,就不能恢复到现金了。以陶瓷为例来说,如果保持黏土状态,一旦闪现某种构思,就能把它糅和而做成喜欢的造型,但一旦烧好了,就不能恢复到原来的状态。在对未来感到非常不确定的时候,可以说最好是保持黏土状态。企业与其匆匆忙忙地进行设备投资,还不如保持黏土状态。而最好是在景气恢复时进行设备投资,或购买股票。凯恩斯写了一篇小论文《被诅咒的黄金欲》,阐明流动性的特性在于金钱。凯恩斯认为:"在现代资本主义,人们迷恋于黄金。这并不是贪心不足的意思,而是想拥有金钱的倾向很强。金钱不能变成物,这就是造成失业和不景气的原因。"

我记得他大概是在 20 世纪 30 年代中期时,发表了关于"自由放任的终结"的讲演。这篇讲演的语气强调,不是说自由放任的时代终结了,而是必须终结自由放任的时代。在不景气时,应放出货币而换成物,但却不那样做。他认为这就产生了各种各样的现代的经济问题。

他说,可是,已经出现了新的动向。那就是巨大的股份公司和法人企业接连不断地发展起来。不是股东干预公司的各种问题,而是经营者基本上独立于股东。这样一来,经营者一定会更加按社会的观点而开展企业活动。他说,"例如,看英格兰银行的例子"。英格兰银行本来是民间企业。英格兰银行虽然只不过是一个民间企业,但现在却按照社会的观点行动,成了金融政策的中心。同样,股份公司规模一扩大,就实现了生产社会化。凯恩斯对此寄予希望。所谓的巨大组织,总之,亦可以说是中间组织。因为是处于政府和个人之间的中间的组织,所以一定根据相当公的目的意识来行动。

凯恩斯与社会主义者都有这种观点。但是现代如何呢?如同法人资本主义一词所提示的那样,法人脱离股东而悬在空中,反而发生了各种各样不好的事情。

凯恩斯认为,市场事先安排的结果,如果不能特别满足完全雇用,那么政府应该以某种形式实行经济政策。于是,所谓的公共方面,反倒与私人企业结成一对而形成了市场社会。公共方面不是位于市场经济的外部,反而是在其内部。

还有一个人,他就是著名的经济学家卡尔·波兰尼(Kall Polanyi)。也可以称他为社会哲学家。他于1944年,在第二次世界大战中写了一本书叫《大转折》(*The Great Transformation*),恰好是在同一年,哈耶克写了一本书,即《通向奴役的道路》,内容上完全相反。即哈耶克列举了进入20世纪不久就导致发生了第二次世界大战的原因,是法西斯主义、美国的新政和共产主义,称这三者为"通向奴役的道路"。

这三者都实行了某种形式的"计划"。提出了针对社会的计划的设想。共产主义不用说了,法西斯主义也是如此。顺便提一下,凯恩斯的《就业、利息和货币通论》于1936年出版,立即被译成德语。这是希特勒的时期。凯恩斯写了德文版序言,说了一点应酬话。他认为大概只有在德国才会发现自己的书的有用性吧。就是说,赋予了政府对于经济的位置,所以,认为这对于纳粹德国正合适。再加上法西斯本身就具有计划的一面。美国的新政当然是凯恩斯主义。哈耶克认为,这三者是有损于市场社会的"通向奴役的道路"。

然而,波兰尼并不那样认为。当然,法西斯主义并不是通往自由的道路,但他认为法西斯主义是市场社会产生的必然。即一般认为市场社会在经济学中,是自立且自行完结的体系,但实际并非那样。经济学不得不将本来不是商品的东西商品化。所谓本来不是商品的东西,例如,有劳动、土地和货币这三项。所谓劳动就是人类本身所具有的能力。土地就是自然本身。而所谓货币则是类似于市场社会的规尺或秤之类的东西,是价值的标准。将作为价值标准的货币纳入市场中并加以商品化,换言之,就是根据市场的状态使规尺放大或缩小。规尺必须由被度量的系统的外部提供。同样,作为货币的标准也必须靠市场系统的外部力量来维持。可是,如果把货币作为了商品,可以说刻度本身就受市场力量的左右了。

顺便说一下,哈耶克在战后主张"使货币自由化",写了《货币发行自由化论》一书。即主张各民间银行发行各自的钞票,如果使其竞争的话,不是劣币驱逐良币,而是良币驱逐劣币。于是,良币就会存续下来,这就是他关于货币发行自由化的理由。

然而,波兰尼和凯恩斯认为,货币的价值标准,必须由市场外部的力量来维持。波兰尼认为,关于土地和劳动也是如此。由于市场社会经济将本来不是商品的东西都已经商品化了,其成了使市场社会动荡不安的原因。他翻阅了各种经济史,即自产业革命发生前起,资本主义发展的结果,必定都有济贫法这样的立法。

关于土地,在日本经常议论土地买卖自由化或废除限制,从我的感觉来说,我反倒认为,没有像日本那样土地买卖这么自由的国家了。即使在美国,对于土地的买卖也有相当大的限制。英国的情况是,对于借地或借房,剑桥或牛津规定 100 年期限的借期,可以进行非常长期的借贷。我觉得这些国家比日本更缺乏关于土地私有化的想法。土地是自然之物的意识很强。对于土地有社会性的某种限制。

对于劳动也有劳动立法。原因是由于市场化加快,为了提出与其并行的各种立法措施,国家不是成为小政府,而是随着市场社会发展,国家的作用反而增大了。这同哈耶克的观点完全相反。

如果根据哈耶克的观点,市场是自然地发展起来的。并不是由国家进行组织或加入某种外力才形成了市场,从两个人、三个人进行交易开始发展,逐渐地按同心圆式地向外扩展,很快就覆盖了世界。

可是,波兰尼并不那样认为。的确,也许地方性的市场是那样,但如果是一国规模的市场,就要受到来自上面力量的作用。或者为了纠正市场化的弊端而采取各种各样的措施。波兰尼认为,市场经济发展并不导致小政府,同市场经济的发展并行形成的反倒是大政府。市场具有非常大的离心作用。一方面呈现持续不断扩展,另一方面则是欲阻止其扩展的力量在起作用。两种力量起着相抗衡的作用。波兰尼称之为"市场的双重运动"。波兰尼的观点是,作为这种相互抗衡的力量,进入 20 世纪后,就出现了共产主义、法西斯主义和美国的新政。

但是,法西斯主义是基于非常冲动性的武断的想法。即市场社会以自由为原理。为了按自由的原理扩展市场,给社会造成了某种消极的影响。所以,设想如果消灭了自由,一切问题就都解决了。波兰尼本身没有明说是把希望寄托于社会主义还是美国的新政。波兰尼并不认为法西斯主义、美国新政和共产主义是哈耶克所说的"通向奴役的道路",而认为是市场的双重运动中的一种运动。

5. 共有资源的悲剧

以上论述,大体是从经济学内部形成的将市场相对化的观点。最近大量出现同环境问题有关的对共有资源(commons)的思考方法。这是以美国生物学家加雷特·哈丁(Garrett Hardin)1968 年在《科学》杂志上所写的论文《共有资源的悲剧》为开端的。

所谓的共有资源,就是资源的共同利用地。在世界各地存在着历史上形成的共有资源。在日本有渔场及森林等共同使用的土地。斯里兰卡的水塘、热带雨林,英国的牧草地,世界上有各种各样的共有资源。哈丁所说的是稍微抽象的共有资源。他设想了某种牧草地。牧草地是英国的历史共有资源之一,是自古以来共同利用的土地。牧草地不久被围起来,就是圈地运动。然而,至今仍还保留着入会地性质的牧草地。但是哈丁所认为的共有资源,并不是那种具体存在的共有资源,而是作为一般的共有资源的牧草地。

——在那里有许多人饲养牛。因为是共有地,所以牛可以随便吃草。于是,养牛的人进行利益计算,按着经济学的假设,如果认为有利,就再追加一头,再追加一头。如果在市场上卖掉,有多少头牛就能赚多少钱。那么成本如何呢?未必是免费的,实质上是需要成本的。就是说,如果该人所拥有的牛吃了草,其他的牛所吃的草就减少了许多。那样,其他的牛的膘儿就变差而降低了市场价值。这就成了实质的成本。

那么,其成本如何呢?例如,假设总共有 1 万头牛,如果自己追加 1 头饲养,那么草当然就减少了。那么,草的减少部分由哪些牛来分担呢？当然是由全部1万头牛来分担。成本就被分散到其他牛之间了。例如，假设自己饲养10头牛，这10头牛几乎没受到影响。但由于增加1头，收入就会增加很多，所以就想再养1头。进而再1头，再1头地不断增加。

就是说，不只由自己饲养的牛来负担，因为别人饲养的牛也负担，所以成本就减少了。因为大家都那样认为，所以，饲养的牛就不断地增加。在这种过程中，眼看着草从眼前消失，不久牧草地就灭绝了。这就是《共有资源的悲剧》这篇论文的要点。尽管眼看着要毁灭，却还"想再养1头"。在这种意义上才是真正的悲剧。

这篇论文对经济学产生了很大的影响。尤其是美国芝加哥大学新自由主义的人很多。读了这篇论文的经济学家主张，这种共有地如果隔开，变成自己的牧场，就不会发生共有资源的悲剧了。原因是他们认为养牛超过1头时，草的减少部分必须由自己的牛来负担。别人的牛不负担。于是，在适当的时候，牛会被控制到最适当的头数，就不会有问题了。这种建议将共有地私有化的观点是站在市场主义的设想上。

然而，如果实际上变成了私有地，把它仍然作为牧草地来使用还可以，但不久就建造工厂或修建住宅，牧草地就消失了。因此，最近共有资源受到了重新评价。对环境问题而言，必须持续存在热带雨林或海洋这种资源的共同利用地。由于砍伐树木把那里变成私有的农地，对环境造成了严重的危害。必须想方设法维护环境。最近开始重新考虑共有资源的结构问题。

已经有各种各样的田野调查。比如，我们看热带雨林地区，自古就是烧荒农业。一般认为热带雨林消失的元凶就是烧荒农业。据说因为烧荒不断地烧掉森林，一年就消失掉相当于日本国土面积一半的热带森林。但仔细想想，这种判断有些奇怪。烧荒种地

121

从 500 年到 1000 年前就已经开始了。但热带雨林迅速消失是最近 20 年的事。持续了 500 年，为什么这 20 年就迅速地消失了呢？

各种各样的人，特别在东南亚进行了各种调查。在婆罗洲岛（加里曼丹岛）去年（1997 年）发生了大火，烟雾蔓延到飞机场，成了严重问题。据报纸报道："原因是烧荒种地。"总之，由于印度尼西亚的爪哇岛人口密度非常高，政府采取移居政策，促进向加里曼丹等地移居。最初移民们开辟荒山发展农业，但毫无效果。于是，轻率地烧毁森林，在那里培育农作物然后又向别处转移。换言之，由于烧荒种田的外行人在不断进行烧荒，过度烧毁森林，导致了森林的消失。

然而，传统的烧荒农业，完全遵循轮作制。如果烧了某一处，于是，大体上在那里耕种一年，下次就转移到下一个地方。按着顺序不断转移，在烧过荒的地方的树木正在成长的时候，回到那里再次烧荒，由于以这种方式进行交叉轮作，就不会出现森林消失的问题了。

那么，与通过私有化（privatization）进行移民政策相反，如果采用国有化（nationalization）就好了吗？这也并非如此。国有化的结果是，人们会被国有地排除在外。于是，就不能进行烧荒种田了。烧荒种田其实极大地促进了森林的新陈代谢。平井英明是专家，他认为热带雨林非常贫瘠，所以，必须经常进行新陈代谢。如果进行烧荒耕地，由于钾和磷等返回到土里，土壤得到了更新。而森林更新，热带雨林才得以维持。可是，如果把森林国有化而不准人们进入了，由于森林无法更新，这也会导致森林的消失。

那么，为什么迄今为止，可以持续地利用共有资源呢？作为思考这一问题的启示，就要着眼于以热带雨林为代表的共有资源本身的结构。像热带雨林及渔场那种地区性的资源，可以以各种形式制度化,另外,还有全球资源,像大气或太平洋、大西洋那样的海洋,就是全球资源,这些肯定也是共有资源。但是,这些同地区性的共有资源不同,很难形成各种轮换制或缔结关于资源利用的规则。换言之,因为"国家"成了博弈的主体。虽然进行了各种交涉,却很难达成一致。去年举行的防止地球变暖的京都会议就是如此。在经济学上,想要运用博弈论等来设计全球资源的利用或进行利用的制度,实现模式化,但现状是很难顺利进行。

6. 问 题

最后,我想提点问题。根据"市场"是自律的、自行完结的观点,我认为市场本身就是在日常世界进行的"博弈场"。作为日常世界里的非日常世界的博弈本身,无论是象棋还是体育比赛,都有一种讨厌将日常世界的价值或规范纳入其中的倾向。不将秉性或人性之类的基准带入体育比赛胜负之中。如果"市场"是与其一样的博弈场所,将国家或市场外部的基准、规范、管理和力量纳入市场,就成了怪事了。

然而,所谓的市场,果真是日常世界中的非日常的博弈场所吗?难道不是同日常的世界表里一体的吗?这就是问题之一。难道在私的领域(经济活动)中一点也没有公共的方面吗?在经济学中,"公"是公共方面,就是政府、国家。所谓的"私"就是市场。然而,能说在私的领域中没有公共的一面吗?

把这一点作为思考的一种视点,例如,思考一下"生活"(life)的视点,不是很重要吗?一提到生活者,总感到为家庭所累,但所谓的"生活"指的是"居住"。我感到"居住"的行为,不是指人类生活(或消费)中极其有限的一部分,而是覆盖人类生产或生活的

123

经济活动的更高一级的概念。

历来的经济学的概念，大致分为经济活动与非经济活动两类。下面有图1、图2两个抽象的图，图2呈树状。在经济学的场合，树的顶点是什么？假设其为"活动"，就分成为经济活动和非经济活动。假设"3456"为经济活动，那么"345"为生产。"3"是服务性的生产，"4"是物质的生产，"5"是某某类的生产……其次，作为"345"旁支的"6"，例如，是消费，概念没有互相重叠。概念成为套在一起的状态。所以"生产"和"消费"不重叠。

然而，根据马克思的观点，所谓的"消费"，在某种意义上也是"生产"。消费在再生产人类的方面是生产。消费和生产就无法分清了。服务性的生产同样是消费。例如，乘电车，在消费电车服务的同时，是由司机在生产电车服务。因此，生产和消费，在服务的场合是一样的。在某处生产的"服务"这种产品，不能通过电车将其运送到目的地的城市进行消费。提供服务的生产的地方也就是消费的地方。同样，所谓的餐馆是生产服务的，消费也在那里进行。如果这样去思考，就成了图1那样。就是说，在经济学中互相背反的"生产"、"消费"、"劳动"等等，具有重叠性。

试将其画成系统图（图1）。例如，试取"345"这一点，这点既属于"12345"，也属于"3456"，属于这两处。所谓的具有某种交集。在集合图中，"345"这一点表示两种集合交集处。

总之，经济学以图2的树状为基础进行考虑。就经济活动而言，存在效率的原理，这一原理无论对生产还是消费都普遍适用。然而，所谓的乘电车，在经济学上来说是消费，可是我们完全没有消费的意识。在电车里看到了各种人的表情，或看到了周围的景色，这并不是什么消费，什么也不是。毋宁说，只不过是生活的一环。于是，乘电车也是生活的一环。例如"读书"，在经济学来说

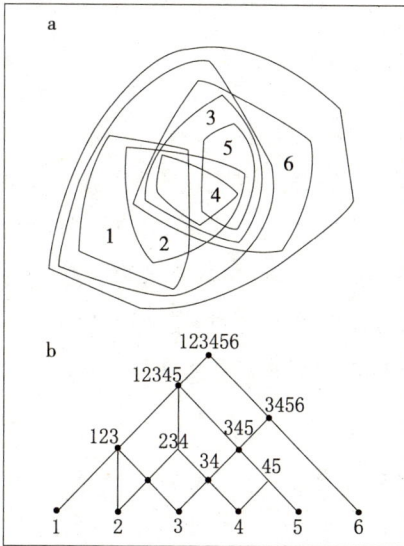

图 1

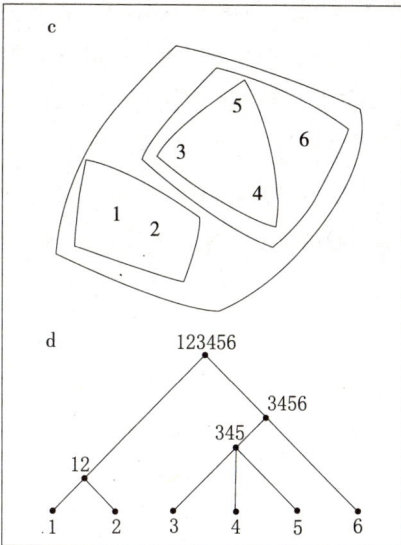

图 2

125

论题三 从经济学的观点看公私问题

就是消费书,但这也未必称得上是消费,可以认为是在进行某种文化活动。

然而,最近进行的关于放宽限制的讨论,可以说是按着图2的树状规定概念,从完全相反的观点考虑消费与生产、消费与生活、消费与什么的问题。虽然并未说完全放宽限制,但是在原则上认为,只要放宽限制实行自由化,一切都会好转了。但是,正如刚才所说的那样,消费和生产、生活等,具有各种重叠。不能用同一个原理来衡量它。在考虑这些问题时,难道不应该再一次考虑一下"居住"或"作为居住的生活"的情况吗?

围绕论题三的讨论

金泰昌:首先请允许我提两个问题。第一个问题是,所谓的commons是资源,还是机会? 如果是机会,可以对新的层面上的进步作无限地想象,但如果是资源,就必须对有限的制约有所觉悟。

第二个问题是,"公共"与"私人"应作为相互背反的实体来处理吗? 我本人的观点是,作为相互补充、互为前提的相关概念,应该强调文理或脉络的性质,不知这种观点如何?

间宫阳介:我认为commons就是共有资源吧。一般在经济学中作为资源来理解。另外,在经济学上,也有必要将自然作为选择价值(option value)加以考虑。

例如,在日本的乘鞍岳等高山上铺设的山岳道路。建造方主张:"由于修建了道路,普通不能登山的瘫痪人,也可以坐汽车上山了,能够享受到眺望的乐趣。所以建设道路非常有意义。"与此相反,持反对意见的人认为:"如果仍保持自然状态,具有选择价值,所以才有价值"。就是说,如果仍保持自然的本来面貌,即使过了100年之后，也能选择更希望享受山的自然景观的方向，或在取得一致同意后，也可采用修建道路的方向。但是，一旦削平了山、毁坏了自然，100年后的选择面就极其有限了。之所以保持自然状态有价值，是因为具有了选择价值，那也是机会价值（opportunity value）。

仅将自然作为"资源"来考虑的场合，根据它的用法，只要价值超过损失，就可以把树砍倒。但是，如果认为自然是提供"机会"的，那么树木的价值，就不是什么了不起的价值了，理所当然，保留作为"机会"的自然本身就产生了价值。所以，我认为区分（即使是在保护地球环境的意义上）机会价值、选择价值的观点也是有必要的吧。

关于你提出的第二个问题，公共与私人，与其说是将其本身实体化，倒不如说是经历了根据文理进行改变的过程。我所居住的集体住宅，虽然是新市区且规模很大，但拥有车的人，大约只有七成有停车场地。所以，在院内的路上随便停车的人很多。因此，管理公会就提出了增设停车场的建议。市里规定在这种集体住宅区内，必须保有建筑用地的三成是绿地。为了增设停车场就必须削减绿地。伐倒树木而只铺小圆石头，所以成本很低。但是，没有车的我主张："毁坏绿地是不妥当的。如果无论如何都必须造的话，最好在地下建造两层式的停车场。"没有车的一些人，到各种各样的业者处去，领来资料，打听关于两层式停车场的各种情况。

可是，同推进派进行了多次商量，他们说："这是你们没车人的自私。"我想这确实是自私，私人（private）的概念按着文理完全变了。总之，全凭文理公共（public）和私人（private）就可以改变。

虽然并不具有确定的"公共性"，但相反，对于私人（private）的情况，不是也应该稍微考虑一下吗？我对此深有体会。在乘电

127

车时经常感觉到,例如,有的高中生一边摇晃着身体,一边用头戴式耳机听音乐。也有用手机讲话的人。或有公司职员在认真地看《跳跃》(*Jump*)之类的漫画书。同样是书,也有的人看小说或某某文库本。如上所述,即使一概说是"私"人,看到的感觉也不一样。用头戴式耳机专心致志地听嘈杂的声响,完全地把自己封闭起来,确实让人感到很自私。

痴迷于漫画的人,也有一种非常近似于音乐的感觉。即使同样是书,读小说的话,看起来就没有不好的感觉,这是因为小说的世界比较开放的缘故吧。另外,之所以初中生或高中生喋喋不休地说个不停,是因为在他们听起来完全不是杂音。

就是说,即使同样是个人的活动,也有封闭的情况和向外部开放的情况。花冈先生讲了"身体论"的问题,总之,所谓的身体,不是内部的精神,也不仅仅是外部世界。内和外连接的两方面才是身体。或者行为的本身包含着内外两个方面。因此,所谓的身体是对外敞开的。然而,如果精神成为笛卡尔式的精神或什么,那就成了把自己只关闭在内心中的世界了。

如果通过看电车里的情况来考虑公共性的问题,总感到这些"行为"并不是什么大事。确实,汉娜·阿伦特针对言论活动,曾说过"活动创造空间"。在市中心区,例如,之所以大街成为公共空间,并不是因为有设施。正是因为有人通过那里,所以那里才成了公共空间,而在没有任何人通过的深夜里,空间就消失了。

我认为学究的世界也是一种公共的世界。也就是说,这也是某种活动,并且是私的活动。在把国家叫干这、干那的指令作为权力的介入,加以排除的意义上就是私的领域。但是,那种学究世界的居民,并不是以赚钱为工作动机的。虽然说是私,也是学术上的私的性质。形成那种公共场所的是活动,是 action,活动构成了空间。

除了大街的空间以外,还有各种各样的空间。我认为城市的空间是最基本的公共空间。那并不是社会事业志愿服务者精神,不过是大家随便地在道路上行走。可是,尽管如此,那里也是一种空间。尽管同样是道路,与只是单调地往返于家和车站的道路相比,在道路两旁有商店,可以进去购物及有机会举办各种各样活动的道路公共性更高。为了能更容易地开展多种多样的活动,必须增加商店或设施也是一个方面。

在考虑"私人"、"公共"的时候,不只是"公共",反倒有必要考虑将"私人"的方面更加细分。我认为必须考虑其文理。

金泰昌:我再提一个具体的事例,那就是在韩国的日本文化的开放问题。日本文化在第二次世界大战结束以后,曾是韩国的公害(public bads)。事实上,那与其说是全体同意,倒不如说是由政府或官僚进行那样的判断后,对一般市民沿着那个方向进行启蒙教育的结果。

但是,在时代的状况和要求的变化过程中,每一个一般市民的意识和认识发生了改变,不见得只由政府及官僚单方面的决定来调整一切。每一个一般市民根据个人的立场进行考虑或判断,累积而形成公共的意识和认识,据此,就以非常大的压力,迫使政府和官僚修正历来对公害的判断。通过公共讨论,使韩国政府向日本文化开放政策的方向转变。

129

我认为从"公共"和"私人"的观点来看,要点之一是,针对历来的日本文化是公害这种政府、官僚主导型的公害观,在市民意识中萌生的,日本文化也可能是公共的善(public goods)这种新的公共财产(利益)观,会成为重新思考市民的公共性的一种契机。

一般认为,"公"与"私"并非是绝对不变的实体,而是互为上下文的关系,应视为是从政府、官僚方面与市民、个人方面的相互关系中生成的状态。我想说的是,重新审视日本文化,部分上是从每个个人的私益(经济的利益观念)和私的动机(个人的偏好或动机)开始的,很快地它就甚至与一种政治的判断(所谓公共的意志决定)发生了联系。

间宫阳介:关于第一个问题,对于韩国来说,是将日本文化视为善还是视为恶? 我感到最大的问题是由谁来规定。如果是由官吏来规定的话,那就没希望了。之所以哈耶克极力否定官吏介入文化,是因为希特勒时期认定犹太人的艺术即等于颓废艺术,曾发生过排除犹太人音乐家的艺术的历史。如果规定文化性质的是官吏,那就有因官吏讨厌而被不断地砍掉,只有官吏看中的才被推崇为国民艺术的危险性。所以,我认为,所谓的"文化",基本上并不是由政府来进行培育的性质的东西,在某种意义上,始终是属于私人领域的。

但是,如果按市场经济体系来搞文化,肯定搞砸了。这里存在两难选择。我认为自由竞争带来不良结果的最有力的事例就是民间广播。自由竞争的结果,并不是通过切磋琢磨而提高了内容,相反越来越差了。其典型的例子就是电视。如果某个人说这种自由竞争"不像话",也许会引发大问题。作为个人的见解,我讨厌电视等现在的文化状况。但是,如果说"讨厌",(由于有介入文化的含义)就有些不自量力。所以,我感到归根结底,必须同这种现状达成妥协。

在文化方面还有,例如,管弦乐队或剧团,按市场基础来搞很难,几乎接近不可能的程度。所以,怪不得在欧洲,管弦乐队由地方的自治体来经营。德累斯顿交响乐团或维也纳交响乐团不知是怎样的。

在日本,从几年前开始也提出了由政府补助剧团的政策。据说浅利庆太表示了欢迎,但却遭到了著名导演的拒绝。就是说,即使是补助的形式,也仍然拒绝任何的介入。浅利庆太是长野奥林匹克运动会开幕仪式的负责人吧。一旦接受了补助金,就会有某种调调。长野奥林匹克运动会的基调是《古事记》——古代日本的世界,走的是复古路线。所以尽管是补助金的形式,我总觉得某个艺术活动一旦接受了政府的补助金,那么,就会逐渐地趋于某一方向。

平井英明:由于间宫先生在论题中讲到了土壤的问题,我想稍微谈谈这个问题。

由于烧荒会改善土壤,从事山间地农业的人,必须要烧林。在多雨季节,如果水自上而下在土地中流过,土地呈酸性,就形成了不适于作物栽培的条件。如果烧林,其炭灰渗入到土壤里,那么,pH 值就升高,形成了适于作物栽培的土壤条件。所以,烧荒耕地是农耕民为了生存而开发出来的传统的耕作技术。

另外,烧荒耕地的优点是可以平整土地,能够烧掉埋在土里的杂草的种子,可以消灭病虫害,能添加肥料成分,能省去整地作业这一环。因此,烧荒耕地可以理解为一次能解决那么多问题的极其巧妙的耕作技术。所以,即使烧荒耕地是原始的也不介意。再加上,看着火,人们的心也会跟着激动起来,所以我想这是一种非常快乐的农业。所以我走访当地已达 10 年之久,感觉当地人是很难停止烧荒耕地的。

间宫先生的发言中讲到如果是由烧荒耕地的外行人去进行烧荒耕地,森林将会完全消失,这让我感到非常有趣。我本身确实在当地感受到了那种印象。如上所述,非常精明的农家人进行轮作式的烧荒耕地。现在是每耕种 1 年就休耕 8 年左右,然后再重新转为农田进行耕种。

村长知道本村的谁拥有哪块土地,我去作研究调查,假如我提出:"请带我去休耕 1 年的地方和休耕 7 年的地方",他肯定会告诉我"在那里、那里和那里有",并带着我去。关于土地的状况,即使我们根据土壤肥料学的观点来看,也会发现他们懂得按照合理的理由挑选土地。所以,我现在的观点是,在由行家而不是外行人来经营烧荒农业时,由于懂得土地的特性,肯定不会导致土地严重贫瘠。

如果说烧荒耕地的行家种什么,那就是旱稻。烧荒耕种与旱稻搭配的时候没有问题。村里食用的大米以旱稻自给。这种情况没有问题。但是,一旦加上玉米、卷心菜、生姜等作物进行连茬耕作,使用农药、化肥,土地的肥沃度就会急剧下降。

间宫阳介:作为经济作物,栽培蔬菜。就是说土地成了商品用地吧。

平井英明:是啊。我的感觉是,一旦成了商品用地,土地就搞得一塌糊涂了。距离道路越近,土地的状况就呈现越贫瘠的状态。外行人从事烧荒农业,当然,在其背后带有合同栽培的性质。这是第一点。

其次,关于"共有资源"(commons)我想举一个事例。在我去马来西亚的婆罗洲岛时,略微访问了一下居住在那里的伊凡人。我指着大树问:"这很有价值吧?"他们回答说:"这一点价值也没有,一文不值。"即便我们对他们说:"把森林变成共有资源吧",我想,他们也会认为"你在说什么呀? 这是完全没有价值的东西啊"。

为什么烧荒种地的农耕民要吃光森林呢? 那是由于土地被开垦后就成了自己的地,而森林一钱不值。所以,就不断地增加自己的土地。如果在其背后带有合同栽培的话，我想那当然就要成为秃山了。

为了给没有任何价值的东西赋予价值，应该怎么办才好呢？我们碰巧铺设了从森林的水源引水的水管。于是，立刻就没有人来烧林了。如果邻村的人来烧那片森林，那里当然就成了邻村的土地。为了防止出现那种情况，村里开始派人来看守。

我想这可太好了，为了保存热带林，我建议邻村也建一个同样的设施。可是邻村的森林里没有水源。所以他们过来说让我们和铺设了水管的村子共用一个水源吧。但该村的人们却拒绝说"你们自己找吧"。结果，在一个村子里形成了以森林为"共有资源"的形式，但它仅对该村的人们而言是非常宝贵的资源，而对于邻村的人们来说，就完全没有关系了。我想这个例子与"私人"（private）和"公共"（public）的关系有一点联系。

间宫阳介：人口增加会破坏烧荒农业吗？一般认为，因为向森林移居的人口增加而导致了粮食的不足。于是就必须不断地烧荒耕地，开始发生争吵。

平井英明：似乎人口确实在增加。在我曾去过的西面的克伦族人的村子里，据说人口再增加下去，将来的休耕年头就会减少，因此土地的肥沃度也会下降。但是，他们为了对应人口增长，正在修梯田。在那里种水稻，想方设法保留森林。所以，尽管是受到了人口压力，但为什么森林会迅速消失呢？这就是我的疑问。

小林弥六：我一直搞经济学，间宫先生的论题让我听到了各种各样的想法。我感觉先生好像是站在中庸的立场在谈话。我想问三个问题，并且也想谈谈我的意见。

间宫先生似乎是说，经济学是"民"的学问（私领域之学），如果以"公"与"私"而言，是"私"的。我认为如果根据这种观点来

133

看,经济学对于公共性的认识的历史还是比较短吧。但是,如果追溯起源的话,经济学被称为是政治经济学(political economy),而并不叫经济学(economics)。按着这种意义,它一直教导我们经济学原本是作为政治社会学的学问之一而诞生的。例如,重商主义的起源是金融通货主义吧。重商主义者有安东尼奥·塞拉(Antonio Serra)等一些人。论述货币制度或通商制度的评论家有很多,其后有休谟,后来出现了亚当·斯密。曼德维尔是以对时代潮流的敏感性乃至同政治学的关系出现的。这就是我的了解。

从这种意义来说,经济学本来是论述关于如何实行通商政策或财政政策,另外,是关于如何维持国家的财政,应该如何实施租税制度的问题。随着时代的变迁,到了论题中提到的李嘉图,自由主义就成了自由贸易的话题。从反面来说,这也可以看做是一种围绕外交或国际关系的政治经济政策。

随着年代的变迁,如果根据约翰·斯图尔特·穆勒、凯恩斯和我最近研究的公共经济学等的关系来说,"公共性"同"经济学"的关系,具有相当长的历史。请允许我稍微延长一点来说,所谓经济学的历史,即使稍加限定,在西方世界也是亚里士多德之学。他非常详细地论述了所谓的家计管理的问题。在东方有所谓的中国的周公之学。或在儒教的《论语》等中也有间接的表现,是在同政治的相互关系方面论述了经济。

我自己也曾经如此,我感到以前思考经济问题时,把它限定在过于狭窄的领域。其结果,"公共性"同"经济学"的关系就变得淡漠了。现在人们呼吁在同经济学的关系中恢复公共性的问题,其实,公共性与经济学的关系,与通常所认为的相比,恐怕要久远得多啊。

其次,还有一点。经济学到了新的时代之后,因整合各种理论模式而成为非常错综复杂的世界。当然,今天也还有很多人在努力形成这种模式。因此,所谓的经济学已经成了非专家不懂的学问,是被收集在大学和研究所或专家所阅读的书籍中的学问,这种倾向非常明显。我想有必要回到更实用的学问上来。相邻的学科有经营学,经营学不愧比较有实际感觉。然而,是微观的。一提到"经济",人们的头脑总有一种被引向经济学方面的倾向。

这也许带有若干偏见,但最近十几年来,世界的经济学呈现了一种混沌状态。我认为恐怕在经济学的专家中也几乎没有人能说出明确的答案。这反映了现实经济处于非常严重的低迷状态。如果是以前的稳定的经济时代,对于经济体系和理论具有很大的可靠性、信赖性。但感觉这些都已经溃散了。

我认为自20世纪70年代起,也包括90年代,上述情况开始特别被强调。从这种意义上来说,主张必须形成在根本上改变想法的"新的经济学",而不是坚持原来的经济学,我认为最近二十几年来,世界的学术界已经达成了一致。但我的印象是,这一点最近几年出现了若干的后退。

经济学的根本性质,诚如先生所指出的那样,是私的世界。是以基于利己的动机的行为,具有合理性的假设为基础的。大概亚当·斯密的体系最具有代表性吧。

可是,我对因为是"市场经济"就应该是"利己"的这一观点持有若干疑问。例如,所谓的"利他性",就是人类本来的道德性。"利他性"也可以说是构成政治、社会、文化基础的道德性。一提到经济学,在市场经济中就认为是以利己的行为为轴心的,这种观点最有代表性的就是帕累托最优。我主张"利他主义"的说法,对利己主义的观点持批判的立场,我想请问先生的意见如何?

最后,我想提出的问题是,通过观察最近日本的潮流乃至世界经济的潮流、政治的状况，我认为具有一种明显的趋势，那就是自由主义的动向，亦可以说是新保守主义。

20世纪70年代以来，欧美各国一直保持着10%左右的失业率。该如何对应这种经济的低迷状况和东方世界的低迷状况？全世界都在议论，然而混乱一直持续着。

但最近关于应放宽限制或合并的意见明显增多。我也认为这是一种解决的办法。我想这或者会使停滞的经济活性化。但是与此相反，也有一种倾向认为稍微停顿一下仔细想一想更好。例如，无国界化。在环境问题和雇用问题等方面，完全有必要加以限制。如果认为只靠放松限制就能解决那些问题，最终就成了"赤裸裸的资本主义"。这不就仅仅是全部倒退回19世纪乃至18世纪的资本主义吗？我认为，在这种情况下，只不过是扩大和强化了资本主义置之不理的公共性、环境问题、贫富的差距等等的外部不经济（我认为也有内部不经济）乃至各种不经济。无论是金融大爆炸的问题，还是税制的问题，都是如此。美国所出现的动向也是如此。

非常典型地说，向市场经济转型的现在的俄罗斯，可以说通过抢夺国有企业的会战，在仅仅8年间就成了5个财阀的国家。这到底是进步呢？还是表示市场经济的优势呢？当然不能不令人有疑问。

就这种意义上来说，我认为支配20世纪90年代的经济动向，恐怕最典型的是新自由主义或新保守主义吧，对于其功过我想听听您的想法。

再汇总一下，一是经济学与公共性的关系；二是向新经济学的观念的转变，即以前的经济学是否妥当的问题；三是关于近年的新自由主义的问题。

在中途我提到了在大学里所进行的经济学教育的问题,经济学家过着读书、从书斋到教室、教完书后回家的生活。感觉以前我也过着那种生活。但是,在实际的社会中,去年(1997年)有一万几千起企业破产,或有社长互相预先商定自杀,非常严重的现实也发生在日本。当然,在大约20年前的欧美也曾发生过,在俄罗斯也发生过。这是马克思所说的经济基础的严重的现实,我想对于这点必须非常认真地对待。对于时代所提出的问题,也必须以新的想法进行研究。那果真靠经济学可以解决吗?这也是一些毫不客气的话。

间宫阳介:关于最初的经济学与公共性的关系问题,我认为这是经济学的定义问题。古希腊,从亚里士多德的时代起,"经济"就是"家计"啊。总而言之,不是个人主义的经济学而是家政学。作为家政学的延长,不久就成了行政学,即政治经济学。其一直延续着。

可是,之所以在此提出这个问题,是因为作为把市场当做一种体系而加以认识的学问的经济学,几乎完全忽视了"公共性",总之,是将其作为市场之外的问题来思考的。

小林弥六:当时不只是民间,而且,公共方面也包括在经济学的理论之中吧。

间宫阳介:所以是"公共财产"和"公共方面",首先,我今天讲的是,在经济学中谈到的"公共",主要是在市场=私的民间同国家的关系方面出现的。

其次,关于经济学的现状。我并不是想完全拥护经济学,毋宁说,是站在相反的立场上。但是,同样是经济学家,以前的,比如19世纪的马歇尔啦,20世纪的凯恩斯啦,哈耶克也是吧,这些学者和第二次世界大战后的经济学家,性质完全不同。获得诺贝尔奖的人主要以数理经济学为中心。

其中阿罗这个人，具有非常深厚的哲学功底。他是一位纯粹的数理经济学家，并且，创立了非常独创性的模型。

然而，到了他以后的一代，他们不是为了阐明经济社会的结构或解决各种各样的社会经济问题而进行思考，而往往是把别人创作的模型稍加改变，就又做成了新的模型。

那么要说到我自己打算如何面对这样的经济学？我感觉也没有一一地提出批评的兴致。人并非有很长的寿命，要做自己喜欢的事，所以我觉得别人怎样都无所谓。要对他们在思考的理论模型了如指掌，我自己也必须作出理论模型来。

即使我们说："你们的经济学是脱离现实的抽象的思考。"他们也会当然地回答："我们自己当然知道这一点。"虽然理解他们以姑且舍去现实为前提，但因为他们主张"抽象的思考是在理论中进行的"，所以说不到一块儿去。因此，我感觉只有他们做他们的、我们干我们的办法。

小林弥六：尤其是在日本，那种（认为可以把别人创作的模型的某一点稍加改变）倾向很强啊。欧洲整体的文化的神韵同日本不一样。美国的情况也不一样。虽然既有凭实力干的人，也有偏重数理者，但有人指出在日本经济学变得有些僵化，局限于一个范围，我本身也有同感。

间宫阳介：在日本，经常强调"瞄准安打"。不是说因为在美国已经有人做过了，所以自己要在同别人完全不同的方向上进行，击出个本垒打。等论文在美国的杂志上刊载出来已经晚了。所以要想办法弄到各种讨论论文或工作论文，拼命地在日本阅读这些文件来撰写论文。总之，哪个人到手得越早就越能处于领先地位。

我出席了一次几乎从未参加过的某研究会的会议。大阪大学的稲田献一先生，是一位很有意思的人，他听了某人的报告，批评说："你发表的论文不就是只把 N 变成了 N 加 1 吗？"总之是一般化，或随意地多增加一个变数而已。在日本的数理经济学的内部，更上一代有包括稲田先生在内的宇泽弘文先生和根岸隆先生等，都是数理经济学世界的领袖。可是，我感到最近这个领域也在缩小。当然，我只是站在外场观众席上说三道四。

小林弥六：此前，宇泽先生出席京都论坛并发表了讲话，当时他仍是牢骚满腹。我记得他说，按马歇尔的观点来说，原有一代的学者都有一颗热诚的心，可是现在不是心而是技术。即手艺人的技巧。我也有同感。

间宫阳介：关于第三点的新自由主义的问题，我对其批判是很严厉的。"放宽限制"本身并非坏事。若说有什么不足，那就是很轻易地变成了教条主义（概括起来说，就是要使放宽限制维持下去）。金融大爆炸（虽然我并不认为应该发生）在英国也发生过，在美国也进行了金融自由化，在各个地方进行的时候，唯独日本旧态依然如故，无法进行。

有一个公共浴池的话题。公众浴池至今仍有选址限制。有人提起了诉讼，最高法院判决认定符合宪法。因为如果进行竞争，就会导致设施恶化而不卫生，所以选址限制是符合宪法的。但是，（如果取消限制）可能导致竞争秩序混乱，但这（成为不卫生的判断）怎么看也都相反。若只限于国内（像公众浴池那样），即使不放宽限制也可以解决的情况在其他方面也很多。然而，一旦同外国有关，浪打上来，就不能唯独日本不放宽限制了。

那么就放宽限制，这并不等于自由化万岁。如果放宽限制实行自由化，就会出现严重的消极面。是否经常保持紧张关系是非

139

常不同的两种状态。当然,是朝着放宽限制的方向发展,但如何事先在国内形成与其对应的抗衡力呢?

说老实话,在"市场经济"中,如果没有"非市场的要素"也不行。这是理所当然的。例如,即使是住宅,一旦出现了不景气,交不起房租就必须搬出去,当然不好。那时,当然需要有一些公共的住宅。针对各种各样的"自由化",具有各种各样的对抗力和抗衡力,若意识到某种紧张关系,那么,在发展不顺利的时候可以拿出办法来,但如果以"自由化万岁"进行应对,那就无法发挥抗衡力。我感觉新自由主义设想的问题在于没有抗衡力。

小林弥六:我认为新自由主义偏重于追求规模效益。这也可以理解为对于新自由主义是否会提高效率,尚未加以认真仔细的研究吧。降低"公共"的障碍,现在来说,就是追求规模效益。如果说规模增大就好的话,那么,规模增大,大部分情况下可能与垄断相联系。关于"垄断"的理论堆积如山,对于垄断,虽然也有正面的观点,但有很多理论认为副作用大。我感到必须仔细认真研究这一政策。

间宫阳介:所谓的新自由主义同新古典派也有点不同,其政策实践倾向很强。所以,并没有什么垄断的理论或独占的理论嘛。莫如说是对这种理论持批判的意见。刚才讲到的波兰尼的《大转折》和哈耶克的《通向奴役的道路》是 1944 年出版的,在 1942 年熊彼特的《资本主义、社会主义和民主主义》出版,这是在第二次世界大战中出版的三部有名的著作。

熊彼特认为,无论如何,在市场系统中,垄断和独占必然到来。并且,其未必是凭借权力实现的,那样的话更有效率。即与其在自由竞争中让小企业互相竞争,垄断化和独占化更能发挥规模效益的作用,并且也无须花费太多的广告费。熊彼特反倒讲了其所具有的优点。尽管如此，熊彼特认为资本主义终究要衰退，并将让位于某种社会主义。技术创新实现自动化、机械化，企业开发部等部门的工作变得组织化，个人的创新能力、企业家职能将会无用武之地。熊彼特认为，那种创新能力在非资本主义的状况下也可以发挥，所以资本主义将让位于某种社会主义。

与此相反，新自由主义基本上是小生产者的世界，它不承认规模利益。

小林弥六：按政治经济学观点来说，如果出现了垄断，就会对资源分配产生消极作用。有时也可能导致价格操纵。

间宫阳介：如果进行动态考察，认为由于垄断资金变得雄厚，也就形成了开发能力，也不见得产生副作用。如果按如何分配有限资源的观点来看（小生产者的世界）非常合理，然而，如果考察动态的世界，也未必能说有大量的小企业就好。但是，如果过分巨大化，反倒会失去开发能力。于是，个人创业，或中小企业的活力等开始得到重视。

岩崎辉行：我想问一下在经济学中"政府"的位置。按教科书来说，政府的作用被定义为提供公共财产。我想在经济学中的说明是这样的，即不是说政府所提供的是公共财产，是先有一个公共财产的定义，而提供这个公共财产的就是政府。

那么，所谓的公共财产是什么呢？按照刚才的说明，应该具有不能排除或不许竞争的性质，是市场无法提供的财产。例如，治安或消防等被定义为公共财产，而提供这些的就是政府。

政府具有向市场提供那些公共财产的作用。如果根据其与参与市场的"家庭经济"或"企业"处在同等立场的观点来看，那么，我就感到政府本身不是"公"而是"私"啦。

间宫阳介：作为经济主体，政府同"私"具有完全相等的资格，

141

但行为不一样。例如,以前由日本政府所专供的烟草就是如此。像美国那样,通常烟草是由民间供给的,但在明治时代为了征收税金,就特意变成了国营的。

如果看一看英国的消防,以前,在英国消防是由民间来负责的。即参加保险者如果发生了火灾,就要由保险公司赔偿损失,所以保险公司拥有消防队,为了不发生火灾,而认真进行巡逻。但是,由于一旦发生了火灾,很难灭火,据说现在已经由自治体来负责了。

通常,认为政府也是"私"的场合,作为"经济主体"并没有什么大的区别,但动机不同。这就是把政府作为"公"的理由,其并不是为了私人赚钱。

岩崎辉行:那始终是经济学这门学问中的话题。无论是家庭,还是企业,动机都不一样,作用也不一样。如果一切都恢复为上述的市场交易而基本上不出现市场失灵的话,那么,所谓政府也就不存在了。但在市场无法实现效率的功能时,政府就应该发挥市场的作用。这就是公共财产的作用。在这种意义上来说,当然作用和动机都不相同。其作用和动机都不相同的三个单位,通过在市场上进行交易,就实现了经济整体的效率。如果彻底按照经济交易的观点来看,我认为政府也是和"家庭经济"、"企业"同等的主体,也就是"私"。

间宫阳介:如果将政府作为"官"来对待,不就可以认为政府就是私有物了吗?经常有名为大藏省的决策之类的书,其在某种意义上来说,是分析作为"私的主体"的"官",或分析"官"的政策。在由(具有官僚的身份的)"人"承担的意义上是这样的。可是,把其叫做"私"有什么好处吗?

岩崎辉行:总而言之,所谓的公,我认为是三者的关系,即,家庭是承担进行消费生活的单位,企业是承担生产的单位,政府具有使那些交易顺利进行的作用。我认为作为主体是各自独立的,但互相影响的场合就成了"公"。在迄今为止的经济学中,恐怕并未涉及"公"与"私"的关系吧。

间宫阳介:在说市场的内部与外部时,如果是以前,所谓的政府指的就是外部。虽然是语言的问题,我认为现在按照政府也是市场的一个主体的意义上来说,也可以说其同"私"的家庭收支和消费是同等的。

小森光夫:与其说是疑问,倒不如说是语言的用法的问题。前面金先生说"公"与"私"这两个词是互为上下文的关系,我赞成他的说法。

例如,刚才间宫先生所讲的"公"与"私"的话题,据我的观点来看,历来的国际法认为,这都是"私"的世界。如果稍微扩展视野来看,就会扩展到另外的世界。虽说是"公",但从另一个角度来看,就成了"私"的世界。

像刚才讲到的电车里所发生的情景,间宫先生把它同表现的问题结合到一块儿了。例如,在心理学上,为了说明自己的举止是如何构成的,使用自己的空间是宽敞还是狭窄这样的词汇来表达。系井重里曾说过,头戴耳机听音乐的人,"想象空间会得到扩展",但在心理学上来说,不过是使自己的空间变小了。所谓自我空间的扩展,简而言之,就是知道自己身边有谁的人。这样就拥有思考自己的举止究竟在多大程度上受周围人的制约的余地。顺便说一下,在考虑我们的行动基准时,如果能提醒自己"你现在注意到国境之外的情况了吗?"那么,在那个人看来自己的空间就在不断地扩展。把这说明为"公"还是"私"呢?我认为那是说明的方式的问题,但即使是从"私"的观点来看,也存在"空间扩展"的部分。

143

我感到以"公"与"私"的形式对其加以说明的时候,恐怕要受到语境的影响吧。

论题四
从政治学的观点看公私问题

佐佐木毅

1. 作为关于"公"的学问的政治学

间宫先生把经济学的特征归纳为"作为私领域之学的经济学",作为与其相对应的关系,我想提出"作为关于公领域之学的政治学"。政治学不可避免地要从"公"出发。虽然也有的政治学家认为,可以不考虑其原因,但今天不拘泥于这一点的话,就谈不下去,所以,囿于此,我想稍加阐明这一问题。

关于公的领域的内容、特征、对应等,我想大家都有一定的认识。政治学在传统上就是关于公的领域的学问这一意义上,其与私的领域的对照一直都很显著,但对此有必要作各种保留。

(1)"公":对象的一般性,内容的共通性、透明性(暴露的世界),制度的、人为的世界,政治的权力

"公的东西"也可说成是"非私人的东西",但关于"公的东西",一直以来我们讲的是对象和内容上的一般性以及共通性。"公共"、"共有"、"普通"绝不是毫无关系的。这种"一般性的"东西、"共通性的"东西是"公的东西","公共性的事物"(Res Publica），在罗马曾意味着政治社会。正是在这种意义上，其特征可用一般性以及共通性等词语来表述的作用领域，被看做是公的领域。

在古典中，"公的东西"包含安全保障以及防卫等多方面的内容。虽然随着时代的发展内容越来越多，但要成为公的权力作用，政策也好，方针也好，至少必须以某种形式的"一般性"、"共通性"为基础。需要这种意义上的正统性。这就是刚才间宫先生所讲到过的"关系性"的世界。思考绝不能割裂外显的世界，或者以人的行为为媒介所暴露的世界、所表现的世界这样的现象性。这并非只是苦思冥想的世界。

具体来说，其表现方法的内容，一个是"制度"问题，在规定政治的公的性质上，对于政治学起到了非常重要的作用。制度有多个层次，按今天的说法，其中最坚硬的是公法性的、宪法性的结构。在这种意义上，政治或者公的领域里，肯定存在着通过一种相互约束人们的共同规则而人为地形成的一面。

举一个最简单的例子，比如，到底谁能成为下任国王的问题。在某种意义上，这是私的世界和公的世界最为混淆的情况，不管是王位继承法还是什么，在政治或公的领域的场合，一个"制度"是不可缺少的要素。

与此相关，我想请教间宫先生一个问题。市场的自律性、自我完结性和这种制度性的问题——最终还包括司法裁定在内的世界是如何纠缠在一起的？这是我们听有关经济学的讲话时，不太明白的一个地方。也就是说，我认为，市场在某种意义上是以制度为前提的，或者是建立在制度之上的世界，但另一方面，它又被称做私的领域。该如何理解这之间的跨度呢？我刚才想起了这个问题，想讨论一下。

在以"制度"性的东西为基础的意义上，与"作为的"、"人为的""公"比较起来,"私"显得更为"自然"。用规定性很强的语词来说,就是它的根在"生物性"的地方。我认为汉娜·阿伦特的"劳动"(labour)正是"私"的世界的特征。

在这种意义上,制度的、人为的政治并不一定要局限于狭义的政治。所谓政治性的权力,并不是自然形成的,而是在量和质两方面都具备了独特的要素而出现的。一种是在量上,作为很强大的权力而产生并持续存在下来。如果从质上来说,还受到不只是停留在自然权力的延长线上的质的制约。由于政治性的权力的量的大小以及与公的领域结合的形式不同,会发挥各种作用。正如自古流传的那样,既有正面的作用,也有负面的作用。因此,政治学一直都为如何运用权力的问题而煞费苦心。

(2)"私":对象的特殊性,内容的具体性、隐秘性(被隐藏的世界),自然的、生物的世界,自然的权力

关于私的世界(领域),我想在这儿特别谈一下对象的特殊性、内容的具体性。进一步说,私的世界对我们来说是非常自然的世界。反过来说,公的领域与自然世界则相隔遥远。或者说,如果不付出相当的努力、不下工夫,是很难与公的领域产生接点的。我们作为私的存在本身就是非常特殊的、具体的。因此,很难想象,从我们的存在本身自然地引导出一个公的世界。这虽然不是卢梭的"一般意志"和"特殊意志"的关系,但我想,从我们自身自然地转变到公的世界不是那么容易的。也有的意见认为能够办得到,我想在后面再讨论这个问题。

所谓私的世界的"隐秘性",简而言之,是相对于公的世界的透明性(暴露的世界),像隐私(privacy)一词所代表的那样,可以说是我们能对其他人保密,或者可以保密的世界,或者说,并不一

147

定存在必须要公开的规则的世界。除此之外，私的世界还有很多的内容，但我想先大致这么理解。在把"公"和"私"作为一对概念来思考的情况下，可以这样表述。

(3)"私"对"公"的篡夺：围绕其不可回避性及其否定的故事

就"公""私"做这样一番粗线条的描述之后，我们来看看政治学做了些什么。是不是可以说政治学做的一直是"私对公的篡夺"呢？确实，公的领域对我们大多数人来说并不一定是自然的。在这个意义上，也可以说是"遥远"的，或者说只有以相当的知识训练和努力为前提，才能找到与它的接点。如果思考人的"自然"本身，不如说是"私"的东西流进"公"的东西中，不可能绝对不发生"冒名顶替公"或者"夺取公"这样的事。

当然，一旦发生了这样的事，因为是不可以的，就会出现否定它的动向。我想政治学研究的一直是这个钟摆运动。"篡夺"一词本身带有过多的价值判断，但"夺取"也是同样的问题。不管怎么说，在我们人类自身无法避免特殊性、具体性这点上，如果由那样的（人、私）来掌握政治性的权力，就无法保证不发生这样的事情。即便发生那种事，也并非是不可思议的。

也许这么说有些强硬，在这种意义上，这类事具有"不可回避性"。一直以来，政治学家们说到理应发生的事终于发生了，就唉声叹气，觉得这也不像话，那也不像话，四处游说。这样讲，也许会有人认为政治学家的工作毫无成果，我想确实有这方面的问题。

"私对公的篡夺"这一说法虽然过重，但如果追溯起来，还是存在个人的利己心。应该说这是无法回避的自我中心性的问题。沿用古典的说法，是以"权力欲"的形式被表征的。我想这也存在于基督教和其他的各种传统中。或者，可以和想要比他人优越的意志以及"名誉"、"野心"等各种词语结合起来理解。我们通常认为，人的本性中，总是存在一种堕落的可能性，这种可能性，通过非常显赫的权力这一舞台装置，公然地、非常醒目地进入人们的视线中。

这一点自古以来就作为"统治者的堕落问题"被谈论着，如何在所有区域防止这一可能性的问题，也和教育问题纠缠在一起被加以讨论。也就是说，公的世界的承担者本身，经常有腐败、堕落、违法的可能性。要说有没有什么可以绝对杜绝的措施，归根结底是人的内心有问题，所以，政治学家一直为如何防止这一现象而绞尽脑汁。不用说，我想这也有不少无谓的重复的地方。

话题有些跳跃，我们来看一看民主主义。毋庸赘言，自古以来，私益流入或者加入公的领域司空见惯，这不是什么新的现象。比如，柏拉图在《高尔吉亚》中指出："政治家是迎合家，培养着迎合的技术，所以政治术是迎合术。你们想要这样的东西吧。"为了获得人们的支持而运用迎合术的人，不就是政治家吗？善于此道的人，就能获得多数人的支持，得到相应的地位。

从另外的角度来说，虽然不是合理的选择论，但比如说，利益集团的利益越是有限，人们越是拼命地追逐。因为这肯定会有回报，而谁都不太想参与公的全体的利益。众所周知，到处都有觉得会有人去做而决定坐享其成的人。越是褊狭的利益，大家越是拼命地追逐。看日本的情况，也难以否定这样的机制在起作用。如此看来，考虑到肩负权力或者"公"的人们的脆弱性，和其周围的集团的人的自然状态，发生我所说的"篡夺现象"就毫不奇怪。从这个意义上来说，对此现象长吁短叹的政治学者，也常常会被政治家指责为无知。

在这个意义上，联系间宫先生的发言，虽然听上去很奇妙，但

149

实际上作为关于"公"的学问的政治学,成了一直只关注"私"的话题这样一个很奇怪的关系。对比那一边(经济学)条理清晰的发言,我们这一边讲得杂乱无章,这是让政治学对经济学羡慕(虽然是不是羡慕还留有疑问)的。因为经济学方面,有人会说诸如"帕累托最优"之类很精辟的话。

但是,主张"由市场决定市场"的人,在遇到究竟如何处理政治权力的问题时,在我看来,实际上也不得不做相当可疑的事。原本所谓"自由的市场"本身,在很大程度上必须依靠"制度"、"权力"的支持。在如何以自爱(self love)去做的这个问题上,也许会变成岩崎先生刚才说的那样。这样一来,我们甚至会觉得,所谓"作为关于公的学问的政治学",无论变成啥样都不奇怪。在这个意义上,政治学一直与围绕着"私"对"公"的篡夺的不可回避性及其否定的故事有关。

这里说的"否定",不是说没有意义,否定有其意义,但我想说的是,我们必须思考在何种意义上是有意义的问题。

2. "公"的承担者的确认与权力: 实现"公"的方法

因此,如何确定"公"的承担者的问题,仍然还是政治学的工作。据此如何谋求"公"的实现?虽然公经常处于被篡夺的危机之中,但一方面主张"尽管如此,我们对公的领域还是有一定把握的",另一方面又说"不过尽管如此,还是有各种问题",这正是刚才所说的有关不可回避性及其否定的故事的实质内容。

(1)通过制度来解决:功能性的接近,以权力为媒介的"公"、

"私"的共栖、共谋关系，"被视为"承担"公"者的定立："主权者""代表"，这些相互抑制均衡机制的定立：对问题的消极接近

在传统上，政治学是根据制度来回答原本谁是"公"的承担者的问题的。按照一定的手续选举出来的人，决定的事被赋予所谓公的性质，这几十年来，政治学一直都采用这样的说法。"为什么与一定的利益集团勾结如此紧密的政策是公共政策呢？这是因为围绕着一定的政策的场所的议会或政府的活动，以及作为通过互相接触、交涉、妥协等程序（手续）而产生的结果的政策，被表征为公共性的政策。"这感到好像是盖橡皮图章，像是"因为已经经过手续了，那就算了吧"，于是乎就通过了。

包括上述的情况在内，有的人以及集团被认同是"公"的承担者。我这里特意说"被认同"，是因为制度还是能让"认同"成为可能的。要在人类社会中生存下去，"认同"起到很重要的作用。谁也不认可谁，各自侃侃而谈，社会很难维系。所谓"认同"，是指根据规则选出当权者，而且，这一决定有效，或者被接受。不管是主权者还是代表，一旦通过制度确立下来，比方在一定的期间里是代表的话，就"被认同"是代表。当然，为了"被认同"为代表，比如，在选举时必须获得选民几分之一的选票才能当选。一定的手续是必要的。

这个"认同"看起来似乎很脆弱，但实际上非常强有力。别人即便主张"我才是公的代表"或"我来代替他"，也是很难替换的。一定的，从某种意义上说来，被承认的地位（说它是虚构的也确实是虚构的）在几年之内被虚拟。据此，在制度上运作公的领域的问题。国会这么办了，内阁这么办了，法院这么办了，尽管内容多么荒谬，事物总是在动的。至于这究竟是愚蠢的，还是了不起的，仁者见仁，智者见智。但我们很容易想象到，"公"和"私"以各种

151

各样的形式呈现错综复杂的关系。我不知道是"共生"还是"共谋",大概是以一方侵入另一方的形式处于"同居状态"。在某种意义上,这种状况是事物运动中理所当然的状态。

(2)根据判断内容来解决:实质的、思想的接近,从适合"公"的内容的信息的确认到权力:"天命""哲人王","人的解放",领袖与革命

日常可能是以上述这种形式进行的,但还有一种接近的方法。也就是说,还有不同形式的"公"。比起以制度为中心的想法,政治学也一直认为有更为合适的信息以及思想或者人物会承担起"公"。例如,根据基督教或者其他的宗教思想来看,不管是神的秩序也好,还是自然秩序也好,现在的体制很不好。因此,会经常发生叛乱、抵抗,或者是某种形式的示威行动。

这样一来,公的领域就会超出制度的领域。我们必须预见到,一定存在公共性的东西以牵涉一般社会,乃至在某种意义上人的思想的形式开展活动的事态。因此,不能把公的领域全部还原为制度论。自己因受神和天命的感召而与权力抗争的想法,可以说在(西方)宗教改革时期就已经存在。我认为在中国也有这样的观点。

所谓"哲人王",似乎是这种议论的一个原型。简而言之,适合"公"的内容的承担者的人物的条件,必须是以某种形式超脱于私的东西的人。沉迷于关心私的人,即便强调"私才是公",也没有人会相信。

马克思的理论,非常明确地以一定的形式规定了权力或公的领域的"私的性质"。要言之,以阶级的形式全面暴露了公的东西并使之解体。

于是，发生了彻底的逆转，这次产生的承担者，可以说，通过把社会导向超越了此类问题的另一个维度，其叙事转变为人的解放而非政治的解放。就好像柏拉图的《国家》的构图，正是由于脱离洞穴而获得自由，才看到了真正阳光的人，反过来，再回到洞穴中去重建洞穴中的秩序，或者使之发生根本的变化。

在那种意义上，对于人的非日常的启示，人超越了私人性、日常性、生物性的锻炼，以及在那种意义上的倒置的过程，使这样的叙事成为可能。这和——作为完全无所作为的，所谓糊里糊涂拖延下去的自然的存在，"公"应当如此这般的争论——根本不同。我认为，一般而言，20世纪式的领袖和革命就是那样的。

与制度的解决保持距离，信息以及人物，以超越这种解决的形式对其加以否定，甚至还推翻它。如此通过掌握权力又来运用制度。事实上也存在这种方法。比如，社会主义体制下的共产党曾是(1)"通过制度来解决"的，而那以前的共产党在很大程度上采用的是(2)"根据判断内容来解决"。

但是，我想谈这样一个问题。在刚才间宫先生的发言里提到了亚当·斯密，斯密是如何认识政治的呢？他大概认为，靠卖肉的和开面包店的是干不了政治的吧。这样的话，搞政治的人肯定会是另一种不同类型的人。在这个意义上，所有的政治论，都不认为光靠制度的形式就能完全解决问题。我想过去人们的想法，都是期待某个阶层或社会集团成为承担者，最后给予监督。

153

在20世纪，这一想法变得令人相当怀疑。看看今天的日本就很明白。在这种意义上，"公"的承担者到底在哪儿呢？或者说，与其相符合的存在在哪里呢？想想在社会上、制度上"公"的承担者以何种形式被再生产，也有非常漂浮不定的感觉。我觉得有关这些问题的明确的信息，到了20世纪后半期就很难再出现了。20

世纪中叶以前，人们认为似乎可以"发现"对"问题"的决定性的回答。而且，有过失败的教训，我们对此非常谨慎。因为感觉"谈论这件事会蒙受不好的名声"，所以就自我克制。

到了20世纪后半叶之后，不知为什么，这种类似毒气的东西消失了。20世纪上半叶时，还觉得"这是新的公共性的印象。所以按这样的组织、团体或意识形态进行下去就好了"，但这种想法也必须克服。用弗朗西斯·福山（Francis Fukuyama）的话来说，这也许是"历史的终结"。

但是，我认为从长远来看，制度的回答和信息的回答（在20世纪的话，也许可以说是人物、意识形态），可以说作为"私对公的篡夺"和对它重新评价的一种节奏，隔一段时间就会出现。但显而易见的是，因为没有最终的解决办法，把篡夺颠倒过来的一方又成了"私"。做不到"永久革命"。即如上述所言，人无法摆脱回到特殊性中去的重力法则，最终不能获得自由，这方面我们已经司空见惯了。这对我们讨论"公"时的心情，产生了微妙的或者决定性的影响。

我想还有其他各种解决办法，民主主义在这点上并没有特别好的答案。当然，有越来越多的人参加政治，这在道义上是应该肯定的。但是，我想这并不能立即给予这类问题以魔法似的全能的回答。归根结底，我们在这一个世纪里看到的是，公的领域和私的领域相互"融合"、"混合"和"篡夺"（如果把别人的东西也当成是自己的话，也算不上是"篡夺"）的一种不透明的、没有明确界限的世界。事实上，这样的世界已经诞生了。

作为一个要素，"技术"这一问题，在20世纪有着非常大的意义。权力或者公的领域、政府本身真正感觉在控制技术的时期，只到第二次世界大战前后为止，那以后就完全放弃了。就技术和权力的关系而言,技术也许扩大了公的权力,但也增大了私的权力。在各种意义上,我们的手段性的能力,在这一世纪迅速地提高。这与自然世界本身逐渐消失也有关系。我认为福田先生讲的哈贝马斯的问题,也是出自这样的变化的。我们必须读透类似这样的各种实质性的变化。

"私"比较清晰,又不太清晰,但长着一张看似清晰的脸。与此相对,"公"却是模糊不清的。尽管面临着这个难题,还不得不说政治学是"关于公的学问"之类的话,这点希望得到大家的同情。

要说"公"是很清晰的也未尝不可,但没有那么多的直接性。我们总感觉不存在于"自在"(an sich)之中。我们并不太清楚是不是"自在和自为"(an und für sich),因此,也就出现了必须经常确认承担者的问题。所以,在黑格尔那里是以官僚制或军人的姿态出现的,而其他人会把承担者假定为另外的姿态,或者都一直假定是绅士。这个问题,既非常复杂又不直接明快。"公"也许在话语和讨论中才能被可视化。话虽如此,但以何种程序的讨论能保证这点呢?我们不能凭空进行讨论。我对哈贝马斯的议论不太感兴趣。我认为,我们必须在背负了传统等各种重负的语境中,有的放矢地讨论这个问题。

有人认为,去掉各种传统重负,构筑一个人为的空间,可以在这个空间里展开讨论。当然,作为一种议论这可以理解,但我们看政治学的各种议论,不能无视其语境。也就是说,会出现历史性的遗产以及在某种意义上假定的问题。论者在沉默中假定,也许那样的人会成为公的承担者吧。但最终,民主主义终究使这种形式的议论变得非常困难。如果公然地表示那样的看法,下场肯定会成为怨府。"大家不都是平等的吗?为什么那小子那样……"在

155

这个意义上来说,在日本,恐怕最后全部(由官僚被迫承担责任),得到一句"噢,您辛苦了"。另外,还有谁会来承受抱怨呢? 这是我国最大的问题之一。

不管怎样,绝不能说民主主义使提出这些("公"的)问题变得容易了。但我并不是要说民主主义没有任何可能性。在后半部分,我想谈谈要怎么做才能接近"公"的问题。

3. 对于"公"的抑制性的接近: 对于"私"的距离感

156

我认为"公"(政府)以及"公的东西"的定义和"公的领域"的定义是不同的。必须对范围的大小加以整理。但是,民主主义下的政治对于接近"公的东西"来说,可能存在各种各样的问题,不可一概地一味地乐观。至少要有所准备。我们在对公的事物进行判断的时候,要采用什么样的观点来维持公的判断呢? 作为一种接近方法,我想建议采用消去法。这和消极是不同的。

私的世界,我们虽说真的弄不明白,但只要我们作为个人活着,这在某种意义上来说,是很清晰的世界。像许多人所说的那样,其射程距离也许可以通过各种教育和锻炼得以扩展,但也很可能有偏颇。熊彼特说:"所谓政治,大体上对一般的人来说,不过是理发店里杂谈的谈资罢了。"在高架桥下一边喝酒,一边说什么"桥本龙太郎不像话"等等,也就到此为止。实际上,不少国民认为政治不过如此。

在某种意义上,所谓民主主义,是非常直接地解放私的利益的机制。因此,必须让控制它的机制发挥相当大的作用。这种认识对不对,有待讨论,但至少我认为"由市场决定市场"的这一逻辑,是新形式的抑制论。虽然不知道 20 世纪 70 年代开始出现的"小政府"的主张，作为政治论到底是否符合社会的正义，但是不管怎么说，作为一种从旁加以抑制的做法，我认为这是一种逻辑。

（1）"公平"（impartial）、"中立"（indifferent）、"稀薄"（thin）的视角："公"对"私"的监督或"警告"

在此我想强调，我们必须有意识地持有"公平"、"中立"、"稀薄"这几个视角。我们不能臆断地或者戏剧性地确认"这才是公的领域该做的事"。不能这样做，有各种各样的原因，跟时间和场合也有关系。我们能和直接的利益以及现在的直接的问题关心保持多少距离呢？这些问题都值得考虑。要在广度和时间这两个视角上保持距离。如果我们能够完全克服差异、不完全性而到达自由的境地的话，就好像是哲人王模式。也许有人会有这样的自信。

我们的周围有浓厚的日常性的关系。在同此关系的关联上，也可以理解所谓稀薄的意思。举一个非常典型的例子来说，在 1989 年秋天，东欧发生了示威游行，到处是点着蜡烛的游行队伍。从沉浸在日常生活中的我们的个人生活来说，这在某种意义上属于很遥远的世界。但是，我们不由自主地会有想支持或赞许的想法，这是因为，我们认为这件事不仅符合他们和那个地区的利益，还符合全人类的利益。有时候，比起身陷其中（东欧）的人，我们在某种意义上能更简单地看清（真实的评价）情况。

同样，狂热开发核武器的人，是不是更"偏颇"（partial）呢？非常"浓厚"（thick），但是偏颇。人类社会中浓厚与偏颇经常是联系在一起的。这样一来就能知道，实际上我们的判断结构非常容易受到特殊性、具体性的限制。因此，我们有必要在脱浓厚性的意义上经常地、有意识地与这一结构保持距离。

157

可能有人会说："那样的话就太软弱了,令人不安的说法让人很为难。"如果根据我在这里所说的信息来行使某种权力的话,事物也许会发生改变,实际上也许会成为某种警告,但还不足以达到充分监督的程度。

158

(2)"公"的承担者脱离权力的制度化:是羞耻心,而非恐怖

虽然如此,会有人干"因为别人是抢来的,自己也去抢吧"的事吗?利益政治发达的美国的情况正是如此,好像成了民主主义的自体中毒症候群。当然,即使得了自体中毒症候群,也采取义无反顾地参与其中的做法。但是,我们直接关心的是,如何防止人类关于"一般性"以及"共通性"的思考能力的退化,在这个意义上,如何才能建立使社会性政治性含义继续维持精神层面的基础。也就是说,既有称为"公"的活动,也有称做"私"的活动。但是,无论称为"公"的活动,还是称为"私"的活动,也都只是彼此这么"称呼"而已。"公"和"私"两者碰撞,这之后的状况如何设计? 这一维度上的问题,既不是"公"也不是"私"。在这个意义上,我们必须构建"精神层面"的基础。

所谓精神层面,并不一定适用于制度化。如果被制度化了,那也就结束了。不如不进行制度化,而是以批判和修正主义(revisionism)的视点,想办法在社会中更为广泛地重新设计。设计有各种层次,各种形式。抱怨"政府不像话",当然未尝不可,讲"市场的问题不少",也是可以的。那么,如何在精神层面上重新设计呢?

另一个要素是"公"的承担者。刚才讲的制度论的方法,是以权力行使者的形式,对"公"的承担者加以确认。因此,是被认同的"公"的承担者拥有权力,通过恐怖和强制,最后使事情得以实

现的关系。这一表述不太贴切,基本的想法是,只有"利益"和"权力"才能控制人。但是不存在进一步地扩大视野,扩展我们的伦理性、道义性感觉的基础,以刚才所说的精神层面的广度来思考"公"的问题的余地吗? 虽然感到有些不好意思,我想把这叫做"羞耻心"。

也就是说,我们不动员道义的感觉,而过多地只是从利益和权力的角度来想问题。现代的社会科学,是不是对利益和制裁过于执著了呢? 这也许在很大程度上限制了所谓"公"的印象,导致了自我封闭的状态。因此,要更多地运用我们在各种意义上的伦理性、道义性的感觉(这么说虽然有些傲慢),虽然它最后甚至可能会和宗教性的东西发生联系。

刚才,我说要在各种意义上远离直接性(浓厚性)来思考问题,这是充分运用人类所具有的一种道义性,所以,在某种意义上既是直接的,又和人的人格有直接密切的关系。就是说,像这样通过开阔视野和人格的自我同一性的组合,可以培养出与所谓"看得见的统治者"不同形式的"公"的承担者。

在(1)里讲的"公正"云云,是比较理性的或者比较偏向思考能力方面,属于思维的范畴。但是(2)相对而言就是道义性的。或许是愤怒,也可能是羞耻。不管怎么说,在某种意义上来说是一种感觉(虽然这样说词意较弱)。这些和我们的自我同一性有密切的关系,而自我同一性是相当不确实的事实,又使得这个问题变得很麻烦。也就是说,假如我们只能通过利益和权力的机制来思考问题,实际上暗示着这一两个世纪之间的理性基础很狭窄,这是很严重的问题。关于这一点,我想听听各方面专家的意见。

前年(1996 年)在剑桥举行的研讨会上,谈到"如何维护子孙后代的利益"的问题时,我提出"要设立维护子孙后代的官职",反响很不好。我的提议是说,现在的权力分立论是三权分立、地方分立论。但是,今后不应是现在这代人和后代人的分立论,但要设立那样的官职。这说的是"公"的承担者脱离权力的制度化的问题,但评价甚差。

但是,我们并没有必要把制度化仅仅限于官职的形式,也可以以更广泛的社会联络网的形式去发现制度化。虽然简单来说都叫制度化,但必须进行讨论,在何种意义上的制度是可能的问题。如果把由某个范围的人们共享的共同规则,甚至相互了解之类的东西都包括在内的话,就能发现各种形式的制度,或许还有创建的可能性。

我的意思是,想再进一步地开发人所具有的,包括各种感情或者直觉性意义上的人格要素和一种具有思考广度的要素。

4. 人 与 政 治

最后,谈一谈关于如何思考公的领域的这一问题,为什么会变得如此棘手呢?如果不断地追究下去,公的领域并不是什么都不存在。但是,一旦具体涉及推动公的领域的问题,就和具体性、特殊性、历史的个性、偶然性、所与性密切相关。公的作用和领域不可能与这些毫无关系。在这个意义上,以何种形式来与"具体性"相结合的观点,就变得必不可少了。

比如说,对于日本的政治和政策决策,有人讲"族议员真是不像话"。我并不尊重族议员,所以,这种心情可以理解。那怎么办好呢?过去人们曾以此认为"官僚还算是好的吧"。在某种程度上,这二者互为陪衬得了一些分。但是,问题在于,如何更进一步地面对具体性和特殊性的问题。光靠推崇公共性的人主张"这是一般性、共通性，对全人类都是有益的"，不会有任何进展。如果还是1998年的世界中的日本的话，也许我们自身可以完全无视生活在日本的这一事实来进行讨论，但是，如果从政治学的观点来说，我感觉这还是有点奢望吧。

今天的讨论中说到了语境，这正是具体性、特殊性方面的内容。因此，就公共性的意义、内容探究下去，正好与称为具体的现实，或者具体的事实的东西相对应，若对其加以漂亮的定式化，也许就是追求"具体的普遍"。

也就是说，普遍性不是原原本本地停留在抽象性上，而是通过带有具体性的内容，归结为一个判断形式。公共性可能也会有停留于作为意识形态和抽象的信息的阶段，但我提出"人和政治"的问题，是想说，最后还是取决于社会上判断（judgement）的问题。"一般来说，是这样的，你觉得呢？"这样（搪塞问题）的人很多，特别是我们这些学校的老师，容易变成这样。最近，在大学里教授的政治学这种情况相对较多。

判断也有各种要素。唯一可以肯定的是，很明显，判断"人和政治"或是和公的领域的关系，与谈论买哪支股票能赚钱是不同的。毫无疑问，这不属于我怎么做才能成为有钱人这样的问题领域。我们所做的判断中，必须排除一些内容。也就是说，这并不是在任何地方都自然存在的判断，这和我在（3）"对于公的抑制性的接近"中谈到的问题也有关系。

161

民主主义也赋予了那些也许对"公"之类的问题漠不关心的人们一票。当然"应该往理想的方向思考"，但对于（被赋予一票的人）有没有思考这一问题并没有进行"品质管理"。当然，甚至连对政治家有无进行"品质管理"也是值得怀疑的。比起考虑政治家应该是怎样的人来，日常行为中，往往把是否有钱当做成为政治家的条件，也并不是没有"品质管理"颠倒过来的情况。

这样的话，我认为问题在于，如何发掘想要对公的领域下判断的人或关心此事的人，以及如何对此加以继承并进行再生产问题。所谓公的领域，并不是作为被赋予的东西而经常存在的。与此同时，很难有绝对正确的判断，或者说不可能有"事先诸葛亮"。

因此，对于某个判断，总会有异议。从哲学上来说，判断不是我们理性的认识，而是一种臆断。将来的社会和人的社会地位，也许都会发生变化，所以我们不能预先下判断。因此，这是属于观念（opinion）的世界的问题。因为是观念的世界，所以当然会出现另外一个观点。在非常宽泛的意义上，我所讲的公共空间（public space），完全没有必定是同质的保证。不可避免地会有观点相互交错的情况。通过互相批判大家的观点或者质疑对方的论据，会出现获得说服力或失去说服力的各种情况。在这个意义上，所谓的观念与坚如磐石以及绝对性、永远性无关。

我想通过具体性、特殊性来认识事物，大概就是这么一回事。与此同时，在公的领域中，我们和其他人进行交往是非常重要的。光是空想什么也不会实现。所谓观点和交往是在一起的。

交往的网络在一个社会中绝不可能是一元的。与此同时，现代的"公共空间"，显然已经超越了国家乃至政府的范围。也就是说，政府和国家要独占"公共空间"几乎已经不可能了。

顺应这一形势，我们站到了打着"地球市民社会"（global civil society）这样的标语，从多维度思考"公共空间"范围的阶段。由于问题不同，可以有刚才间宫先生所讲的停车场的情况，也会有涉及地球环境等其他各种领域的问题。不管是哪种情况，我们大概都无法回避具体的论争点以及如何对此作出具体回应的问题。也许现有的政府只不过是私益的代表。我们已经开始认识到，无法保证情况不是如此。何况地方政府更有这种可能性。而且,实际上也存在官僚制本身在现实中只不过是私益的承担者,却称为"公共"的承担者的情况。

多重地确认"公共性"的承担者并在国家中进行调整的阶段,在各种意义上都已经结束了。于是,我们就被置身于公的领域和围绕它的判断的领域,在不断地渗透到国家以外去的状态。所以,在某种意义上,我们本身也不能指望政府那样这样。我认为出现各种形式的团体或者联络网是理所当然的。

在这个意义上,"公共"(the public)的领域与"私"(private)以何种形式发生关系,这一直是悬而未决的问题,今后也将被继续提到。为了让"公"和"私"以有效的形式互相面对,我们有必要接受自己的语境。说"接受",听起来可能有些被动,但要以此为前提,用具体的形式,针对问题去回答"是这样吧"。在这个意义上来说,也许最后就成了政策的问题。

如上所述,由于几个轴是一点点地移动的,所以对我来说,讨论这个问题感觉非常困难。未必感到"这样就能解决问题"。只是像刚才我多次强调的那样,在我眼里看来,"私"是相对比较明确的,或者说容易用某种形式确认"私"是怎样的东西。而另一方面,(公、政府)虽然看起来非常强大,无所不能,似乎集中了所有的资源,但其实也许是个空壳。或许是为了被人夺取而存在的,或许是作为一种机制而存在的。在政治学家看来,其实是非常靠不住的东西。

当然,因为政治学家也明白这一点,所以,一直孜孜不倦地致力于讨论如何(向私的个人)注入公的意识,使之变得健壮。但是,即便注入公的意识,也会有各种副作用,并不一定总能见效。满足了这边,那边又出了问题。因此,我在这里一边以非常谨慎地侧着走的感觉,讲"公平"之类的话,一边也试图横向迈步。当我们思考现代政府能量的衰退及问题本身的空间扩展等各种问题的时候,虽然我不想说连参与现有的制度化了的公共制度都没有必要,但是感觉已经不能安于同它的关系。

围绕论题四的讨论

薮野祐三:我先说一个观点。在行政学中所讲的"公共政策"不是"公共哲学"的公共,现在谈论得最多的是寻租理论。也就是说,为了实现某一个公共政策,就必须实现某个特殊的个别利益。例如,把福利政策搞好了,医生就多赚钱。不让医生获利的福利政策是不会成功的。建公交线改善了交通体系,公交公司就赚钱。不让公交公司赚钱的话,交通线就开设不起来。

其实,自治体以及国家实施的公共政策的利益回报,是以公共性作担保的,行政学一直认为,支持这一制度的部分具有极大的特殊性。支持制度的个别性在不断地出现。在公共政策方面,经常出现得到回报(馅饼)的一方和支持制度的一方之间的不平衡,在这种意义上,我理解产生的不是"公共"而是"公共政策"的问题。

接下来我提出一个疑问。对我来说,作为政治学家,难以摆脱的是马克斯·韦伯在《作为职业的政治》中讲到的那句话:"国家这一团体,垄断着暴力。"所谓"垄断税收和暴力"。因此,"私"即使(作为公的承担者)负责行动,如果打了人也会被逮捕。这是一种军事力,可以说是警察力。

现在,在巴基斯坦和印度"暴力"的问题非常突出,而在发达国家,面向21世纪公的领域非常重叠的时候,"暴力"被相对化了。但是,如果只是多重性,最后也许会突然出现国家这一暴力。

如果极端地讲,当我示威游行的时候,大概也会发生代表国家权力的警察出来逮捕我的情况。在这样的意义上,当我们说公的空间乃至公共政策的时候,我认为必须考虑如何才能够将只限于国家的暴力装置脱暴力化的问题。佐佐木先生讲的所谓公的虚构也好,拟似公共的东西也好,我想问我们该如何思考它和(国家的)暴力性的关系的问题。

还有一点,"公"现在非常的多样化。其实下个月(1998年)7月12日,在我住的地区要举行选举。但年轻人对政治(选举)没有兴趣。这并不是对"公的"东西不感兴趣,而是对参加选举这件事没有兴趣。但是,如果把政治看做是公共部门(public sector)的扩大的话,情况就有所不同。在柬埔寨牺牲的中田厚仁是学生。我的学生们也徒步去了阪神大地震的现场,这同今田先生讲的志愿者的问题也是相重复的,但在这种意义上,年轻人对于公共部门的兴趣还是很强烈的。

可是选举的是地区的代表,也就是说,只代表那一地盘的利益。作为发现自己的公共利益的渠道已经非常陈旧了。在这样的意义上,富裕程度越高,年轻人越是以绕过选举这一民主主义制度的形式,不断地追求实现公共性的服务。但是,在另一方面,政治要求对(选举这一)古老的制度效忠,报纸广播媒体也都在说"年轻人对政治漠不关心"。但我想这是说过头了。

在这样的多重性的基础上,如何通过选举来恢复选举这一制度所具有的薄弱的公的包括力呢?还是干脆停止选举好呢?我说得不是很准确,想听听先生的想法。

佐佐木毅:如您所说,即使一切都不存在了,我想"暴力"的问题也会一直留到最后的。刚才说到"赤裸裸的资本主义"(所谓一切都交给市场来处理,行政权力),尽管放弃了各种东西,但最后

165

还是会保留暴力。关于这一点，我并不认为我们可以视而不见，或者觉得无所谓。但是，比如日本，日本国家的暴力性是怎样的，说实话我也不太清楚。也就是说，拥有装备和人员，但并不希望其行使暴力。要说日本是不是真的有行使暴力的魄力，我个人越来越感到非常可疑。

为什么这么说呢？因为会有反转过来的影响。虽然可以行使，但有如何善后的问题。例如，据说1960年安保斗争的时候，有人曾提议出动自卫队，但最后还是作罢了。那个时候，确实感觉可能会出动。不是说日本的国家权力是进步了还是怎样，即使是在这种意义上，国与国之间也是不同的。

我非常担心的是，原以为哪儿的暴力装置都一样，但实际上，各国的情况非常地不对称。因为这一点，对于国家关系来说，实际上前提会发生变化。这是让我非常担心的地方。

也不是说暴力装置本身会消失，因为那些人也拿着工资。尽管这样，但至少从操纵政治、官僚的主体来看，暴力装置看起来似乎是门面。当然，我并不是在否定使用暴力。

薮野祐三：我有个朋友在防卫大学校当教授，有一次说到日本会不会打仗，那个朋友就说"你来看一次我们防卫大学的入学典礼"吧。九州的宫崎和鹿儿岛至今也是非常保守的，因为所谓的国防意识，升学指导至今还在鼓励高中里成绩最好的男生上防卫大学。在入学典礼的观礼台上，有很多家长在喊："要加油啊！"都是含辛茹苦养大的独生子。派50个人去乌干达的话还好说，要是向海外派遣10万自卫队的话，母亲就会跳起来阻止。

"不管怎样别待在自卫队里了。"儿子说："可是，妈妈，这是为了国家啊。"妈妈就会说："让你父亲替你去吧。"爸爸说："好啊，就当单身赴任了。"全是这样的家庭。听了这件事，我捧腹大笑。

是否可以宣布暴力装置死亡的问题,正如先生所说的那样,也适用于警察。现在的警察只要体重一超过80公斤就会受到监督。因为犯人体轻,可警察体重,这样下去会抓不住犯人,所以会被责令减肥。研究一下我们所思考的暴力装置的内容的话会很有意思。

佐佐木毅:各国之间的暴力装置有很大的差距。这是我和日本所谓的精英们对话时的一个直观感觉,关于必要的时候该怎么办的问题,不管是好是坏,似乎看不到他们有任何准备和应对的架势。因为国与国之间有差别,所以,也许不能一概而论。

包括日本在内,有些地区已经废除了征兵制,出现了一种多国籍型的军队。在欧盟,旧的国民军在接二连三地消失。也就是说,虽然变得非常专业,但以所谓的本土性,或一种爱国的献身为最大特征的军队、暴力机关也随之消失了。各个国家都在发生变化。我认为这是一个值得中期研讨的课题。

还有就是绕过(选举这一民主主义制度)的年轻人的问题非常有意思。如薮野先生所讲到的那样,政治过程偏离了公共性。因此,(公选制度)可以说是作为筹措利益的机构在发挥作用。也就是最能代表狭隘的利益(因为有明显的回报)的机构。所以,投票率还是低一点的好。甚至有笑话说,投票率有四成的话,选举会令人愉快,但如果达到五成的话,就招架不住了。制度性的公共的系统,已经到了如此闭塞、举步维艰的地步。如果不注入新的力量进行调整、更新,就无法展望未来。

至少可以这么说。例如,官僚的政策立案能力下降,官僚制失去了想象力。不知道哪个是因,哪个是果,他们确实只是在挖东墙补西墙。要言之,所谓官僚制的作用不是政策立案,而是成了东拼西凑。这样的话,不管好坏,都不会出现可以称之为政策的东西。

167

在这个意义上，就和只是转换不良债权的民间没有大的区别。我想事实上已经这样了。

如上所述，制度性的公共结构有可疑的地方。这和刚才间宫先生讲到的意识形态的新自由主义有何种关系，还是没有关系？这倒是我所感兴趣的地方。

金泰昌：关于刚才讲的"暴力"，过去因为国防是典型的公共财产，所以，军队以国防的名义被正当化，军队也被公认为是垄断被正当化的暴力的集团。由国家组织的暴力，在某种意义上具有指标的效果。但是，最近出现了两个问题。

一是通过比较计算高成本，它的效果开始受到怀疑。为核武器投入了庞大的预算，但事实上，这是以在实际中不使用核武器这一状况的强制（压力）为某种前提而假设的结果。在这种意义上，它是实际利益甚少的巨大投资。

另一个问题是，与国家垄断的暴力相对抗的个人或组织的暴力手段的多样化及其低成本化。在一个小瓶里装上炸药，虽然没有核武器那样的威力，但具有相当大的破坏力的武器，不断地被据为私有。为了达到个人的目的而使其爆炸。因此，国家的暴力机构对于国家间的战争正在失去效力。而同时，它对于防御来自国内外的反国家的、对抗国家的私人团体所具有的破坏力这一意义上的暴力，也没有实际的效果。

如上所述，国家所具有的暴力机构，正在成为不经济的、不合理的巨大浪费。我想问题在于，打着国防名义的巨大浪费可以在多大程度上作为公共的需要得到承认。

话说回来，听了佐佐木先生的发言，感觉有些荀子、韩非子式的公私观的色彩。韩非子设定"公"并不是具体的而是"违背私的东西"。他把这叫做"背私谓公"。韩非子的这种公私观，在荀子那里也可以看到。荀子和韩非子的"私"，用今天的话来说是"私物化"。首先，作为被否定的东西将"私"实体化，然后在与此相反的方向上，假定"公"的公私观就是我所说的荀子、韩非子的公私观。我感觉先生要以"公平"、"中立"、"稀薄"的形式来接近"公"的看法里有一些这样的特点。

我只是想说，一旦这样的公私观解体，并不是把"公"和"私"作为相反的实体来把握，而是有向公私共进方向进行重新建构的必要性。也就是说，是不是可以把"公共的"看做是"公私共进的"省略语。所谓"公共"，是"公"的部分和"私"的部分，一边相互纠缠一边进化。因此，没有"私"就没有"公"。"公"和"私"并不是分开的，而是"私"在忠实地实现自我的同时，从中开拓出一种在某种意义上的"同时实现体"，或者某种意义上的另一个维度。

有一个哲学家叫维柯（Vico）。他有一个很有趣的比喻，比如，人在判断情况的时候，眼睛是从视觉的观点进行判断的，而手是从触觉，耳朵是从听觉，各个器官以各自的感觉来捕捉各个局部侧面。但是，有一个把这些全部统一在一起，与来自一个个观点的判断既不同又相互关联的共通感觉。这一认识从亚里士多德的时代起就有，在哲学家中间被叫做 sensus communis。虽然相互有关联，但并不偏颇于某一种感觉。因此，在全部运用的同时，又综合地进行另一个判断。这也可叫做"第六感"，但还是叫"共通感觉"比较好。

169

与此相反，从迄今为止的历史进程来看，荀子、韩非子式的公私观，也可以说与毛泽东的"破私立公"那样，只有完全破除"私"，"公"才得以成立的说法以及大东亚战争时期的"灭私奉公"相联系。比起这一点来，倒不如承认"私"，培育"私"，从这样的"私"中会出现"公"——这样的看法是必要的。

把这样的语境更进一步具体化来说,比如维柯所说的"场所论"(topica)。场所论一词源自"场所"(topos)。比如说,在今天这个场所,我们面对具体问题的时候,虽然每个人专业不同,但面对共同的问题,各自从政治学的或者经济学的或者社会学的观点提出问题。同时,或许也可以说,参加这个共同研究会的人,并不一定是从政治学的或者经济学的或者社会学的观点,而是从既包括所有这些,又不失偏颇的观点,提炼出自己的意见。这意见甚至可能会被具体化为政策,当然也可能不成功。但我们是不是可以根据这样的较之过去更互为补充的、相互关联的观点重新思考"公共性"呢?这是我的一个建议。

佐佐木毅:是这样的。我想这大致不差,只是还需要稍加整理。必须在刚才薮野先生讲的意义上,对"私"的问题进行重新构建。今田先生的论题也是这样,我感觉现在关于"公"和"私"的展开,这里已经呈现出了同一个问题。

说到韩非子,真是让我有些为难啊!我并不憎恶"私"。我想"私"在某种意义上是不可避免的。因此,我在最后讲到了具体性、特殊性。我完全不想主张"公"的一种教条主义。

但像金先生刚才说的那样,如何使事情顺利地进行下去的方法本身大概会非常困难,不如说,这是我的核心主张。我主要想说的是,为此要使用何种资源以及如何地使用的问题。

所以,对于"共进"本身我并没有异议。但是,"私"也有好多种。如何使之"共进"呢?场所当然也可以,我不是支持黑格尔,但斗胆就共进这件事本身来说的话,需要一些精神现象学那样的东西。特别是,我们的认识中所谓的一种变形的过程,是以何种形式行进到以政治为中心的舞台上去的,在这种过程中,要加入何种要素才能实现"共进"。

因此,我在第三部分(对于"公"的抑制性接近)重点讲了这方面的问题。今田先生在发言中讲到"自我实现",我也有同感。所以,正如我们在讨论中存在各种各样的看法,我也不知道可以在多大程度上把这部分作为一种一般论。我感觉我们仍然必须就某个领域或问题,让这个问题"共进",所谓"一般地"原本就不大可能,即使做了也没什么意义。

但斗胆地说,虽然并不因为是政治学的缘故,但似乎也不会通过怎么也看不见的手而使事情顺利地进行下去,所以,还是会存在是否要靠"距离"(这一关键词)来进行的问题。因此,这一点是没有办法的。要言之,这是苦肉计,但结论和金先生讲的似乎没有什么大的不同。

因此,剩下的就是黑格尔讲的"媒介"。我想这是类似如何进行"切换"(vermittlung)的"场"和"逻辑",像对话那样的东西,也就是说,包括针对什么发出怎样的信息是有效的这样的问题在内,大概都会成为课题。

金泰昌:我也不是说荀子、韩非子式的公私观不好。根据韩非子的解释,所谓"私"是把事物据为己有并固执不放,所以,也可叫做私物化、私事化。所谓"公"是指打破这种状态并使之分离。所以,也可以叫做脱私事化、脱私物化。但我在这里想要强调的是,不管何时何地,都不能断定私事化、私物化一定是邪恶的。我只是说,有必要在承认人类社会事物中有的时候和状况下私事化、私物化是必不可少的,必须考虑"公"和"私"的相互关联性。

斗胆地说说我个人的意见,我认为所谓新的公共性,是要扬弃过去那种被两极分化的价值论、道德论的序列都被固定化了的公私观,成为"公"和"私"的媒介。

板垣雄三:我说几点感想。我对佐佐木先生关于20世纪论变

171

得不知所以然、不可信赖的状况的讲话,感到非常有意思。今田先生在社会学,间宫先生在经济学,而佐佐木先生在政治学这些设定的场中共同谈论的问题是,对"今天的社会科学"的反省和不管怎样都要改变现状的愿望,这给我留下了非常深刻的印象。

佐佐木先生的发言,整体上有很多令人信服的地方。特别是最后关于"公"的具体性、特殊性的谈话内容,我非常赞同。但作为对今天的整个发言结构的一个感想,我对第四部分"人和政治"的部分有些疑问。究竟是不是"人"和"政治"的问题呢……

我认为刚才在对薮野先生的回答中,说到的"国际性的差别"问题,今后会变得非常重要。

当我们谈论"世界"的时候,有必要思考一下与内容非常多样而不同的世界打交道的方法。上一次,我关于伊斯兰的讲话,主要是在这个方向上展开的。因此,即便是"公"的问题,如何了解在佐佐木先生所讲的"暴露的世界"中具有具体性、特殊性以及与整体相关的问题,并且如何与之发生关系,我们也必须考虑上述问题的公共性。

关于"观点的交错",也像您所说的那样,比起在一个社会或者一个国家中的观点的交错,在世界中存在更多样的观点交错。可能会从文化的差异、交错,国际性的差别、碰撞、相互误解等,变成某种文化纷争的状况。所谓"公共空间",就是非常多元的文化交错在一起的场,也许我们有必要从这样的观点来思考一下。

也许有人会说,这在比较政治学里已经有了。但我现在说的设定"公共空间",和那种情况有所不同。这样的话,就不会从住宅区的停车场问题,一下子跳跃到地球环境问题上,不是也存在其中间的地方吗?这是我最关心的地方。

因为现在不是整体的讨论,很对不起,我说的有些偏题,间宫先生的讲话是不是太拘泥于国家经济了呢？世界银行和 IMF 所依据的市场原理究竟是怎么一回事？这和刚才佐佐木先生针对间宫先生的提问中，最开始讲到的制度问题也有关系。就现在世界经济过程中的"公"性质的问题而言，这也同——间宫先生的发言，和所谓第三世界在进行反对、批判这一维度的问题是如何发生联系的——这个疑问有关系。

对于"私"的距离感这一问题我也有同感。我们把公私作为问题的时候，是不是应该把这个"私"与我们平常认为的"私"作些区别呢？从"日本"进行思考，或者把只从"日本"的情况出发考虑问题的状态重新认识为"私"。也就是说，今后亚洲到底会变成什么样？波斯尼亚会变成什么样？中亚、加勒比海周围会变成什么样？在与世界发生那样的联系的问题意识的维度上的"公"和"私"。这和在刚才所说的脱浓厚性的地方，置身于现场叫嚷着"搞核试验！做下去"的人们看不太清楚的事情，在远处的我们都看得很清楚是一样的。

在保持那种距离的情况下发表意见，也可能成为我们履行公共性的义务。我想有必要更加重视如何参与非常多样的世界政治的方法问题。

对后面的部分，我没有特别要说的，但对第二部分和第三部分我有些担心，内容各分为（1）和（2）两部分。这绝不是单纯的二分法，但我总觉得这和第一部分作为关于"公"的政治学中，对"公"和"私"的记述有关系。总觉得（1）讲的是透明性，（2）是隐秘性。也就是说，是围绕着思考（thinking）和感觉（feeling）这两个轴展开的。能不能想办法把它变成至少是三个一组的形式呢？也不必勉强再建立一个轴。因为感觉对"公"和"私"关系做这样一个问题设定，似乎会遗留下什么而一举跳跃到别的地方，所以，不如把模

173

糊的部分也拿进来讲,可不可以呢?

在"思考"和"感觉"之间,例如"梦见"、"品尝"、"互相安慰舔舐伤口"(笑),类似这种形式的"接触"也好,还是其他的什么形式,如果用身体论观点进行思考,我感觉会出现很多模糊的东西。能否建立这样的结构呢?

佐佐木毅:板垣先生最后讲的问题我没想过,各分为二的做法完全是无意识的,只是睡眼蒙眬地无意中就这么做了。所谓"人和政治"也完全是我的独断,没仔细想过。

确实,这部分和金先生谈到的如何建立媒介的问题有关。但是,包括这一媒介的问题在内,我想这是值得再次思考的哲学以及思想的问题。在某种意义上,20世纪的社会科学,在我们手头只剩下非常干瘪的概念,所以,无论怎么动员也不会有大的变化。对于在这种意义上的人的基础,或者潜在的应该开发还未开发的东西,即还未被有效地可视化、未现形的东西,让我们一起来讨论并达成共识吧。这是我真实的想法。

如您所说,把"公"和"私"以各种形式错开来这一点,我也认为是非常重要的。在日本人的讨论中,最糟糕的一点就是不能把自己从中摆脱出来。特别是日本的领导人,因为只考虑自己国家的事情,但却对自己的国家并不了解。因此,最后到了这样的时代,已经束手无策了。

我经常这样说:"不要说'我国怎样',而要说'日本是怎样的'。"但如果说"日本是怎样"的话,因为是其中之一(one of them),所以就会联想到在与其他国家的关系中日本是这样的。可是说"我国"的同时,就已经变成偏颇(partial)了。因为是局部的,所以就不能保持(与"私"的)距离。这是日本的领导们基本的一种死角。

动不动就是"我国是个例外"、"我国与众不同"、"即使别人不行,我国也能做到的"这样的逻辑。因此,已经丧失了逻辑的共通性和说服性。据说有个大臣说了一句"樱花盛开的时候,经济景气会好转吧",被人反问道"贵国的樱花今年秋天开吗"? 总之,关于日本无法构成普遍的逻辑。

板垣先生刚才的讲话中,包括了各种重要的观点,我想首要的是除去讲"我国"的心理门槛。因为不能试着把"日本"作为"私"而彻底地对象化,所以,归根结底无法经营日本。这是联系到刚才先生的讲话,最让我深思的一个问题。您讲到的其他许多内容,我想大致也像您所说的那样。

我们的领导人,是让人毫无办法的自我中心主义。结果,自我的同一化,以最直接性的形式被搁置不顾了。因此,没有建立对象性。作为经营者是失职的。同一化是既定的形式。但也仅此而已。作为政治性的判断问题来说,政治家和官僚几乎都没有认识到这一点。

因此,如您所说,通过用各种形式错开"公"和"私",可以有余地把我们的展望做得更加坚实。

花冈永子:我想问一个有关刚才说到的"媒介"的问题。从"私"转变为"公"、"公共"的时候,会发生什么呢? 间宫先生刚才讲到经济学始于个人的自爱和私利。黑格尔主张,在辩证法的、逻辑的发展本身中,存在作为否定力量的"媒介",从它的发展性进入"综合"的阶段。

175

如在论题一所写的那样,我想我们真实的人性,在任何领域都处于自然的、生物的或者自我目的、自我实现的方向。为了从那种自然状态的方向进入公共或者共存、共在的方向,无论如何,在各种意义上"媒介"都是必要的。另外也提到了"支援",还有哈贝马斯的"空间"。

我想,不仅是哈贝马斯所说的"空间",在各种领域中都有"间"、"场"、"开显"、佛教的"缘起"等各种说法。在这些场中,提到以什么为媒介的时候,我想可以以黑格尔的逻辑来展开,但阻碍它的还是我们人与生俱来的欲求。本国、自己、或者部分、差异、浓厚等等,这些所有指向"私"的方向的都是私的。

私的贬义在于"封闭"这一点上。当然也有指向神秘主义的褒义的私,但在那一方面也是非常封闭的。不管在任何领域,重要的还是真正努力把"私"向"公共"开放。柏格森也说过:"从封闭社会到开放社会"。比如开放的自己、开放的国家、开放的民族,我想通过开放和所有的东西成为一体才是所谓的"公共"。

福田先生提到"具体的普遍",黑格尔的"具体的普遍"认为,所有个别的东西从一开始就是绝对理念在自生自灭地自我展开,是一种在个别中发现普遍的看法。日本的西田哲学也是从"开启绝对无的场所"说起,主张"具体的一般者"的世界向所有的个别开放。

即便是政治这一力的世界,从"封闭的世界"(私)转化到"开放的世界"(公共)的时候,最终也将出现所谓的"场"。这只是我的直觉,瞬间的猜想,但有可能在政治学中讨论这样的问题。

自爱或私利这些可以理解是世界经济学的基础。但是,在后现代所说的现代或者不久之后,即将迎来21世纪的20世纪末,其如果不朝着公共所爱的(public love)或所感兴趣的(public interesting)方向转换,地球上所有的世界就只有死路一条。子孙后代不复存在。这种悲观预测的状况,真的已经迫在眉睫了。

纵观这两三千年的历史,即使是政治学,在这种时候,靠"媒介"这一想法也是行不通的,还是得靠"场"本身的力量去开辟。

再加上开放自我、国家、部族、民族等这些自己执著追求的极端贪欲的部分。一旦开放，场的力量发生作用，场外的私的力量也会释放出来。这原本是同一个"开启"的过程。是不是只有这样一种力量呢？从昨天开始，我一直带着这样的想法在听讲。在政治学上，这样的情形是完全不能想象的吗？想请您就此说明一下。

佐佐木毅：有类似的说法。不管是哈贝马斯也好，还是其他人也好，例如，讨论（delivaration）和民主主义，或交际性之类的民主主义论有很多。我想这些议论，可以说是在谋求重新评价我刚才说的那种意义上的利益政治，或者是作为一种方向而表示对这些问题的关心。我和小林（正弥）、宇野（重规）等人很熟，所谓讨论和民主主义的问题非常流行。但是不是和"公共"的话题联系在一起谈论，那就因人而异了。

也就是说，所谓交往，从民主主义论来说，是一种水平的双向的系统。因为权力是垂直的，与此相反，交往扩大的不是垂直的而是水平的基础。这时，被狭义的政治过程排除的争论点等，也以各种形式被纳入到其中，同政治学上最近流行的市民社会论联系在一起被加以讨论。即和存在与权力关系以及市场的利益似乎有些不同的一种社会的联络网的话题，联系在一起进行讨论。我并不打算否定这种讨论，但也不想参与其中，所以在冷眼旁观。

我认为这不是哈贝马斯本人的立场。也就是说，哈贝马斯的主张，极端而言是一种类似实践性的原则，曾一度达到过被发现或者被确认的程度。但是，当它进一步过程化时，如先生所说，就开始驻足不前了。

177

进一步说，最极端的看法，主张把计算机的终端交给每个国民，让他们提出赞成或者反对，这样民主主义就万事大吉了。这在某种意义上，是用高度的技术来实行直接民主主义，好像是叫做

"电信民主主义"（telecracy）什么的，这种议论是片面的。

对此，如刚才花冈先生所说的那样，有人主张通过言论（discourse）和对话（dialogue）建立"场"，这个场本身是有意义的。这是在和计算机型直接民主主义的对比中出现的议论。我的议论和这些主张并不是没有关系，感觉是在它们的角落里勉强占了个位子。

但是，"场"本身具有一个新的推进力，由场来开拓新的局面怎么样呢？我虽然不是罗尔斯，但还是主张"这种事情，这时候不考虑为好"，同时非常严格地限定"场"自身成立的条件。哈贝马斯不是也一边说"要排除暴力性的要素"，一边努力地建立人工化的"场"吗？但是，这到底在多大程度上是可能的呢？如果不建这样的"场"如何呢？总而言之，也不会有什么事。因为只是同义反复而已，那么"场"自身到底能不能通过它的活力（dynamism）创造出新的开放空间呢？不会，而是会变得越来越封闭，总之，可能会变得需要外力强制。

我并不反对着眼于"场"的议论本身。但所谓要给"场"本身加以某种形式的条件，到底是怎么回事呢？这大概是关键。如果这一问题能解决，也许会对"场"本身的方向乃至可能性产生某些影响。

我的这种看法，说得不好听，也是有一些贵族主义的地方。开放的状态，是真正值得欢迎的，也是应该这样的。但是，对于当然会开放，应该是开放的，这种想当然的前提可能在多大程度上被接受，我确实并不乐观。刚才被金先生指出的这一点，我也并不否认。

花冈永子：国家或是个人单位都封闭起来。当"场"也许不能开放的时候，所有层次的欲望既是以国家为单位的，也是以个人为单位的。因此,有一个如何在世界中加深那些欲望的问题……

佐佐木毅:这个问题,就像佐藤炼太郎先生讲的剑道教育那样,不可能和广义上的教育或人应该怎么做人等问题分开来考虑。因此,有的问题不能只交给"场"。

花冈永子:不仅是剑道,通过所有的分析……

佐佐木毅:我想是对于各种意义上的可能性的支援准备的问题。在这样的意义上,如何来考虑(进行支援时的)必要的条件这样的问题。我不知道今田先生讲的是不是已经设定了必要的条件。光说"大家一起干吧",实在是太难了。

花冈永子:人之间、国家之间发生欲求冲突,会出现越来越闭塞的状况。您认为可以通过分析、解释所有这样的状况,在不间断地举行这样的会议的过程中,开启封闭的状态,"场"逐渐地被打开吗?

佐佐木毅:所以,使之开放的方法有好多种。我不是对刚才板垣先生的谈话进行回答,而是谈了感想。

在某种意义上,也许不是刚才说的"公私共进",但如果不充分了解自己,结果也会发生指责对方"是你自己不好"这种层次的问题。当然也有被认为是合理的"利益"而行得通的情况,但当然也存在如果不加上某种精神性的即不打如意算盘的人的伦理,就会封闭起来的情况。关于这个过程,我还没有确切的把握。我并不愿意被说成这是黑格尔式的言论,但关于一种意识的展开过程,即使说的话,也必须按我们的想法描绘各种图景。

花冈永子:这就是说,大家面对"开放"的方向和方法,在政治学领域,也是主张采用相辅相成的多元化的方法,大致承认各种立场的吧?

佐佐木毅:我想大概哈贝马斯也是这样的。总而言之,前提是

179

存在着尚未开放的支配性的系统。正因为如此,我们必须讨论"开放"的问题。因此,如果像您所说的那样,被认为是"大家"的话,我就感到非常困惑。这样的讲法具有了实在的意义,如果大家都变成一个模式了,在另一个意义上就令人感到不快。

花冈永子:我说的"同大家一样"的意思是,存在通过运用相辅相成的所有的不同方法,来追求所有的真理的群体。但是目标是一个,指通向"开放"。您认为通向"开放"的过程存在所有的方法吗?

佐佐木毅:我不是听不懂您所说的话,但"所有的"这个词出现得过多,我不太明白哪儿是"所有的"。我的讲话不太使用"所有的"的形式。因此,对我来说,这么说也许有语病,我想,我的位置是在角落里。事实上我感到支配的一方顽固不化。所以我就说双向啦什么的。

也就是说,必须把粘在支配者上的东西剥下来。我认为,在某种意义上,问题在于剥开封闭的系统,不管是部分的也好,还是在某种程度上也好,想办法要双向地开辟空间。

花冈永子:您说的意思我很明白。我辩解一句,我说的"所有的"意思是,因为是面向子孙后代的公共、责任、共存、共在,所以,那时全人类都敞开怀抱,真正地守护子孙后代。这是一种相互依存的关系。

佐佐木毅:按政治学的想法,一切都是斗争。因此,成不了"所有的"。如果对自己在实际社会中是"部分的"这一情况没有觉悟的话,就什么也做不了。不是说"所以就不行",而应该是"尽管如此"的问题。所以,既不会也不可能有加定冠词"the"的"全体"。实际上,由于部分性就是部分性,所以,在和其他的部分性发生冲突的同时,要去做或者实施某种行为。

因此,一般认为,所谓政治学是以权力现象为对象的学问。如何夺取或者剥夺权力?所谓选举,在某种意义上似乎就是这样的一个仪式。所以"部分性"和"权力"的要素很难从政治学那儿消失。

所以会有人主张,掌握权力的人"归根结底是部分的代表,所以下一次要换一个"。如果权力被一个叫做"所有"的人来掌握的话,政治学就形同虚设。政治学与社会学和经济学相比,也许这方面的色彩比较强。不知道这样的说法对不对,但我是这么认为的。

花冈永子:自古以来一说到政治,就不可避免地想到源于恶的权力……

佐佐木毅:不,那是另一回事,我可不是坏人……(笑)

花冈永子:我真的弄明白了其中的区别。谢谢!

佐佐木毅:所以,搞政治学的人,还是好人多(笑)。

宇野重规:我是个算不上好人的政治学者(笑)。这姑且不论,我听了今天佐佐木毅先生的论题,突然觉得先生很有些像康德的地方。

为什么这么说呢?不好意思,这是教科书的说法,一般认为康德排除了大陆合理论的教条主义。也就是说,像真理那样的东西是实际存在的,无法用理性或者直觉来捕捉它。他受休谟的启发,从独断的假寐中清醒过来,认识到真理是不能直接到达的。今天的话题也是这样,我们不能斩钉截铁地说"公共"就是这样的。倒不如说人是完全地受经验性的东西束缚着的。我认为您主张在某种意义上只能从特殊性出发的观点有些像康德。

但是,康德并没有拜倒在经验论门下。他在否定了理性直接到达真理的能力的同时,反过来,在某种意义上,反省了自己受经验论束缚的事实,以肯定认识能力的形式,在某种意义上,一边加

181

以限制,一边又非常强调理性的力量。

虽然不能直接到达"公共",但是,在认识到自己既是部分的又是特殊的意义上,超越自己的部分性和特殊性。今天的讲话,也非常强调了上述这一侧面,这种能力。

"距离"这一说法,最能象征这一点,这在某种意义是自我二重化。也就是说,我想您讨论的是现有的部分的、特殊的自我,和对这种自我进行反省的另一个自我的自我二重化。我认为这也是康德的观点。康德基本上也讲经验性的自我和某种超越论的自我这两个自我。

实际上,从昨天开始我就一直注意这种情况。因为福田欢一先生在论题的最后也讲了这样的话。也就是说,所谓人的"生"基本上是一个完全既定的东西。那么,我们会完全被卷入到这个既定中去吗? 并不是这样的。在接受了这个既定的"生"之后,以某种确立自己的意志的形式来谋求精神的自立,福田先生是这样说的。他讲到了既定的自我以及超越它的自立精神的契机。

从今田先生的论题中得到启示,我想到"自我反身性"这个关键词,并且一直在思考它。英语大概是"self-reflexivity"吧。是"反省"(reflect)自我的某种功能。在讨论公共性的时候,这变成了一个关键词,我觉得是一件非常有意思的事。

所以,我想问的是,关于谋求自我的二重化问题。保持距离是一种非常高度的精神能力,大概不是自然的能力。"尽管基本上是部分的、特殊的,也不会自觉认识到自己究竟是部分的还是特殊的",这是自然的人的状态。把握这样的"自我",尽管有程度之差,然后获得一个超越它的维度,这是相当大的能力。

佐佐木毅先生说:"也许自己很容易被说成是贵族主义的。"即使认识到自己的特殊性也不会有任何好处。在某种意义上,认识不到自己特殊的人要幸福得多。如何获得这种精神性的(认识)能力? 这样问的话,问题会一下子变得很难,但至少作为诱因,必须如何做才能不偏不倚地提升呢? 提升到另一个自我非常困难,毫无疑问,不能完全依靠教育获得成功。板垣先生讲必须有某种比较的意识,也许这也有关系。

您认为这种进程基本上要通过什么途径才有可能呢?

佐佐木毅:你问我这样的问题,真令我为难啊(笑)。宇野君已经非常接近问题的核心了,但和我的感觉还是有一点不同。我认为你提的问题确实是非常理所当然的。如果一定要我说的话,也许会讲得不太合适,这个问题,我想不如请教一下研究亚洲思想等领域的老师。

比如,与直接性保持距离的问题,在某种意义上,我认为哲学本身正是如此。像尼采所说的那样:"不,其实猪最幸福",猪可以什么都不用思考。所谓思考是一种自我反省。

但是思考"政治"或者"公共"的时候,非常重要的要素在于,和自己的生物的个体性保持距离的同时面向何处的问题。这是很让人为难的。所谓为难,我认为如果进行非常彻底分析的话,就是"对各种情况感到担心"。如果光想着自己的事,就无须考虑这样多余的事。

"担心"的不仅是政治,经济和社会也都是如此。我在第一部分里写到的"一般性"是没有边际的。有各种各样的情况让人放心不下。经济的、环境的、家庭的问题也让人担心。人与人之间大概会有各种各样的差异吧。所谓"接受"在这种意义上的一种视野的扩大,如果用我这之前在某报纸上写的一个词来说,就是"器量"。器量大,也就是容量大,具有容纳各种东西以及相应的实现自我认同的可能性,即有距离,虽然稀薄(thin),但能够实现自我

183

认同。这就是"担心"的内容。

我想有很多这样的人,对与自身无关的事胡思乱想。一旦某处进行了核试验就感到担心。因此,所谓与自己保持一种距离,同时在这一过程中,与自己不同的社会存在或者现象——或者说森罗万象的话有点语病,各种各样的东西都会在自己内部制造混合物。尽管被认为"你这样做都是徒劳无益的",但还是杂乱无章地在做。于是乎"那真让人担心啊","这会变成什么样呢……"。要想的问题都不是一个难度的吧。

这一想法的原点来自柏拉图。在柏拉图的著作中,引用了苏格拉底说的这样一番含义的话:"几乎没有人适合做政治家。但是难得阿尔西比亚德斯(Alcibiades)拥有那样的素质,却堕落了。真是让人非常难过的事。"

恐怕人都在一定的形式上超越自己,具有某种"虑"。只是,虽然在虑,也仅限于虑而已。我认为关于虑的大小、方向性,有多种多样,也不是说多虑就好。人们考虑自己的事情,但是,我认为没有人只考虑自己的事情。但如果放任不管的话,也不一定能变成像金先生所说的"公私共进"。如花冈先生所说,也许通过各种"场"的问题或者其他途径,也会使"虑"顺利展开。

在这个意义上,其实我认为政治家也是很了不起的。在某种意义上,那些人作为个人,几乎都是些没有任何具体能力的人。也就是说,既不会盖房子,也不会写论文。但是,他们是"考虑"所有事情的业界的人们。虽然经常只考虑自己的问题,但不管怎样,具有能够广泛地进行考虑的作用。在某种意义上,不存在考虑到什么程度为好这一界限。有时认为没有必要考虑的某个问题,随着时代的变化,会不得不去考虑,有时会惊慌失措,我认为政治家就是这样的一个世界。

将"虑"这一所谓公的结构固定化,就是说"做这些就够了",以这种形式人为地缩小、确定"虑"的范围,让它稳定下来,轻松地按部就班地工作。在这种意义上,包括我自己在内,特别是在政治的场合,非常简单地讲,恐怕也会问"我们的社会到底这样行不行"? 或者担心"这样做的话,我们的地球和子孙到底会变成什么样呢"。国民现在也在想"这样下去,年金会变成怎样"这一类的问题。

　　空间的、时间的幅度虽然各种各样,但大家都有"虑"的萌芽。以何种形式才能培养"虑"? 培养它,光靠一个人的力量是有限的。大概有不少不管三七二十一就被镶嵌进了模型里或者被纳入制度中而无法动弹的情况吧。正因为如此,虽然我不知道这一说法是不是贴切,做为担心人的这样一种人的能力或者感情,我还是称之为"虑"。用英语说是 commiseration。卢梭在《自然状态论》中讲的,对于别人的生存状态,可以说同感或者抱有一定感情的状态,可能也是这么回事。

　　但是,正如卢梭所说的那样,这并不一定会与"一般意志"联系在一起,而是在私人性中被完全扭曲,或者说在其中塑造自身。也可能是自我同一性本身越发变得狭隘了。如果用政治学的说法来谈花冈先生所说的话,也许就像卢梭那样建立一种政治共同体,把大家纳入其中,然后想办法建立一个让人们逐渐脱离"特殊意志"的体制。

185

　　如上所述,从社会以及其他人那里得到狭义的自我以外的东西,使自我本身更加多维度化、多元化。用非常平易的话来说,就是"变得更丰富"。因此,在这个意义上,我认为在某种程度上,当然不是"任何人"、"什么样的人"都可以胜任政治、公的生活等相关的工作。这虽然是有些贵族主义的看法,但真的是很辛苦而困难的工作。

这也许算不上是对宇野先生的回答,在这种意义上,我认为对人类社会的担心、关怀、照顾等可以作为一个要素。

所以,我认为"意识形态"是不行的。在那种意义上,意识形态完全不具有培养自我反省性的作用。在间宫先生发言的时候,我想到为什么在政治学上功利主义不受欢迎的问题。这大概是因为在某种意义上,经济学把非常复杂的问题简单化成了意识形态。

我并不是说功利主义是意识形态。但是,意识形态在某种意义上,把"虑"简单化成所谓的"公式"。这种做法在政治学上是难以被接受的。其原型可以在,比如,休谟等人在对法国思想家爱尔维修(Helvetius)的批判中可以看到,但性质还是有些不同的吧。

在这个意义上,政治学可以说真的是一直在独创性地研究,如何处理不能还原为同质化、或某个原理的问题。但我感觉20世纪似乎过多地用了意识形态和利益来替换这个问题。所以,在这种意义上来说,我的讲话和这种潮流是不太合拍的。

今田高俊:在论题的第三部分"对公的抑制性的接近:对于'私'的距离感"里,您讲必须要问一问应保持多大距离的问题,给我留下了深刻的印象。我想这说的是,要和那些只以"利益"和"制裁"来权衡的"私"之间保持多少距离的问题。随后在讲到有必要思考"脱离权力的制度化"问题时,您用了"道义性的"以及"伦理性的"这样的词。

我想以前一直用"利益"和"制裁"来权衡的是在权力和货币这一位相上的"公"。我认为作为否定它的位相,可以考虑既不是市场也不是垂直的权力机构,而是像"联络网"那样的东西。实际上,有朝着这个方向发展的可能性。我想问的是,这种脱权力的、脱货币的方向和道义性的感觉以及伦理性的羞耻心之间的关系会

186

如何变化？这似乎和佐佐木先生刚才讲的所谓"虑"有关。所以，我认为已经得到了一半的答案。我认为似乎有控制型的"虑"和反身型的"虑"之分。

理查德·桑尼特（Richard Sennett）在《无秩序的使用》这本书里强调，关心有两种方法。"care for"和"care about"。"care about"是不太好的关心的方法。仅仅是担心某件事，以自我为中心。"care for"是为了某个人，或者思考担心某件事，积极地面对自己以外的对象。姑且不论所谓"虑"是"care for"还是"care about"，如果把它直接和"道义性的"以及"伦理性的"联系起来的话，一下子就会变成一种道德性的印象，我觉得也许会导致放弃"政治学"，您是如何考虑的呢？

佐佐木毅：我最想说的是，即假如可以说第三部分之（1）讲的是一种思考力的话，那么光靠思考力空想是不行的。我个人认为，某种形式的所谓"伦理"那样的基础还是必不可少的。人并不一定只是靠利益或者制裁那样的东西活着。我认为或者还是有一些更为复杂多样的感情和感觉，如果用很生硬的话来说，有的时候是一些"用杠杆也撬不动"的，或者说"不能让步"的东西，还是存在那类情况的。

因此，在这个意义上，并不是要把全部问题都还原为"道德"或者"伦理"就行了，而是需要某种根源。也就是说，特别是作为一个和自我同一性相重叠的问题来考虑。"思考"往往游移不定。完全变成无根的草，不知道营养源到底在哪里。即使说考虑各种各样的问题，要有指向性，也需要考虑内容。我想说的是否还存在一个思考的，所谓知的能量根源的问题？并不一定是全部都变成道义性和伦理的意思。

还有一点，我之所以讲"脱权力的制度化"，是因为我认为，制

187

裁和利益确实是在起作用的。相对来说，一般大致都采用那样的形式行使权力。但是，在除此之外的人群或者集合、专门的委员会，或者正是以交往为媒介的想象的共同体，甚至是你说的电子媒体上，"脱权力的制度化"也是有可能的。

因此，我认为联络网云云的问题和道义性云云的问题在问题的指向、问题本身的阶段上有点不同。即"道义性"云云，是一种思考的根源的问题。但是，我认为它的"扩大"，理所当然是指具有这种根源的人的增加，它并不一定是作为生存的问题出现的。但是，它有可能以某种交往或者联络网的形式扩大。

所以，所谓与主体适合的问题和社会性的扩展的问题，在第三部分的（2）混在一起两个问题都存在。把今田先生刚才所讲的按我的理解来整理的话，我想是不是就是这么一回事。

还有，关于"虑"的问题，我的含义不像今田先生的那么水平（horizontal）。可能还会再加入各种各样的要素。所以，依我看来，今田先生的发言，感觉有些过于水平了。不是说哪个更好的问题，但我承认确实感觉到含义有些不同。

今田高俊：我也承认所谓垂直（vertical）的公共性不会消失。但光有这种公共性是不行的。所以，我认为必须要考虑呈现空白状态的公共空间的水平的公共性。

佐佐木毅：哈贝马斯的那段话也是这个意思，因为现在是这样的状态，所以要在水平方向上建立下一个回路。我感觉无法回避如何面对这种垂直的现实本身的问题，所以，说的含义有些不同。

垂直的世界是作为一个问题领域存在的。与此相反，我想建立一个不同的世界或者一种什么东西，这本身无可厚非，问题是依然存在如何处理垂直的东西的问题。可以不把处理的形式本身作为一个问题吗？或者，要不要更替其本身？所以，就这样的问题来说，即，垂直的东西本身，不是从垂直到水平，而是有类似"另一个垂直"(another vertical)的地方。

今田高俊：是啊。所以，就好像垂直的东西的重新组合那样的情况……

佐佐木毅："重新组合"也是属于垂直的。为了真正的重组，说再一次"推翻"的话不太好，不仅仅是防卫，我不知道这是否是全部，还要琢磨或者(忧)"虑"某个部分。

今田高俊：这是"虑"吗?

佐佐木毅：不是，这是具有讽刺意味的说法。我过去一直认为这当然也是属于"虑"的。这也许是政治学和社会学的不同(笑)。

综 合 讨 论 二

主持人：金泰昌

公私问题与政治学、经济学

金泰昌：我想在综合讨论部分，综合政治学和经济学两方面的观点，来思考"公"和"私"的问题。

从一般的常识而言，政治学比经济学更直接地与公共性相对应。经济学一直都被认为，完全以私益关系（一般被叫做私利私欲）这一维度上的人为对象。但真的是这样吗？这样好吗？经济学和政治学是毫无关系的吗？经济学是不是也存在公私问题？我想先从这些问题开始讨论。请大家多多关照！那么，岩崎先生，请您先发言。

岩崎辉行：我想这是经济学和政治学的不同吧，在经济学方面，归根结底经济是"学"的问题。比如，在参加市场交易的场合，直接参加的有家庭、企业，还有政府，其中最基本的是家庭和企业。家庭和企业的判断、决策是以独立为前提的。

也就是说，家庭既不受企业的影响，企业也不受家庭的影响。只根据从市场获得的信息进行决策。家庭之间也互相不受影响，仅靠从市场得来的信息进行决策。经济学的前提大体就是这样的。

但是，刚才听到佐佐木先生讲话，我得到这样的印象，政治学

191

的"私"是互相浸透的,也就是说,"私"的决策或者判断,并不是独立的而是相互关联的。这点怎么看好呢?

联系到这一点,我理解所谓"公"和"私"时的"私",并不一定等同于"个人"。比如被看做"公"的承担者的人,有时也会同时被认为是"私"的承担者。这样的话,一个人身上可能同时存在"公"和"私"。我想知道在政治学上是不是可以这样解释。

之所以提出这样的问题,其实,是因为我曾在田野调查时,观察过印度尼西亚政治问题的决策方式。即出现政治问题的时候,长老们纷纷聚集到广场,坐在石椅上来进行讨论。村民们在周围旁观,但是没有发言权,当然也没有决定权。

当判定、评价长老们的决定不会带来好的结果的时候,被认为负有责任的人(长老)就不得不辞职。在这样的意义上,长老们的决定虽然不是直接的,但和村民们是双向的沟通。根据结果,会以村民们看得见的形式当场作出裁定。即可以说,长老个人体现了自身的"私"以及作为与村民关系的"公"。我认为,在某种意义上这是非常民主的。但是,在现在的印度尼西亚,这样的事已经几乎没有了。

金泰昌:我也想听一听从社会学的角度提出了论题的今田先生的意见,请简单说两句。

今田高俊:我想先谈谈对间宫先生的论题讨论的印象。经济学理论大体上是以私益为前提构建的。有人主张像曼德维尔的《蜜蜂的寓言》那样,应该是幸福、快乐的结局。所以,有一种观点认为,如果把社会资源的最优分配作为公共问题的话,即使个人道德败坏,但因为具有给社会带来资源最优分配这一美德,所以,他们可以自动实现公共性。

另一方面,提到了哈丁的"共有资源的悲剧"。以私益为前提的个人,如果同曼德维尔的《蜜蜂的寓言》一样去做的话,等待他的将是遭到立即反击的悲剧。这是一个自己本该获利的,结果却陷入了连自己都赔进去了的困境的问题。于是,出现了设定入会权等等的各种规范和规则。

哈丁认为,私人和公共不是连续的,其中有断绝,而且是悖论式的。

大概在日常生活中,经常发生类似"共有资源的悲剧"。如果追求私的利益,某个时刻会突然发生自己失败了或者预想不到的悖论式的事情。"市场失灵"之类,大概也是如此吧。如此彻底地追求"私",最终导致失灵,"公共"就会出现。经济学在考虑公共性的时候,是不是可以再多强调一下这方面。

文化人类学里有一个近亲通奸禁忌(incest taboo)的概念。这是列维·斯特劳斯总结出来的,作为使女性这一资源在整个部落社会里循环的规则。原始社会的人认为,禁忌是当然的。这与其说是为了禁止私事,或者让全体的分配顺利进行,不如说他们认为,从他们出生那天起世界就是这样的。"公"和"私"完全没有分化,"私"的就是"公"的,"公"的就是"私"的。文化人类学把近亲通奸禁忌作为一种为了在部落社会中建立起亲属网络,加强团结而形成的无意识的精神构造。

也就是说,像原始社会的近亲通奸禁忌那样,从全体的方法出发也好,像市场的私益一样,从个人主义的方法出发也好,都会出现"公共性"。

我想在社会学上使用的"规范"这一概念,大概也是在那样的个人和全体(社会)的关系语境中达到的"公共性"吧。受《共有资源的悲剧》的启发,我想所谓"社会规范"或许也应该看做是经营共同体生活时,在发生各种不便的过程中逐渐固定下来的东西。

193

这样的话,社会就尽是公共性,法律也成为公共的了。是不是可以如此宽泛地扩展公共性的概念? 我想听听大家的意见。

公私问题与人

金泰昌:我感觉这次的公私论,在很大程度上强调了人论的观点。特别是仔细体会佐佐木先生的论题内容,我们可以察觉到今田先生从社会学角度的论题以及间宫先生从经济学角度的论题的基础的相同之处在于,都指出了人的、心理的维度的重要性。所谓公私问题,归根结底也是人的(心理的)问题。是人和社会的关系人和经济的关系以及人和政治的关系。

为了推进讨论,恕我大胆直言,在日常生活中,人在一边接受状况性的、时代性的请求,一边进行主体性的行为、实践过程中,不得不和公的维度和私的维度发生关系。因此,可以说,现实中的人的生活现场是处于公私未分、公私融合的状态。但当我们基于某种必要性而对其进行反省、分析、认识、对应的时候,是分门别类到社会、经济、政治等的生活领域、认识领域来进行理解的。我想公共性也是同样。

而提出这样的问题,我想也和我们的问题意识具有密切的关系,即比起把公私问题仅仅作为外在的维度来把握,倒不如说在人的内心世界维度上的自主的、自发的自我改革才是最重要的课题。

小林正弥:金先生提到了人的心理的问题,以"人"为焦点的心理学等问题,这在某种意义上是古典政治学非常重要的内容。当然,在现代也很重要,但我们应该怎样认识这些问题呢? 我们现在处于很困难的局面。我感觉这次研究会给了我们一个讨论这个问题的非常重要的机会。

今天佐佐木先生的论题,是我迄今为止从先生那里听到过的最正式的人论。讲的不是政治理论或思想史，而是"人"如何与政治发生关系的这一政治原论的问题，对此，我深受感动。

刚才讲到"领域"和"领域"的关系问题，古典意义上的"政治哲学"领域，不是今天一般而言的那种以政府为中心的小领域。在我的印象里首先有"人论"，在这个基础上，在家（OIKOΣ）的话语中出现了经济的词汇，都市国家（polis）则涵盖了整个公共世界。我被这一图景深深地吸引，喜欢这种意义上的政治哲学。

所以，我想与其把这个单纯地叫做"政治哲学"，还不如叫"公共世界学"、"公共世界哲学"更好懂，曾有人这么写过。在这个意义上，我很喜欢"公共哲学共同研究会"的名称。

我和间宫先生第一次见面，是我在日本政治学会批判公共选择论的时候。我批判了先生今天说到的"可以把市场主义经济的想法，引入政治中进行合理主义的思考"的观点，对此，先生给了我善意的评价。那时，我所说的是，如果用以原子论的观念为核心的现代经济学来说明政治的话，将会遗漏掉很多领域。我当时的心境是："政治学受到了经济学逻辑的入侵，在某种意义上，是受到了侵略。希望根据政治学内部固有的逻辑来批判这一现象。"在这背后，其实我是想从政治的观点、政治的想法，来重新认识今天的经济领域，所以我认为，即使可能会被叫做政治学帝国主义，但这一方面反而更重要。

要言之，以作为原子论的集合的每个人的私的利害为中心的合理性的想法，对于政治学领域来说是非常不合适的。或者说，靠它不能充分地说明问题。今天讲到的共有资源的问题，经常被提到的"囚犯困境"也是如此，所以，我提出为了合理地思考、运营全体，有必要考虑"全体论的合理性"，而不是站在各自立场上的"原子论的合理性"，需要以此为目的的环视全体的协调行为。

195

现代的经济学,确实是以原子论的想法为中心构成的。现实中的经济行为,大多也有这样的一面。我认为与此对峙的政治的想法的核心,应该是这个研究会的主题"公共性",用另一个词来说是"全体性"。

我想今天间宫先生的论题,虽然基本上是以现代的经济学为前提的,但在这基础之上,他认为"经济这一私的领域中也具有公的一面,或者说处于那样的状况"。

但有一个地方,我还是不太明确,即"私的领域中的公的一面,是否可能导致新古典派等其他人所主张的原子论的经济行为的基准以及公理都瓦解掉? 或者说您是否认为有可能构建一个以瓦解为前提的经济理论?"

政治学和经济学本是同根生的,叫"政治经济学",所以,在这个意义上需要"新的政治经济学"。我想这个论点和今天佐佐木先生的论题有非常密切的关系。因为我是在政治学内部成长的,正因为知道各种棘手的内部讨论,所以,我想刚才的讨论中,大概有很多难以回答的问题。我边听边在想:"回答这个问题,佐佐木先生也很吃力吧。"

最近,有机会听政治学家以及政治理论家讲的所谓政治原论,但我总是听得不耐烦。如果以政治学的现状为前提,今天佐佐木先生的论题是非常令人高兴的。当然,我从很早就一直跟着先生学习,也读了先生写的很多东西,我有我独自的理解,或者说某种程度的模糊的佐佐木毅形象。但像今天这样,听先生完整地讲政治学原论,我还是第一次,深受感动。这种感动是什么,很难向专业领域外部的人士传达。所以,请允许我在此稍作说明。

如下所述,归根结底,间宫先生和佐佐木先生的视角有很大的不同。因为间宫先生是经济学者,所以他的讲话是以近代为前提。

而佐佐木先生是政治学者,所以不可避免地会意识到历史上先有古典的思想,在近代发生了巨大的变化。包括我在内,很多的政治学家都有"如何看待这一变化"的苦衷。

极端地说,近代的政治学的想法,即"权力是潜在的恶的东西,总会带来各种祸害"。这样的政治学是近、现代政治学的中心内容。在这种想法下,主张"公共性"或者"公"本来就十分困难。因为有了阿伦特和哈贝马斯的贡献,现在这些概念终于在某种程度上开始被积极地接受。但是,几乎还没有像这个研究会这样,能首先把"公共性"作为一个积极的概念来加以讨论的地方。

佐佐木先生的论题"1. 作为关于'公'的学问的政治学"中,无意识地使用了"公"这个词,它被和"私"对立起来,从这两项展开讨论。明确提出"公"的概念这个行为本身,在哲学上包含非常重大的问题。如果是古典哲学的话,可以以存在论的"神"或者"观念"的形而上学的世界为前提,来构成"公共善"乃至"共通善"。在确立"公"的时候,佐佐木先生强调了"一般性"和内容的"共通性"、"透明性"。不得不从这样的规定出发,这是最让近代以后的政治学感到痛苦的地方。

在"2.'公'的承担者的确定和权力"之处,讲到了"制度"和"判断内容"。光是按照自由主义或者民主主义的基本想法的话,议论会有在(1)"通过制度来解决"部分就全部结束的危险。但是(2)"根据判断内容来解决",对古典政治学来说,理所当然是非常重要的。今天的政治学的问题在于"如何保留或重新构成这个部分",这在哲学上是非常困难的。

反过来说,如果是像今天佐佐木先生的论证的话,恐怕自由主义者以及一般的民主主义者也会同意吧。如果比这更加积极地鼓吹"公",可能就会有各种批判。因为我想,即便是典型的自由主

197

义者大致也会承认"政治受到某种公共性的东西的干预"。这种对共识最大限度地把握,我感觉处理得非常干净利落。

"3. 对'公'的抑制性的接近"部分也和人论有关,给人非常深刻的印象。因为我恐怕比佐佐木先生更喜欢使用高位的关键词(high key-term),所以容易看见词的反义。比如,这儿没有出现的"非个人的,不夹杂个人的感情和利益"(impersonal),我想也是一个要点。把不干预各人的利益这点反过来的话,我想就会成为某种意义上的全体论的想法,而"无偏见 = 公平"(impartial)和"无差别 = 中立"(indifferent)也是同样的意思。类似于"公正"、"正义"、"全体性"、"调和"、"统一性"、"统合性"等观念。

但是,如果用了这样的词,反过来说会有人批判,有给人以全体主义的印象的危险,有把压制正当化的危险。这样的问题当然存在,所以,我理解佐佐木先生是通过使用低位的关键词(low key-term)回避了这样的危险。

这样掩饰这个问题的话,就会涉及如何把握人性论的问题。比如有"detachment"这个词。除去自己的感情,或者是无执著的意思。无执著是佛教用语,所以我想会和人论的问题发生联系。是积极地主张还是消极地主张人论的问题,在某种意义上是讨论的战略问题,实际情况大概不会有太大的差别吧。或许是我想得过于复杂了,但最终结果会变成那样的形式。如果这样保留人论的话,那么,我想就可能会和第四部分具体的"判断"发生联系。

关于第三部分和第四部分的关系,我感觉在脉络上,如果按照第三部分的形式保留人论的问题的话,它就和第四部分对具体的普遍性的判断问题有关。就这一点,我想听听佐佐木先生的意见。

再回到间宫先生的经济部分,归根结底,在是垂直的还是水平的问题上,古典的观点越多,当然垂直的时候就越多。相对的,如果加入近代的特别是民主主义论的要素的话,水平的要素就会变强。我想洛克和卢梭当然也不例外。

如何把握垂直和水平的关系呢?这和"如何认识近代与古典之间的关系"问题有关。现在,经济也就是市场具有非常大的影响力。在经济领域,如果认为"从原子论的每个人追求自己利益的经济出发的话,仍然不会有任何改变。即便有公的一面,那也仅限于从外部控制经济"。那么,最终,大部分的个人关心的不过是"私"而已。这样一来,就等于所有人都遗憾地没有"对全体的关照(care)"——佐佐木先生所说的"为他人着想",我听的时候就在想,是不是可以换成"对全体的关照"——所以我认为,作为政治当然就不得不以垂直的要素来回应。

与此相反,我想当我们深入到"参加经济行为的多数人,怀着对公共性的关心进行经济行为"这一部分内容时,政治的领域就能够加强水平的要素。在这种意义上,间宫先生和佐佐木先生的论题关系密切。从政治经济学这一统一的视点来看,间宫先生关于经济越是想提示"在公共的方面会发生很大的变化,或者说能够变化"的可能性,作为政治这方面,在某种意义上,越是能够以近代卢梭那样水平的形式进行构建。相反,如果站在"这很困难,市场经济不管怎样都是黑格尔所说的欲望的体系"这一立场的话,我想政治就不得不重视古典的垂直的方向。在这个意义上,我完全不认为政治一定会变成垂直的,我认为所谓水平的要素和垂直的要素是相互关联的,其相对的比重,仍然是和"如何理解经济和政治的关系,或者说将来会怎样"这一点密切相关的。

佐藤炼太郎:用一句非常简单的话来说,"道义性"对照经济原则、政治原则就会成为二律背反的关系。越是古代,道德原则越是优先于经济原则和政治原则。比如，朱子学等是一种如果除去了道德性原则，就几乎是毫无意义的政治思想。但是，从今天的政治学、经济学来看，却被评价为毫无道理的、无效的思想。

我认为泡沫经济破灭，归根结底是因为缺少对做人的底线的自觉而放纵的结果。最终，如何把作为安全装置的道义性组合到经济学、政治学当中去的这部分是不透明的。为什么说是不透明的呢？因为"自我实现"、"人应该如何活下去"这样的道义性本身，就是摇摆不定的。

因为现在的政治、经济不能就这点提示理想的人或世界的图景，所以得不到人们的关心。所以，我认为，我们应该摸索怎么做才能确保道义性的问题。从政治学上来说，排除道义性更为有效。但是，如何把它组合到政治学中去呢，我想听听您的想法。

公私问题与规则

佐藤岩夫：如何从法社会学的立场来认识公私问题？很简单地说，法社会学是以规则为对象的。规则的定义各种各样，例如"提示社会成员共同生活的指针"这一定义，我想也未尝不可。这时，作为规则的属性经常被提及的是"一般性"或者"共通性"，这就属于佐佐木先生的论题中最开始提到的"公"的问题。

但是，事物并不是单纯的。实际上所谓的"法"或者"规则"并不那么明确，也不是单一意义的。我们经常面对法的"indeterminancy"或"Unbestimmtheit"之类的问题。日语叫"不确定性"。似乎法是确定的单一意义的，但其实还有未被确定的领域。这种不确定的领域，最终给法的解释提供了空间。

这样一来，就意味着即使有规则，实际上我们也还必须决定规则的内容。要言之，我们的问题在于决定对我们来说什么是规则，或者说是我们共同生活的指针。我关心的问题在于，多大范围的社会成员能够参加、干预这一决定。

例如审判，是私权和私权、私益和私益的直接冲突，但实际上，通过审判才能确定法的内容、规则的内容。那么，我想实际上所谓审判，不就是围绕着什么是规则的一个很好的公共空间吗？

都市规划、城市建设的问题是我的研究领域之一。到底要建设什么样的都市空间，要设计相关的规划或者协定。这是确认关于某个一定区域的规则的工作，这难道不也是"公共圈"吗？要言之，社会成员对什么是我们的规则这一问题展开讨论、交涉、对话，就是在塑造"公共圈"（public sphere）。

刚才，今田先生的发言中，提到这是不是太宽泛了，但我认为这是"公共圈"。这也许确实是私益之争，但将建立起调整私益的规则，并进行确认。我认为这一过程本身就是很好的公共性的事务。

如果联系间宫先生的论题来说，"由市场决定市场"或"所谓市场是自生的"这样的说法本身，就是在阻止成立像我刚才说的那样的"确认规则"的"公共圈"。也就是说，"市场"肯定也有规则，而这一市场的规则应该是怎样的，这一问题仍然有讨论下去的可能性。我非常同意间宫先生最后讲的，要把市场的自生性性质或自我完结性相对化，和"生活"联系起来。

稍具体一点的问题，比如有《房屋租赁法》这一法律。简要地说，它保护租赁者的居住，但就这一点，很多经济学家提出异议，认为"房屋租赁法妨碍了租赁房的供给，效率低下，应该废除"。

对此，我曾经以梅鲁西说的"所谓人经常是被埋没在与他者的关系中的"这句话为导线，主张所谓住房不仅仅是商品，还具有作为联系社会关系、与他者关系的据点、联结节点那样的性质，所以,制定保护租赁者的居住规则是完全可能的。

恐怕我的这种看法和"由市场决定市场"或"所谓市场是自生的"这样的论论是平行的。在这种意义上,我对今天间宫先生的论题产生了共鸣,我想知道,我上述的看法从间宫先生的立场来讲是不是也能成立?

最后,如何归结什么是"法"、什么是"规则"的讨论,实际上是一个大问题。从这儿开始和佐佐木先生的论题有些关系。哈贝马斯在最近出版的论文集里讲到这个问题,指出重要的是参加这一讨论的人具有"unparteiisch"即不偏不倚的态度。没有偏向不具有党派性的所谓不偏不倚性,我感觉和佐佐木先生讲的"保持距离"有点像。

关于如何总结到底什么是规则这一公共性的决定(judgment)的问题,我想听听佐佐木先生的意见。

公私领域与人学观

平井英明:我不擅长抽象地谈论问题,所以,从实际活动的现场开始讲起。刚才我讲要到泰国北部去。以前我有过这样的经历,按规定向大学提交差旅申请时,我说"我是去做志愿者活动的",但却被认为是"因私出国",不得不在内容栏里写上"观光",我受到很大的打击。系主任是我的教授,后来他问我"你怎么没交出差报告啊?"我的心情非常复杂,处在官权的框架中,要迈出去是件非常痛苦的事。年轻的时候我有过这样的体验。

为了避免此类的事再次发生,现在我在申报材料上都写"外出研究、研修"。关于我自己做的事情本身是"公"的还是"私"的,佐佐木先生的论题使我理解了理论背景。

还有一个例子,我去的活动地点有很多 NGO 的人。和 NGO

的两位女士交谈了一下,她们说那里的孩子们很可爱等等,对当地的感情很深。假使谁对当地说一点点坏话,她们的脸就会涨得通红,非常容易激动。在当地的另一类人是被企业派遣去的一些人,他们砍伐木材出口到日本,可以卖得高价。他们与志愿者活动之间完全看不到联结点。我现在同他们保持距离在观望。听佐佐木先生说要保持距离的时候,我想起了这件事,非常感兴趣。

我想问佐佐木先生的问题是,到第二次世界大战为止,政府还能够控制技术,但二战之后,因为技术变得庞大,政府无法再控制了。于是,所谓公的领域超出了政府的界限,成为联络网或者团体等,所以,您最后谈的是政策的问题。

关于这个政策,在不具备国权的权力或者说军队等实力的情况下制定政策,并要在当地付诸实践,这在何种状况下是可能的呢? 我有些怀疑。也许是个很幼稚的问题,但我还是想请教一下,日本人在异国他乡,在没有实力的状态下,能不能在保护环境的同时,建设一个持续发展型的社会?

难波征男:中国明代的王阳明在流放地结识少数民族,确立了具备把"知"和"行"合一的主体性的知行合一的理想人格,并不断加深这一人学观,实践"致良知"。在王阳明那儿,所谓的"经世济民"和"修己治人"是一体的,他在集体的学习生活中,追求这样的理想人格,并这样要求弟子。

例如,他对成为官僚、做官的弟子经常说:"暂且把官职辞掉,回到乡下来吧。让我们一块儿学习吧。这之后你还想重新进入中央官场的话就去吧。"

当时,在专制君主体制下,宦官一党掌握了实权,把官场私有化了。在这种情况之下,官僚不能尽职恪守。首先,必须成为一个具有纠正这种现象的能力的人,所以,王阳明说"回来吧"。"师

203

傅"做好了准备。

今天,听到佐佐木先生的发言,一直在我的脑海里盘旋的问题是,明朝灭亡变为由清这一异民族统治的明末清初的状况。明朝最终灭亡,抗清的很多人被杀掉了。剩下来的人,为了再度复兴汉民族的国家而追求新的哲学和人学观。在这一过程中,逐渐出现了"经世济民"和"修己治人"合二为一的王阳明式的"公私合一体的人学观",是一种既有"私"也有"公"的人学观。

不是参加经济活动和政治活动或者官僚活动越多,这样的人学观就变得越淡薄,而是作为一个具有丰富人性的人,去实现自我、确立自我。怎样才能做到这一点呢?我想听听两位先生的看法。今天你们的讲话非常有趣,但越是有趣,实际上(因同明末的状况重叠)我的心情也变得越来越悲伤。

薮野祐三:间宫先生讲了放宽限制意义上的"自由化",但反过来,我们的社会也非常需要强化限制。比如环境问题,男女雇佣机会均等法等等。新加坡在经济上非常自由,但社会性的限制很严格。我想,还必须考虑二者的平衡。不知您对这个问题怎么看?

其实,我想得更世俗一些,我把"公共"看做是通过金钱交付的"服务"而不是"空间"。所以,NPO 基本上想要绕开"纳税"这一环节。我对如何在"公共"中给"征税"这一权限定位的问题很感兴趣。我想先说这一点看法。

小林弥六:我想讲三点疑问和我自己的一些理解。

我长期以来对跨学科的研究都很感兴趣。我想问的第一个问题是,例如,众所周知,经济学是以经济人为前提的学问。政治学我感觉是以政治人为核心建立起来的。社会学是以人是"群集的动物"这一理想人格为基轴形成的。我想,除了理论之外,当然也在进行各种各样的实证研究。但是,其中被使用的各种思维方式,都归结于如何理解各自的出发点上的"人"。

再简单一点说，我感觉这些学科的讨论，都是以彼此区分的意识非常明确的人或者目的性以及价值判断都很清晰的人（社会学也许稍有不同）——即以合理的、近代的人为前提的。但问题在于，人是那么合理的吗？是那么明白事理的吗？因为无论是作为社会集团的人的行为，还是所谓私的个人也好，看起来的确都有很多不透明的部分。我想不会有多少人能够及格。

但是，我觉得近代的社会科学，即便是追求欲望，也是以优等生为前提的。在这种意义上，我想面向未来，重新构建理想人格，或者说反省是必要的。希望能听听您关于这点的看法。

第二点关乎在将来和现在的关系上，很可能会成为主题的问题。即使是在现在还未开化的世界各个地区，或者纵观人类的历史，都可以这么说，如果把人类的历史算做1年365天的话，其中约364天大概是依靠"再分配"、"赠与"、"互酬"以及"自助"这些原理（模式）来维系的。用波兰尼式的国家社会主义等的想法来概括的话，从1月1日到12月30日是这样生活的。

但是到了12月31日，可以说社会是以利己的人为轴心在运转的。这样，由于环境问题和核问题等等，产生了可能导致毁灭的状况。看364天期间的人的活法，在今天的主题"个"和"公"的关系方面并没有什么矛盾。所以就像刚才岩崎先生所说的，运行得非常民主。虽然偶尔也会有争斗，但相当地和平。政治的部分、社会的部分、经济的部分，都是以赠与为轴心的。所以人们说，比起自己储存起来，不如在给予他人中更感到喜悦和价值，具有这样的价值体系的生物是人。

从面向21世纪的各个学科的发展状况中，我们也可看出人类正处在危机中。面向未来，如何发展各个学科呢？关于这个问题，

205

我觉得如果回到 12 月 30 日以前的原点来看的话,会意想不到地简单。

第三个问题是,"国家"不再是利维坦式的存在还是依然继续是利维坦式的存在呢?近代,特别是 20 世纪,尤其是后半期的八九十年代,21 世纪不更是如此吗?关于这一点,佐佐木先生是专家,我的看法是,在日本"私"真的处于令人不安的状态。我想在欧美等其他国家也是如此。

尽管各自保有私生活以及生活世界这一私的部分并对其加以努力的探究,但如果不同时进一步追究"何谓私(自己)"的问题,真正的人格以及权利的确立就是不可靠的。

相对于"私"而言,"国家"是权力机构。就像今天所谈到的那样,"国家"是过去的东西,"国家"变得越来越庞大,在它之上会出现"超国家"。我想,对此有两个价值判断。我认为哈贝马斯在这个问题上感到苦恼。相对于不断巨大化的"国家",实在是非常渺小的市井之人的自己,到底要作为什么样的存在才能完成生命的历程,或者说,感受到活着的意义?我认为"个"在很大程度上有被孤立并且把孤独掩藏起来的倾向。我是这么理解的。

在这种意义上,"个"和"个"被分离得很远。而且"个"被空洞化,"公"也在逐渐地被空洞化。虽然两方面都在被空洞化,但必须进行权力性的决定。

比如,在要通过新的防卫指针法案这件事上,感觉官僚们很较劲。总之,有国家的存在,就不得不进行包括外交关系、安全保障关系等在内的权力性的决策(例如缔结条约)。即使拖延了一阵,但迟早也不得不进行。其结果是作为义务落到个人头上。我想现在脱离政治的人越来越多,但这些人能否保持人类在漫长的历史中所享受过的自由幸福呢?我对此有些担心。

我希望能就以上三个问题得到回答。

道义性与政策

佐佐木毅：像小林正弥先生这样给我过高的评价，我实在是担当不起。虽然问题很多，我稍微谈一下今天讨论中我也搞不明白的几个问题。

一是腐败（corruption）的问题。不知道经济活动中有没有腐败这个概念，在政治上还是有腐败这个概念的。事实上，既有被抓住的人，也有返还退休金的人。在广义的公的世界，乍一看，都说只有权力和利益，但我想还是存在"规则"的问题的。在这个意义上，带有公的职务的人，从俗称的"接待"开始，还是有各种各样的某种规制的问题。在经济活动方面，当然也有人被抓。在这个意义上，有一个如何理解法和制度的问题。

这是否要求达到，像佐藤炼太郎先生所说的"道义性"这样高尚的东西，有些令人怀疑。也许不过是要求层次更低的东西。我想，恐怕不会要求像阳明学这样高级的人格。但是，至于说，是不是不能有这样的人，我想并不是说不能有。

但我认为，有一个非常困难的问题，就是我们置身于大家并不一定认为靠人格的陶冶就能把事情处理好的世界，这也是事实。不是说不需要人格之类的东西，而是说这不是充分条件。

我并不是一定要强调道义和政治的二律背反。我想，既然有不能完全满足于道义性的世界，或者至少要运用机构，就不能光指望道义性，包括经济在内都是如此。我觉得非常有意思的是，道义性确实如您所说是个问题，比如与此稍有些不同的政策能力的问题。既没有政策能力，也看不出有道义性，两方面都缺失了，我想这是现在的问题。

207

对于负有公的职务的人，或被认为是承担公的角色的人来说，需具备各种要素，我认为，我们无法列举这些要素的所有的形式，但是其中也许层次不太高，作为集团某种所谓的道义性，不得不再生产下去。而那似乎是在向不再生产的方向再生产，我们可以在一系列官厅和银行的腐败行为中看到这种现象。

也就是说，即使不是作为个人的道义性，至少作为团体的道义性，还是有"团体的精神"（esprit du corps）这样的内容。恐怕刚才讲的审判的问题也是如此，有一个这个"精神"（esprit）如何被再生产下去的问题。因此，我认为不能只理解为个人的问题、个人的道义性怎么变化的问题。

作为集团性的职业的再生产问题，虽然并不是和个人的道义性问题无关，但我感觉不是同样的问题。特别是"司法思辨能力"（judicial prudence）上的职业的再生产问题，还是有值得思考的必要。个人在道义上是正确的，就能进行好的判决吗？问题并不一定这样单纯。这种意义上的"团体的精神"问题，我想在官僚制以及"司法组织"（judiciary）或者政治家的领域里也都存在。

在政治的世界里，"团体的精神"的确没有被再生产出来。我也在某个地方写过这个问题。因为一直运用机制，就可以不进行再生产。每年更换大臣是典型的例子。那样的话，就不会有领袖成长起来。一直以来，建立了一个抑制成长的体制。反过来就意味着，都一字排开皆大欢喜。

中国清代的官吏（Mandarin）提示了着眼于公的组织、公的团体的"团体的精神"以及个人的修养、陶冶问题的一种形式。所谓"团体的精神"以何种形式被再生产的问题，不仅仅是哈贝马斯在伦理性的人的发展、生育、高度化问题上所说的问题。可能的话，我想请教一下这方面的内容。

因为说了很多随心所欲的话,所以到处是破绽,我现在是在拼命修补。岩崎先生说到的一个人的公私问题,我想仍然还是有问题的。不是说在那种地位的人没有私,但只要必须遵守"团体的精神"的规则,还是会有某种限制。也就是说,法官也不能每天都随心所欲地去同朋友打高尔夫、喝酒。包括这样的事在内,"团体的精神"难道不是仍然在规范人们的生活吗?这是对刚才问我的一系列问题的一个回答。

接下来,对于如何实施政策这个难题,我也感到很困难。但是,这和国家会如何变化这个问题也有关系。国家权力当然不会消失。我想,在某种意义上,今后也会以伴随某种强制力的形式实行国家政策。但是,大家看一下就很清楚,过去既有政策的"持久性"变得非常糟糕。这不仅仅是所谓要"放宽限制"的领域的问题。政策的道义性仍然还会受到考验。再不能只考虑作为受益人的业界的利益来制定政策了。

坦率地说,比起国民来,实行政策受益最大的是帮助政策的人。只看着那些能成为政策执行人左膀右臂的人而出台政策,这样的事也不是没有过。但那样的话,无论如何都不会长久。

以国家为单位制定、实施政策。但是"因为只有我国是这样规定的",这样的话越来越说不通了。这个协调的问题,我感觉不仅表现在经济上,而且表现在男女、人权等所有的领域中。在这种意义上,政策的内容本身,是不是也被放到了和过去不同的语境中呢?

"不管怎样,这是关系到我国作为主权国家的面子的政策",光讲些类似(唯我独尊)的话,也同样是不能长久的。在某方面高举这样的政策,会付出相当昂贵的代价。在这种意义上,今后一个相当麻烦的问题,在形式上是政府在作决定,但在其内容上,要找

209

到哪儿是所谓我国独有的政策。作为趋势是从放宽限制开始的，但现在商业利益显然取得了主动。因此，就像间宫先生刚才所讲到的，在所有领域，商业利益毫无疑问都在采取攻势。

但是，如果根据波兰尼的意思稍加猜测的话，也许会发生某种形式的反弹。但是，我只是有这样一种感觉，在如何将之组织化并以某种形式加以实施的时候，回到旧的国家（主义）上去的构想并不是太好的做法。那是非常可疑的。让今天的日本政治家来说，就是："日本被某个国家的阴谋摧垮就太不像话了。所以断然，为了日本的……"，似乎这样说的话就能顺理成章了。但是，这难道不是落后于时代的吗？真的要考虑的话，应该再稍微迂回一些，运用今天在这儿成为话题的（公共）"空间"这样的形式，来开辟回答同一问题的余地。

刚才间宫先生介绍的波兰尼的书，也是我爱读的书。已经出现了关于在多大程度上可以实行市场化或无法市场化的界限的各种讨论。简单的说法也许出人意料的可疑，并且可能原本就没有说服力。我觉得很遗憾，要发生大的逆转，似乎是需要某种程度的时间跨度。

我想规模当然也不得不变得很庞大。当霞之关或永田町的政治家们突然兴奋地说出"这样我们就不能不做"之类的话时，在我个人看来，又要犯一个新的错误了。

世界的状态与学问

板垣雄三：听了间宫先生和佐佐木先生的论题，我觉得问题的设定方法和我有不同的地方。我提的问题和刚才难波先生所说的也有重合，从上次开始，我一直提出的问题是，比起把"公"和"私"分开来考虑，不如彻底地在私的形式中增加公的价值。或者说彻底地在"私"中实现"公"。我从上次开始,设定的就一直是这类问题。今天的谈话给人的印象是,在两位看来"公"和"私"一开始就是分开的。这一点不一样。

在伊斯兰教徒看来,向神礼拜和向穷人缴纳福利目的税,完全是同样的事。这也是一个"公"和"私"重合的例子。那么在何种程度上是"公"、在何种程度上是"私"呢?这是由个人的责任来分配的。而这一分法最终会在末日或者什么日子里受到审问,这是伊斯兰的话语结构。

这次的研究会是以学科为中心组成的,佐佐木先生非常坦率地说,即使把看家的本领都拿出来,也未必有任何好的答案。间宫先生也提到了"生活"(life),这在某个方面会关系到非常戏剧性的立场的转变,对于这点我非常支持。

日本的大学有多么糟糕?所谓"学问",在世界上处于多么无奈的状态?包括社会学、经济学和政治学都在内,以现在的学科现状,我们到底能说什么呢?在这种意义上,大概相当严厉的破坏性工作是重要的吧。但是,在刚才的各种发言里,"我是什么专业"的这种架势让我有点担心。

平井先生联系烧荒种地的例子,讲水路一通,相关人员之间权利意识就会冒出来,为了保护自己的场所、土地而变得非常具有防御性。这件事对游牧民来说也具有非常重要的意义。曾经有一个叫舍利阿提的伊朗社会学者。他是伊斯兰革命的理论支柱之一,但在临近革命前被杀害了。舍利阿提把圣经和古兰经里出现的阿贝尔和凯因作了比较。阿贝尔是游牧民,凯因是农民。在圣经和古兰经里,人类的第一个杀人犯是凯因。也就是说,农民为了固守自己的领地甚至不惜杀人,而游牧民不是这样的。舍利阿提还说,世界的被压迫者是阿贝尔的后代,需要恢复他们的权利。确实,农

211

业对人类来说，或者说是前世的报应，在破坏自然方面，是有问题的。

17世纪到19世纪的产业资本主义化和军事化，改变了世界的状态，我想19世纪尤其如此。这是在人类史中非常特别的、源自欧洲的现象。但是，一般来说，所谓后现代，有从伊斯兰世界的图景里接受各种东西而改变了想法的一面。

刚才，小林先生追溯人类的生活史，讲到了"互酬"问题，统一地生产大量东西，保证原料的供给，拼命地去卖产品。为此一味地强化武力，发动战争去征服别人。这在人类史上是一种特异的现象，野蛮的经济行为加军事化。所谓"经济学"，似乎在一方面是基于这样的背景，以如何将之模式化、理论化的形式产生的学问。对这样的问题我们应该怎么办呢？

在这种了解世界的方法和间宫先生的论题的关系上，这方面是如何说明的呢？因为已经有这么多人说了这么多，所以，我并不一定想要得到回答。要多重地并且双向地思考世界的状态，并不一定是在南北关系这样单纯的意义上，也不仅是在推动人类的经济行为的要素和被推动的人之间的关系这样的维度上。那样的话，今天间宫先生在讲话中，一开始指出的"作为私领域之学的经济学的历程"，我觉得是不是可以勇于尝试，在破坏经济学的方向上展开呢？

公共性与经济学、经济学批判

间宫阳介： 给我的论题题目是"从经济学的观点看公私问题"，但我本人对经济学完全没有什么留恋。也就是说，我从很早的阶段开始，就觉得经济学没有什么意思了。但是，在大学里必须得教经济学。虽然现在的京都大学并非如此，可以自由地掌握，但确实有过为了就业而不得不去教经济学，虽然不信，但也不得不教这样的矛盾。今天，我的论题最开始的部分讲经济学的主张，介绍的不是处在经济学边缘的我的看法，而是经济学本身对公共的认识。

因此，我既不认为"市场社会是欲望的体系"，也不认为生产和消费是完全分开的。不如说，我完全推翻了这些观点，在最后作为一个例子提出了"生活"这一观点。用半晶格状的这一复杂的图形来替换树状图的话，是不是和原来的概念系统就会有些不同呢？

以前的经济学一直在区分概念。花钱买东西是"消费"。不管是成人还是小孩，为了更好地满足自己进行消费。因此，小孩买一个价格为5000日元或10000日元的电子游戏卡，也是一个作为优秀的消费者的行为。成人在新干线上看漫画，也是因为与读艰深的书相比，看漫画的满足度更高。但是，不太会有人对此产生疑问。孩子也是消费者，所以没什么不可以。现在这个时代，压岁钱都拿10万日元、20万日元，没什么大惊小怪的，这样，就逐渐地肯定了现状。

但是，如果改编一下这个概念，加入"生活"这一观点的话，就会知道，被称为"消费"的行为里也有各种各样的侧面。所谓"游戏"这一行为里，有各种各样的侧面。也许要花钱买什么道具，但这并不是全部，作为"生活"的一环的"游戏"中的一环，比如，买电子游戏机。所以，倒过来想，就会觉得那是奇怪的。

要言之，各种活动、行为里有各种侧面。要素的上位有两个，相对于属于上位的半晶格状的想法，现代经济学的想法是树状的。某种最上位的规范无所不在。广义的效率性、生产上的利益最大化、消费上的效用最大化等等，一直普及到下端。因为对此有疑

213

问，所以，我提出了"生活"这一观点。

另外，所谓"经济学"也多种多样，不一定只有今天介绍的这些。过去就有对此的批判。这与古典派、新古典派、新自由主义等不同，一般被叫做"异端经济学"。实际上有叫《异端经济学》的书，海尔·布劳纳（Hell Bronner）等人也写过《世俗的经济学家》这本书。

所谓"世俗"就是"worldly"，意指主张更适合实际的、适应现实世界的经济学而不是观念的、抽象的、数理的经济学的人们。这些世俗的经济学家、异端的经济学家中，除凡勃伦、凯恩斯、熊彼特之外，还包括各种人。

214

这样的人总是存在的。比如在现代，既有人讲道义问题、伦理问题，也有人批判经济增长。也有人出了题为《小的是美好的》（*Small is Beautiful*）的书。

一直存在各种各样对主流的批判，经济学绝不是铁板一块儿。但是，把它作为"一个理论"来看的时候，主流一定是一个"统一的体系"。其他作为体系是不成熟的。批判它的意义可以理解，但作为批判必定有不对的地方。如果是公开出版的书，也有说得对的地方。但我常常收到非学界人士自费出版的书，读起来好像写的都是各种牢骚。诸如泡沫经济真是不像话，什么什么真是岂有此理……还有，这是题外话，甚至有叫《用四柱推命占卜日本的景气循环》的书。

确实是有不满。既有对泡沫经济的不满，也有各种各样的不满，所以要发泄，这在某些方面是正确的。但是，说到它能否成为对整个经济理论体系的冲击，也并非如此。因此，我自己从二十多年以前开始，就一直在想，有什么样的批判方法，但最终没有找到很好的视点。

我思考"公共性"问题的契机,是因为我强烈地感觉到,不仅是城市,整个社会都缺乏活力,没有生气。要说这是怎么回事,就是"私化"(privatize)惹的。板垣先生建议更加彻底地追求"私",确实没错,但在另一方面,比如鹤见俊辅先生就在讲"孩子王(Gakideka)主义"。孩子王是漫画《小巡警》(*Komawarikun*)里的主人公,是非常自私的人,只顾自己。鹤见先生主张,以只追求自身利益的人为基础,创造公共性的世界。最近写了《战后论》这本书的加藤典洋先生,也有同样的想法。

这是可以理解的。也就是说,在鹤见先生的头脑里,无法抹去对战前、战时"灭私奉公"的强烈印象。要言之,"公共"即等于"公",而对于这个"公","私"就会变成"奉公"。对此,鹤见先生有生理上的厌恶感,所以,他提出了以"私"为对抗轴的观点。战后,所谓"思想的科学"等等,很快就变成了某种意义上的大众主义。

鹤见先生厌恶的军国主义和德国的法西斯主义,看起来似乎是自上而下地把"公"强加于"私",其实是"公"具有被"私"所接受的根深蒂固的基础。最近,立命馆大学一位叫佐藤卓己的人,用"法西斯分子的公共性"的概念,揭示了这个问题。也就是说,当个人封闭在私的硬壳中而自我闭塞的时候,就出现了希特勒,讲些非常冠冕堂皇的话。当时是失业、不景气的时代。一旦有人拿"我给你们提供工作"做诱饵,大家就会"哇"地一下子一拥而上。于是,就逐渐成了"希特勒万岁"。

托克维尔在《美国的民主》中,也说过同样的话。他认为,也许美国民主主义的危险确实在于多数人的专政,但还有一点是,每个人都封闭在自己的私的硬壳里,对他人的事漠不关心。这就会出现某种集权性权力的危险性。我想,托克维尔考虑到了一个刚

215

好和希特勒的问题同样的问题。因此,(仅仅)追求私的事情,这样也许会产生公共性的世界。但另一方面,一旦出现法西斯分子式的某种强势的权力,也可能会发生一下子彻底垮掉的事态。读政治方面的书,能感觉到这一点。

在城市里,人们自由地行走在街道上,或者来往于大杂院的小巷。由此那儿成了一个公共的空间。并不是对别人的事表示关心,只不过是为了自己的目的而在使用道路,这就成了公共的空间。但是,在政治的世界里,如果只做自己的事,也并非没有变成法西斯分子的公共性的危险性。我最近一直认为,这和具体情况具有非常密切的关系,其中也未必会产生某个共同的命题。

今天,今田先生的讲话也谈到,从个人的"私"的世界中会产生公共的世界,共有资源的世界不也是如此吗?确实是这样的,共有资源也会变成全球的资源(global commons)。如何减少大气中的二氧化碳的问题,要从制定使用大气这一共有资源的规则开始解决。这当然会创造一个公共性的世界。

但是,就本地的共有资源(local commons)而言,哈丁的《共有资源的悲剧》是一个误导,哈丁说的陷入悲剧的所谓"共有资源",其实并不是"共有资源"。所谓"共有资源"是指过去发生了各种情况,所以建立秩序进行制度化,烧荒种地等也是如此。所以,哈丁所说的"共有资源的悲剧"的"共有资源",并不是"共有资源"。或许说成"真正的共有资源开始于哈丁的共有资源快要结束的时候"更为贴切。

大气的问题,因为需要主权国家之间的协商,我想会有更多政治性的要素。也许很难,但如果各国认识到事态的严重性,形成某种规则的可能性很大。

然后,还有一个是制度。虽说市场社会是私的领域,但还是有规则的。哈耶克认为，连议会制定的法律也是人定的，所以会被加进随意的要素。与这种制定法不同，习惯法（自然形成的法律，或是法官根据判决而进行规则化的那种法律）是从市场的内部自然地产生的，很少有随意的要素进入的余地。可以说，是某种习惯、惯例建立了市场社会的规则，所以，哈耶克非常重视习惯法。

另一方面，在美国有所谓的"制度学派经济学"。其代表人物凡勃伦认为，所谓制度，比起规则来更是人的思考习惯。这一思考习惯，对凡勃伦来说具有非常消极的意义。例如，人人都有"劳动是非常令人讨厌的"这一思维习惯。所谓劳动就是"辛苦"（Labor）。

在《有闲阶级的理论》一书中，凡勃伦分析了有闲阶级的各种消费。女性的裙子非常瘦小，不便于行动，非常的死板。又如，南方的富豪让佣人穿非常死板的制服。通过这样的事例进行各种分析，其中被共同证明的一点是，想要免于劳动的愿望。穿死板的衣服，意味着可以不用活动身体，所以，是不用劳动的有闲阶级。有闲阶级的消费有意、无意地表现出自认为被免除劳动的想法。那么，厌恶劳动的思维习惯，是如何产生的呢？他追溯其原因，分析在"制度"上，发端于开始出现"私有权"。如上所述，在凡勃伦那里，"制度"具有非常消极的意义。

有人说，这样的"规则"、"规范"以及"制度"才是"公共性"。我认为把这些叫做"公共性"而受益的是城市。例如，城市进行自由化，放宽建筑容积率、建蔽率，是撤销对经济、土地的限制而放任自由，所以，对拥有土地的人和房地产商来说，都是令人满意的。我感觉放宽限制的中心点，不如说是放宽对城市的限制。所以，如果对此没有"公共性"这一视点，就不能提出疑义。作为对抗希望随意撤销对高度和用途的限制这一主张的批判轴，"公共"这一视

217

点还是必不可少的。但这时候，有必要非常周密地思考，何为"公共"的问题。

但很多时候，也并非如此。如果把什么都定义为"公共性"，变成规范＝公共性的话，就会到处都是公共性，事情反而会变得非常繁杂。

还有，小林(弥六)先生讲的"经济人"(homo economics)，我知道这也确实很有问题。所以，波兰尼虽然也可作为19世纪体制论、20世纪体制论来读，但另一方面，《大转折》也被当做经济人类学在读。波兰尼本身是出于"互酬"、"再分配"等各种动机进行对古代社会、原始社会的经济分析的。这种经济人类学的分析越来越多，相应地也取得了各种成绩，有了积累。

但即便如此，正统的经济学体系，还是有一些类似于想象中的怪物一样的地方，不管捅着哪儿，它也马上会活过来。恐怖电影里经常出现的，不管用斧子怎么劈，也会马上复活的可怕的妖怪那样的东西，就是经济学。不管怎么批判它，还是会站起来往前奔。即使用"经济人"论去批判，也会马上又站起来反驳说："这不过是把现实的一个侧面扩大化并加以定式化而已"云云。

在这样说的时候，现实中会把不过是一个侧面的东西实体化，要求因为如此，所以放宽限制吧。假设是一个侧面的话，就不应该要求放宽限制。可是仍要求放宽限制。于是，又变成了类似于自欺欺人的东西。简直是按下葫芦起来瓢，无计可施。所以，要说从什么方向批判经济学为好，是非常困难的。

最后，关于"世界"的状态、与世界打交道的方法的问题，作为我本人来说，我并非没有在考虑板垣先生所说的内容，倒不如说，我认为必须考虑那样的方向。我希望从各种方向加以考虑，并且，不是干巴巴的抽象的讨论。但我也不知道从什么方向开始接近才好。作为结论,所谓从经济学角度来看云云,到底指的是什么,老实说,我自己也不太清楚。

拓　展

主持人：金泰昌

实践的公共性、规范的公共性

金泰昌：这次主要从社会、经济、政治等各个领域的语境，来重新思考"公"和"私"的问题，我认为这一宗旨（愿望）在很大程度上已经实现了。

整理"公共性"这一抽象的概念，当然，重要的是今后要继续强化、提高它的质量。在这里，我还想再探讨一下另一个"实践的公共性"的问题。这与我们加入所谓公共事业或者公共费用之类的政府行为不同，是从我们主体性的活动、实践所生成的"公共性"的问题。

比如，今田先生所说的支援活动，按过去的想法那是私的活动。但是，最近逐渐地开始承认这一公共性。在日本把支援活动作为私的认识还很强。希望今后能转变这种认识。

按以前的想法，适应"生活"需要的活动是私，育儿以及教育孩子等，作为一种满足个人（父母亲）的需要和目的的行为（活动）的意义上是"私"的领域。那么，什么地方、什么样的契机或者动机或者形式可以被认为是具有公共性的呢？

更进一步有"规范的公共性"的问题。佐佐木先生以"一般性"、"公平性"、"距离"的说法，大致讲了这个问题，但我认为一方面,要开展活动,不管怎么说,还是需要理念的、价值论的公共性。那么,如何归纳整理,才能尽量在广泛的范围内,被认可的规范的公共性得以成立呢?我想,可以用"理念"或者"规则"、"规范"、"法律"、"章程"等各种词汇来表达。

在最近的讨论中经常出现,认为把公共性作为空间概念来把握是最现实的、有意义的看法。实际上,在我们看来也的确如此。但是,比如,说"公共空间"的时候,容易只想到已经形成的空间,但我认为,即将创造出来的空间才是重要的。因为认定是既成的空间,对象就会成为"广场"或者"咖啡屋"之类的东西。原本是私的空间的咖啡屋和沙龙,根据在其中进行的活动的性质,转换为"公共的空间",这可以说是"公共空间生成"作用的结果。人类行为和行动的结果,带来了公共空间。我还是想采用这样一种生成论的看法。

因此,不是从一开始就划分"这是公共空间,那是私密空间",而是正在那儿进行的活动,开拓、生成了公共空间。我感觉从实践的观点来看,这种更为生动的把握是有用的。

最后,还有一点,从每个人的立场来看,我想还是意识的问题。不可否认,一方面确实存在私的意识。另一方面,也有公共意识的维度。这两种意识的相互关系是怎样的呢?如果不否定私的意识,是不是就不会产生公的意识?还是并非那样,倒不如说,只有通过活用私的意识,才能在其中产生公的意识呢?

所谓"意识",必定容易变成个人的意识。于是谈到"空间",佐佐木先生谈到了团体的精神或灵魂。他认为,在团体有其相应的和个人意识不同维度上的所谓精神气概,在这个前提下,在与公共性的关系上,不如说团体更为重要。

我们是不是可以认为,在审判、警察以及行政等地方,平常作为私的意识所有者的个人，在所属组织的现场，作为法官或警察官开展活动的时候，与其说是在以个人的意识行动，不如说是根据团体的精神在行动。所谓一个人成为圣人，仅凭这一点有些部分难以解释。即使法官个人是像圣人一样的人，也并不是凭这一点来进行审判的。作为个人，即使是接近于圣人的人，有时也会在社会（公共）方面受到审判。

比如，耶稣基督即便被认为是历史上最大的圣人——神之子，但在现实中，还是受到了罗马总督彼拉多（Pontius Pilatus）的审判。其被审判的缘由是，在罗马时代的耶路撒冷，从犹太人民族共同体的立场来看，他的言行被认为"会污染包括年轻人在内的公共的心灵"。当然，从基督教信徒的观点看来："这真是岂有此理，彼拉多才是人类史上最坏的恶人。"

但是，从犹太民族共同体以及君临其上的罗马帝国这样一个空间秩序来看时，作为当时的判断，是以同"耶稣是一个圣人，或者不是圣人"这一道德（伦理）判断的不同判断来进行审判的。

如上所述，困难之处在于，以公共观点来判断一个人的行为是否被允许，和一个人作为个人是不是高尚没有直接的关系。对各个学者来说，根据其个人的意识，有判断"私的自我"和"公的自我"的基准。其中，当然可以表现出道德、伦理的一面，但这完全是以自我的信念或意识为中心的。是否回答包括这样的自我本身在内的各种人，对共存的空间的要求，这是公共的观点。因此，这和个人的维度是不同的。

因此，我希望将来如果可能的话，在这个研究会上，以源自日本的西田哲学的"场的逻辑"为基础进行讨论。西田哲学甚至把人的"意识"也看做一种"场"。我认为西方的心理学者所说的"私的自我和公的自我共同成立的场"的看法，和西田哲学非常接近。

223

在西方,过去一直认为"意识"是一种"流动"的倾向,是"被封闭在私这一身体中的意识的流动",在这个意义上,出现了"身体性"一词。但是,我建议稍微偏离一下,从另外的角度来看,我也想和花冈先生一起讨论一下这个问题。比方说,今田先生的意识、花冈先生的意识、我的意识、矢崎理事长的意识,如果都没有共存的根据的话,就不能存在。难道没有一种把这些意识全部包括在内并使之成立的东西吗?我觉得不如从这个角度来看"公共性"更清楚。

我不是哲学家,但如果假设有一种哲学把个人的意识都用"场"这一空间概念来把握,认为"自我"或"他者"是从这一"场"中形成的。如果这是源自日本的哲学的话,在某种意义上来说,我感觉这比任何一种哲学都更能提供我们思考公共问题的哲学依据。

根据我的立场,重新思考我这两天听到的内容,包括上一次的"从比较思想史的脉络看到的公私问题",我感觉还是有上述的一些课题没有解决。我想今后继续思考这一问题。

那么,因为板垣先生时间有限,我想先请他发言。

空间的公共性

板垣雄三:这次,我原本只是打算作为大家的听众来出席的。听了刚才金先生的话,觉得不虚此行,还得到了发言的机会。

其实,有很多问题都能想象的到。尤其是所谓"空间的公共性",是这次研究会非常重要的一个想法。刚才我说的和世界打交道的问题,其实在某种意义上就是这么回事。

明治以来,日本的大学组织和学科领域(discipline),可以说是接受了西学之后,学术界人士协同建立的一个框架,这也是记述、分析或综合了16世纪以来欧洲人的知识见闻或者经验建立起来的。但实际上，所谓大学是由继承了古代希腊人的知性活动的伊斯兰教徒们创立的，也构筑了学问体系、学问分类。可以说是以引进(继承)的形式，在刚才说的16世纪以后的欧洲人的知性活动中确立了学问体系。在这样的知识体系的基础上，形成了今天日本大学的学科领域。

但是，其中还是有很大的偏见。如上所述，这一直反映了欧洲人的世界研究、区域研究所存在的问题。今天，在现实的、非常多元的世界中，重新认识这一体系，并参照它解决现实中所发生的各种问题的能力来看，这一体系已经破绽百出、完全不合时宜了。现在学科领域的现状，已经不能够很好地适应今天世界的现实了。学问以及大学安于这样的现状，我认为这是世界的一个非常大的问题。

在非常重视欧洲中心这一限定条件下的经验的记述或分析、综合中，在经济学的问题方面，我曾指出过"对在这种产业资本主义和军事化的基础上所开展的各种经济现象的记述和分析中，存在一个巨大的陷阱"的问题。就像岩崎先生和小林(弥六)先生所说的那样，我认为，如果从另一个领域来看世界，问题会截然不同。

例如，在旧开罗的传统街区至今还有手工作坊。里面是作坊，前面是商店。经过的客人，如果看上什么东西，说"我想要这样的东西"或"那个好"，主人就会让客人稍等，跑到里面去，可以说是以一种订货生产的方式在做生意。在那里生产过程和交易是以直接联系在一起的形式进行运作的。

另一方面，在工厂通过机器一下子生产了大量均一的产品，必须用暴力的方式确保作为其销路的巨大市场，并且获得大量的原料。这曾是产业资本主义的实际状况，但在旧开罗和大马士革等地,能确实感受到和这种层次的经济完全不同的世界。这样一来,所谓的世界(比起世界经济学所认为的)是更为广泛的、包含更多的东西。从那样的地方再来重新审视今天的学问的状况,可以说是非常可笑的。

金先生说到了"形成的空间",我提出与世界打交道的问题,主要还是想说我们有必要把"公"或"私"进行灵活的各种置换而加以重新考虑。可以说,是把"日语的空间"变成"私"。换言之,把在"日本"这一"场"思考问题的行为本身看做是私的行为,而把由跨文化的非常丰富的现实和多样的文化构成的"世界"看做是"公"。

这样看来,一直只用日语思维,用奇妙的翻译文化的日语来思考问题,是多么的本末倒置啊。把从某处客观化地来看,会令人忍俊不禁的奇妙的日语空间误解为"公"。年轻的足球迷们大喊"日本! 日本",这在某个全体状况中会被巧妙地利用。如何改变、超越,必须鼓舞、激励自己的某种民族主义的状况并改变其意义呢?

与此相同,从以日本为中心思考问题的国家经济出发,归根结底,政治也就变成了谈论日本政治的情况。确实应该从日本出发,但如果就此变得自我封闭的话,这和在电车中戴着耳机听音乐而与周围隔绝的年轻人的问题是一样的。

因此,为了创造出新的公共空间,可不可以尝试着重新组合一下学科领域呢? 或者重新认识日语的空间,或者换一个角度来看"日本"这一"场"? 我认为想通过这样的努力创造公共空间,和获得公共性的"场"这两件事是密切相关的。

其实,我自1960年以来,就一直提倡"n区域"工作模式。"n区域"的 n 是可变的。既可以很快变得很大,也能一下子收缩到一点上。试想,其中可能有类似于多层的差别结构。如果设不断

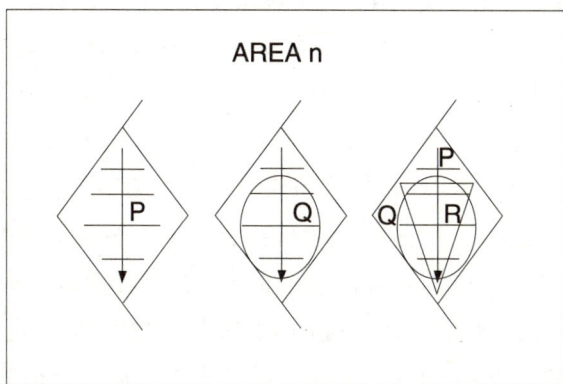

图　3

再生产纵向贯通的体制的力为 P，设创造出超越多重差别的某种连带性、人们的连带性的力为 Q，在 P 和 Q 对抗关系的场中，形成叫做 R 的某种楔子。可以说，这是一个管理体制。为了维持 P 这一原本存在的力的"场"，就需要楔子 R 的力。"PR"对"Q"的力相互作用，互相对抗。所以，我把这样的场看做是"区域 n"。

假设 Q 是突破不断再生产多重差别结构的力量（P），获得人们的连带性的"民族运动"。一边在某些地方利用这一民族运动的力量，一边又将其瓦解的楔型管理体制就是 R，我称之为"民族主义"。为了突破 P 和 R 这一力的组合，Q 如何地进行对抗呢？"n 区域"被认为是这一对抗的"场"。

这是我从 20 世纪 60 年代中期开始，就一直强调的老掉牙的话题，后来，我也经常反复地进行讨论。几年前，由岩波书店出版《历史的现在和区域学》这本书时，我也把这一观点加进去了。"n 区域"是非常多变的，最小的点是个人。如果扩大开来的话，是连地球或者宇宙空间的某个部分也能纳入其中的"场"。这和一个个打开而不断有同样的玩偶出来的俄罗斯套娃是同样的想法。我想"n区域"的"区域",相当于这次研究会所说的"空间"、"场"。也可以是现在我们站着的脚底下的地方。这样的"区域"的最小单位是个人。

区域的最小单位的点中,也有"PR"与"Q"的对抗。也就是说,个人的思想或者精神世界内部,也有这样的多重差别以及想要突破它获得连带性的运动,将多重的差别封闭在楔型的框架中,要努力达成和解的某种妥协在起作用。用刚才金先生的话来说,这是个人的"意识"的问题。把这原原本本地以同一结构扩大下去的话,就会扩大到地球社会这一空间。

如何才能获得跨文化的公共空间呢? 我现在特意强调"跨文化",是因为从今田先生关于交往和自我同一性的问题以及思考所谓"支援"在国际场合的行动化、活性化的谈话中受到很多启发。在跨文化的地方,获得公共空间时的最小单位,仍然是"个人"的意识和在心中的"PR"与"Q"的对抗,绝不是世界主义者所说的"大家和各种文化的人友好相处吧"这么简单。我认为我们必须考虑更严峻的(个人内心的)现实。

听到金先生讲,想把空间的公共性和意识的问题联系在一起考虑,我从中得到了某种意义非常深刻的信息。

金泰昌:我完全同意刚才您说的模式。我认为意识的问题也是(从个人到地球)让两方面共同发展的一个好的模式。

我想再扩展一下刚才板垣先生讲的问题。这是我和矢崎理事长一起做各种工作的经验之谈。比如,A和B文化圈彼此不同的人在一起工作。这样一来,在A先生看来是"公"的工作,在和文化圈不同的B先生一起工作时就成了"私"。

那么,如果说在那种情况(发生公私观错位的时候)下,哪里有公共空间呢？我认为就是"翻译"。可能这种说法在逻辑上有些跳跃性，翻译里没有所谓的"自己"。翻译承担着为 A 和 B 两个人通过互相对话而带来 C 这一结果的作用，但失去了翻译本身的私的部分。

在日语圈的空间中有"私"（private）和"公"（public）。但是，和别的语言空间圈在一起，从更大的视点来看日语文化圈是"私"。那么英语文化圈是"公"吗？这也是"私"。英语文化圈和日语文化圈既有协调又有对抗。对抗的时候，既有风平浪静也有激烈对立的时候。各种对话的结果，既有吵架分手也有达成共识的时候。不管出现什么形式的结果，都有达到那种情况的一种过程。

在我的脑海里浮现出各种具体的情景，听了板垣先生的话，我认为在成为对抗关系的时候，一种"翻译"的作用，同样相当于某种意义上的"公共性"。

前几年，美国的通商代表甘特和当时的日本大藏大臣桥本龙太郎举行了日美经济框架协议的谈判。如果从日本来看，当时的桥本先生是站在日本的公的立场，但是从美国和日本的两国间关系来看则是"私"。美国的甘特先生也是"私"。桥本先生始终只坚持本国的主张，相应地甘特也只坚持本国的意见。"私"和"私"相互碰撞，要从中得出令人满意的结果，需要什么呢？

碰巧甘特先生不会说日语，桥本先生也不会说英语（在立场上）。当各自要用本国语言互相坚持私的空间的利益时，要在包括被相对化的"私"的同时，产生超越它的维度，"翻译"这样的作用是不可缺少的。我想当时的译员真是一名非常出色的翻译。可以说，她把自己的存在完全变成了"无"，进行了一场使甘特、桥本会谈双方的优点百分之百被体现出来的著名翻译。

比如说,还有一件事。有个和尚净讲些高深的话,即使用的是日语也听不懂。但是,他所讲的内容,通过著名的翻译,很流畅地传到了英语圈的人们的心里。结果,若是平常,话太难懂了就会发怒的英语圈里的人,也说"这样完全听明白了",那个和尚的名声也变得很好。于是,所谓这种翻译中表现出来的"公共性"具有"隐蔽"的一面。所以,我认为也有与佐佐木先生所说的"暴露的世界"不同意义上的公共性。

还有,我认为,像板垣先生所说的那样,我们也应该考虑考虑全球化的公共空间。如果总是从"更高层次"的公共空间来看,比其更低的公共空间当然就是"私"了,到最后就到达个人的意识。但是,如果扩展的话,就会一直扩展到宇宙那么大。我认为这样具有灵活性的公私关系的想法才是重要的。过去"公"和"私"是分开的、被固定的。因为说"这是'公'那是'私'",所以,就认为远离"私"为好,或者否定"私"。其实并不是这样的。如刚才板垣先生所指出的那样,站在"私"也是面向"公"无限开放的这一动态的观点上,总是把自己相对化,一起朝着更高的维度努力,更让人期待。

我想问板垣先生的一个问题是,如上所述,在形成比复数的"私"共存维度更高的"公",即进行共同体建设(community building)的时候,我认为所谓"信赖"是重要的。如果没有"信赖",就无法开始,即使开了个头,中途也会失败,但这个所谓"信赖"的要素处于先生的"n 区域"的什么位置呢?

板垣雄三:要说的话,Q 就是那个位置。刚才我用"连带性"这个词来表述,但如果没有"信赖"做基础,"连带性"就无法成立。

金泰昌:是这样的。所谓"公共性",即使在理论上被构建起来,当我们思考它是否渗透到生活世界中,甚至与每个人的生活实践发生联系的时候,我想不可避免地会碰到"信赖"的问题。我想,今天板垣先生的讲话,也从这样的侧面指出了很重要的一点。

为了得到"信赖",不是什么事都只做一两回,而是要一直继续下去。好不容易开始做好事,如果马上停止了的话,"信赖"就无法建立起来。好事在常年坚持的过程中,会自然地形成对它的"信赖"。在日本,志愿者活动也越来越多。比如,即使在阪神大地震等时候做了志愿者,如果热情马上冷下去的话,就会被认为只是一时兴起,不太会得到周围人的信任。我想信赖的根底就在这些地方。

一直坚持不懈,个人也好,团体也好,在被认为"啊,如果是那个人(团体)做的话,就值得期待"、"可以信赖"的时候,公共性才能被承认。只是叫嚷一下公共性,干了一阵子就草草了事的话,人家就会说:"下次会做什么呢? 还不是同样的结果"。因此,我认为在思考"公共性"的时候,"信赖"的问题一定会在某个时候作为一个重点出现。

经济活动中的公与私

金泰昌:今天经济学的岩崎先生和小林(弥六)先生在场。这两天听了二位的讲话,我想重新问一个问题,即"经济活动"是私的行为吗? 昨天的谈话中,说到"经济学"是私的领域的学问。那么,所谓"经济活动"是彻底的私的行为吗? 如果不是这样的话,根据它的状态以及方向、目标,"经济活动"也能变成"公共的"吗?

岩崎辉行:首先,允许我以回答刚才金先生提问的形式谈谈看法。

从结论来说,我认为"经济学"是以所有的经济活动都是"私"为前提而成立的。交易本身当然是通过"市场"进行的,作为参加市场的单位有家庭、企业、政府。这三者以"公"和"私"的概念来区分的话,就都是"私"。交易本身始终是为了各个单位的目的进行的。作为其结果,能够达成各自的家庭、企业、政府的目的。判断的基准是"帕累托最优"这一概念。在这个意义上,我想作为经济学的概念,可以把一切看做"私"。先不管现实如何,在逻辑上,这样的前提是成立的。

但是,我想,间宫先生也是这样认为的,光靠这样的说明并不能把握现实。也就是说,为什么是"私"?那是因为"家庭"、"企业"、"政府"的判断都是各自独立的。也就是说,家庭是不受企业、政府的行为所左右的。企业也不受家庭、政府的行动所左右。因为判断是独立的,所以,只要不以"私"为前提就无法成立。

金泰昌:如果判断是独立进行的话,就是"私"吗?

岩崎辉行:在经济学上是这样的。那么,我是怎么看的呢?这和怎么看"公"和"私"的问题有关。我认为"公"和"私"的关系是互补的。"私"和"自己"并不一致。也就是说,在"自己"中也有"公"和"私"。这样的话,所谓"私"就被其他的"私"左右。事实上,经济现象中这样的事很多。

所以,我在考虑这样一个假说,即今后不以各自的独立为前提,彼此必须在"公"这一"关系"中进行判断,并进行以此为前提的交易。我感觉这部分,似乎和刚才板垣先生所说的概念(n 区域)有接近的地方。

间宫先生在论题中使用了"市场"这个概念,但没有说到如何认识这个市场本身的问题。所谓"市场",必须是非常注意思考的"场"。有什么样的交易主体参加,以及各自的交易主体以何种动机进行交易是很重要的。有交易就一定有交换,也就是交换比率的成立。

在这儿讲这个话题有些不按顺序,第三世界的现在的经济交易看起来非常简单,对将来的日本或者现在的资本主义国家的经济状况,具有非常有益的启示。例如,我想过去的日本也有过这样的情况,村里建起了市场,买卖农机具和食品等等。农机具并不是所有的村子都自给的。在某个特定的地区,比如,只生产镰刀,村子的人会去邻村的市场把它卖掉。在资本主义社会来说那是"垄断"。因此,手艺人能够利用垄断的立场,抬高价格成为有钱人,但他们绝对不会这样做。

为什么呢? 这关系到什么是共同体的原理以及包括共同体在内的那一区域的人们的联系是通过什么才得以成立的问题。这部分是高度文化人类学的内容,我自己并没有调查,所以只是推测,和刚才金先生说的"信赖"这一概念有关。要言之,不能只有一个地方特别突出。如果突出的话,他们这次就不能卖了镰刀去买米了。也就是说,如果"信赖"被破坏的话,就要采取制裁措施。经济交易是以存在这样的相反行为为前提进行的。

举一个实际的例子。我买了摩托车,在印度尼西亚进行田野调查。那时,关照过我的一个印度尼西亚人向我借钱。换成日元的话是几万日元,对我来说也不是什么巨款,所以,我决定借给他了。于是他就说要写借条"某月某日还"。我说:"我信赖你,所以不需要",他坚持说:"不,我要写的",所以就让他写了。可是到了日子他也不还。我不停地催,回国前好不容易让他还了一半。

而另一方面,我回日本的时候不得不把摩托车卖掉。出售的事委托给了中国人开的汽车行。我说:"不管怎样我都信赖你,所以也不要收条了",就回来了。他很好地守住了约定。实际上,那次是我的一个中国裔印尼朋友给做了中间人。

据他说,住在印尼的中国人中间,有一种秘密结社。因为作为

233

其中一员的他给我做中间人,我得以搭上秘密结社的组织的一角。所以被认做是秘密结社内部的交易,约定也被遵守了。

也就是说,我的印尼朋友没有遵守约定,意味着我没有被承认为他们的集体的一员。如果我作为印尼人集体的一员被承认的话,他一定会遵守约定的。即这样的信赖关系并不是以其自身存在的,所谓信赖本身也是一个社会规则,我想其本身也可以看做是会变动的。

于是回到"公"和"私"的问题,"私"属于各个集体(单位)。我想各个单位本身是"私",而"私"和"私"的关系是"公"。所以刚才说,在经济学上各个单位是"独立"的,是舍弃了作为"私"和"私"的关系的"公"。

虽然标有家庭、企业、政府的名字,但这些作为概念都是"自己"。全部集中在自己这一点上。一开始"私"已经在那儿了,但是,所谓亚细亚方式的社会,在"公"、"私"两方面都是非常灵活的。这两方面构成了一个世界。所以"私"和"公"是互补的,是通过"公"和"私"的存在产生自我同一性的世界。以此为前提的经济交易的形式及其结果,必然是一个和近代经济学作为前提的概念完全不同的世界。

金泰昌:可不可以认为,中国裔印尼人是起了一种"翻译"的作用呢?

岩崎辉行:也可以这么解释。

金泰昌:当您强调"经济活动是'私'"的时候,超越"私"的判断和目的的独立性,不是可以把"私"和"公"变成一种相互依存的关系吗?

岩崎辉行:交易本身是一种"场"。这是在作为一种限制交易单位行动的概念的"场"中的相互依存。

金泰昌：按间宫先生的说法，近代经济学似乎把"市场"看做"私的经济空间"。在我看来，加入其中的因素是"私"，但我想，不管是国家还是企业还是什么，作为因素和因素相互作用的场的"市场"本身是"公的空间"。

岩崎辉行：不，问题在于如何把握这个"场"。把这个"场"作为"公"，还是作为"私"呢……这原本取决于如何把握"公"和"私"。

金泰昌：您是如何看的呢？

岩崎辉行：我认为是"公"和"私"接触的"场"。

金泰昌：是这样的。

岩崎辉行：所以，既不是"公"也不是"私"。我认为是另外的概念。也许可以使用"公共"的概念。

金泰昌：我想是"公共空间"。

岩崎辉行：这虽然很难，但是把所谓"公"和"私"作为实体来把握，还是作为关系来把握呢？

金泰昌：是作为关系。

岩崎辉行：是把"私"作为关系来把握吗？

金泰昌："公"和"私"是关系，于是"公"也是关系，但是"私"是实体。因此，我认为如果把无论什么都"实体化"的话，会成为"私"。因此，虽然作为"关系"的政府是"公"，但它一旦变成实体就会成为"私"。这是我想联系政治哲学角度的论题提出的问题。因为这次是经济的话题，所以不想扯到那里去……

岩崎辉行：但经济学总是把这个问题搞得很含糊。

金泰昌：姑且先搞含糊了……

岩崎辉行：但是在这样的场中，那可含糊不得。

金泰昌：假设经济学有成为公共性的可能性的话，那是什么时

235

候呢？那只有在一种情况下,即在市场上各个因素作为其中之一(one of them)参加经济活动,互相竞争或者融合的时候。可不可以说,这时的"市场"处在向参加者追问公共性的立场上呢？如果不经过这个手续,通过垄断或者不公开信息而对"市场的原理"置之不理的话,"私"就会越来越强化。

因此,我认为不管"市场"是不是很好地发挥机能,如果企业遵守"市场"的规则加入"市场",参与相互作用的话,这种相互作用本身就是"公共性的"。

所以,为了忠实地维护经济学的学问,认为经济活动从一到十全部是"私"的这样的经济学观点未尝不可。但将之相对化,从更广阔一点的世界来看的话,我认为"市场"是某种公共空间。

作为经济学家,岩崎先生是怎么看待这一点呢？

岩崎辉行:在现阶段,我不知道这是不是正确的。但是,对我自己而言,市场始终是一个"场",既不是"公"也不是"私"。我认为这是"公"和"私"接触的"场"。

那么,从现在的意义上来说,昨天,政治的论题里讲到的法院是公的空间,还是私的空间呢？

金泰昌:说得更详细一点,我对于"公共"的解释是,"公"和"私"纠缠在一起,根据情况,有时候强调"私"的部分,也有的时候强调"公"的部分。但不管怎么说,可能会发展成两方面相互纠缠的结果。我特意用"公私共进的"这个词,指的就是这种情况。所以,如果说是"公"的话,就容易被实体化,如果说"私"的话,就真的被实体化了。所以才进行"公私共进的"活动,当然,这个"场"本身也如先生所说,既不是"公"也不是"私"。从作为"公私共进的场"来把握的观点看,"市场"也能够成为这样的一个"场"。

只要开展的是以国家为中心的优先思考政治的逻辑,战争会成为动员的、管理的、统治的公共性的极端状态,我想这是以前的"公"的看法。相对的,如果开展以超越国境的市场为中心的优先思考经济的逻辑的话,所谓交易才是参加的、自主的、自发的、公共性的普通状态。我想,我们也可以认为这是新的"公"的存在方式。

我想把前者叫做"战场模式的公共空间",后者叫做"市场模式的公共空间"。我认为,由前者向后者转变是今后的趋势。

小林弥六:我认为刚才岩崎先生的谈话和间宫先生的论题,已经说得非常具体了。可以说,我也搞了一辈子经济学,从这个体验来说,对于金先生问的现在的经济活动可不可以说是私的问题,我想大多数人还是会回答是"私"。在经济学上,本质的问题最终总是要被形成为经济理论。

最近的经济理论也有各种各样的流派,有很多标签,非常混乱。在有二三百年传统的经济学中,考虑经济问题时,几乎都要联系某种意义的理论。在这种意义上,思考经济或多或少和思考经济理论相通。从经济理论的观点来说,经济活动确实是私的行为。拥有私有财产 A 的 B,根据自己的判断,比方说,和拥有财产 C 的对方交换财物,这时,可以自由地进行特价处理,觉得价钱高了或低了也是自由的。在这种意义上,被认为是一个自由的世界。

当然,关系到财产所有的所谓私有财产权,是被作为一种一般性的公理对待的。国有财产有些不同,但财产的问题各种各样,基本上是私的性质。在合作、合资公司,公司的财产也是私的,如果是股份公司的话,大体上是私的,但在拥有复数股东的意义上,有一些半公的感觉。总之,经济主体被解释为具有私的性质。

企业或者家庭的经济主体,在生产、供给、流通乃至"市场"的过程等中,进行各种各样形式的交往。既有面对机器的时候,也有到店里与顾客面对面进行销售的时候。百货商店等也是这样的例子。消费者一方,也是根据私的自我判断用自己的收入来购物,这用理论来说,就是追求效益最大化的选择理论。

那么说到价格,通常的理论是,由基于一般均衡理论体系的帕累托最优以来的方程式决定。总之价格是公的,是在私的竞争中决定的,并不是谁凭借公的权力或者有实力的人决定的形式能够决定的。价格反映了需求、供给以及其他的情况,随时变动。消费者一边盯着价格,一边决定自己的消费行为。

在企业这方面,从成本、收益等考虑各种价格来决定企业行为。作为整体的市场行为,是按照这样的形式进行的,市场均衡得以成立。就宏观而言,包括国民收入的决定体系。如果把它加以动态地展开的话,就会成为加减几个百分点之类的成长理论。在这种意义上,作为一种想法被认为是私的性质。

但是,在第二次世界大战后,国际经济关系变得非常引人注目,于是,出现了所谓国际经济学。这样一来,在这个领域就不能光说是私的了。存在关税问题或者各个国家的经济政策的问题。比如,这个国家的企业把东西拿到对方国家的企业去推销的行为,是一种企业的自由活动,但是国境线总是存在的。

还有一个,所谓政府仍然有一些问题。预算等属于金钱的计算,所以,政府在某种程度上具有私的性质,但预算的主体必须承认公的东西和私的东西。所以,这里也会出现公共性的主体。私的利润是主要的,但中央政府和地方政府这样的一种公共体,还是作为各种经济行为的主体出现或者介入。一般是这样解释的。

从这种意义上来说,作为两次世界大战之后至今的经济常识,各种要素进入了纯私的、纯公共性的等领域,变成了混合经济。也就是说,光靠市场经济是难以维系的,这是当今世界的常识。所以,如果公的东西不进入到经济中,无论怎么做都不会取得经济和社会的平衡。如果失去平衡,就无法维护社会的安宁。亚当·斯密等人也对此有过各种论述。

不知道这是好还是坏,但经济学渐渐地纯化,变得更有系统、更精致了。在精炼的过程中,有逐渐筛掉的东西。我想这样剩下的,意想不到的竟是"所谓经济是私的"这样的说法。

但是,现代经济是混合经济,这是在东西方都不言自明的道理。问题在于如何取得"私"和"公共性"的平衡。所谓的注意景气的动向,或者说,如何调整收入的再分配的问题。

如果对市场经济放任不管,通过生产要素的资本、劳动、土地带来的经济活动扩大,三要素的"市场"也各自成立。即劳动市场、资本市场、土地市场。通过其价格发生变动,相对地进行收入分配的形式决定人们的收入,但通常理所当然地会出现收入不太高的人和非常富有的人之间的差距。经济学从19世纪开始,就从必须考虑收入再分配问题的方向入手,对其加以追究。实际上也是如此。

在现代公共经济学等方面,还有一条可以说是不言自明的道理,那就是"市场失灵"这样一个基本原理。经济学告诉人们"市场是不会失灵的"。但实际上"市场失灵"也是不言自明的原理。那么,要用什么样的形式来维持呢?可以依靠私的相互扶助这也是一个方面。但是,实际上在很多时候,必须要以具有某种意义上的公共性的方法进行援助。

这样一来,出现的问题就是"政府"会成功还是会失败?以此为切入点,与政治学的领域接轨。至于政府的决策(所谓公共选择的理论)能否成功,遗憾的是失败居多。

从这样的意义来说,虽然认为经济活动多为私的活动,但是公的东西也还是不少的。然后,就像刚才金先生和岩崎先生说的那样,"市场"这一"容器"(场)是被承认的。在"经济学"上,突然出现了"容器"这样的词汇。

"市场"这个"容器"被承认之前,有段非常动荡的历史。(在中世纪欧洲)一般不能在城内进行交易。所以,在城外偷偷摸摸地进行交易。在更早一点的美索不达米亚文明时代,骆驼商人和骆驼商人进行交易,在这里,刚才成为话题的信用(trust)也是非常重要的。在交易的时候,是否信任对方是决定性的。因为可以信任,所以个人和个人交易。城里的人让商人卸下运来的货物,给他们提供各种物品。

从人类的生存方式来说,这样的"场"是否形成是"制度"的问题。也就是说,这恐怕不是私的东西。虽然以私的形式开始,但它是不是会被社会承认,完全是"制度"的问题。在这种意义上,可以解释从古代经过中世(到近、现代)得到社会认可基础上的一种交换活动、市场活动。日本的"座"和"市"等也是同样。我认为就是这样一种人类的历史。在"经济学"上,这种自觉确实很不够,但这是制度的问题。

所以,昨天也被提到过德国社会制度学派的李斯特等人说:"英国式的经济学是有些轻浮的。"他说,这难道不是社会本身所有的"制度"吗? 经济活动是私的行为这是事实,但原来就有过私的所有(作为制度)的需要。黑格尔和亚当·斯密都这么认为,在市民社会私有权是被认可的。上层的企业体往往和权力勾结,但前提是这上层的企业体的私的所有权也是被认可的。

附带说一句,所谓近代的市场经济制度被认可是(人类历史上的)特殊事件,在很长一段时间里,它并没有被认识到。在这种(不顾及经过的)意义上,以"市场经济"理论为中心的新古典派和最近的新自由主义学说,让我说的话(问谁都是如此)是无深度、喊口号(煽动人们追求私益),让人感觉有些可怕。

在经济学方面,最近,文明论也非常盛行。日本也是如此,我自己也在参与。我想,板垣先生也在做,这可以说是"比较文明论"。对中东、西方、亚洲等文明的比较,我认为也取得了一定的成果。如果我们不根据多样的多元的文明相互交错的世界史来开拓未来的话,恐怕是难以让现在这样的经济永远持续下去的吧。

金泰昌:岩崎先生认为经济活动基本是私的。其理由是判断和行动的主体是独立的。小林先生是不是也认为经济活动基本上是私的呢?我请你集中谈谈这一点。

小林弥六:我认为是私的,并且也是公的。其理由是,东方和欧洲都一样,交易的时候有顾客。这不是仅限于交易时的关系。但是经济学不这么认为。所以,我认为虽然经济活动是私的,但在反面,是公共性的。

金泰昌:我作为一个不是经济专家的人理解刚才的话,就是说,"经济活动是私的,也是公的。为什么说是私的呢?因为比如说,销售活动是以企业及其所属的个人的利益为中心进行的。但是因为交易里有顾客,所以光考虑企业单方面利润的话就无法成立。因此,在与顾客之间存在关系的意义上,也有社会的并且是公的部分"。可以认为您是在这样的意义上说"经济活动是公共性的,但也是私的"吗?

小林弥六:问题在于建立公共性空间的基础。

公共性的承担者

金泰昌:我明白了。下面我想把话题转移到"政治学"。经济学和政治学虽然相互渗透,但现阶段,我想先分开来提问。刚才从经济学的观点听了两位先生宝贵的意见。在此基础上，公共性的承担者，实现公共性的主体是谁呢？我想听听薮野先生的看法。

薮野祐三：作为和"公共性"相关的问题，就"政治行为"的基本特性，昨天我也询问了佐佐木先生，强制力是政治行为的最终特性。我们被收缴税金，如果不缴纳就会受到刑罚。所以，作为政治行为，终究无法与国家的强制力分开来考虑。

生活协同协会运动以及各种公的志愿者运动等，参加和退出都是自由的，但我们一旦参加了作为一个政治空间的国家这一公的空间，就不可避免地卷入被征税和征兵（在有征兵制度的情况下）这样的强制力和暴力。这对政治学来说是非常痛苦的地方。

但是，在讨论"公共哲学"的这个场面，讨论的是不怎么出现在暴力和征税前面的政治行为，即"政治"和"公共"重叠联系在一起。

至于"公共性的承担者"，我主要想讲下面这一点。

过去被认为是"公共"（行政）的制度和日常业务逐渐腐败，开始被用于私。而且，还有一个对政治的参与意识低的问题。正因为如此，逐渐自主地兴起了想要重新建立志愿的公共空间的承担者。这并不是在"制度上""有公共空间"的那种情况。

就福利而言，因为是公共服务的正统制度，这一过去大家被强制性地加入，并一直以为能够得到担保的制度，在最近大约10年间，面临手续是公的，而实际却是私的这样一个现实。这种进退维谷的状况，作为市民运动或各种新的公共性的承担者的问题表现出来。

正在出现绕过政治参加形式的"公共服务"的承担者。我想说的是，与其说是"公共"，倒不如说是"公共服务"，但实际上，所谓的承担者是大家。举个例子说，最近到自治体去，看到资料上写着"行政和市民"，其中也有"自治市民"（corporate citizen）这个词。即所谓公共服务的承担者，是在公共空间里的所有人。

我只举一个具体的例子。我在北九州市花了3年时间，做了一个高龄化社会综合计划。因为市的服务只能是通过税提供的服务，正因为如此，会出现对税收的各种反应。有必要开设更多的不涉及税的服务。如果是这种形式的服务的话，市民也能加入。于是，通过我们的呼吁，在北九州市设有生产点的日产汽车，向市里捐赠了可以运送护理用轮椅的汽车。

那么谁来当司机呢？福冈是西铁在垄断。西铁巴士公司的司机，以工会为单位和市里签约，提出在公司的休息天，大家轮流来开。这样的话，市只是起调度的作用，居民的轮椅接送服务这一福利活动，是由日产汽车和西铁的工会在做，接受者是市民。

因此，我感到如果是公共服务（先不管服务和空间）的话，所有的人都是承担者。迄今为止，正因为"承担者"是政治权力的政治空间，所以，由政治家和行政负责征税及其分配，但这之中会发生代价高昂的腐败堕落。因此，出现了刚才今田先生所说的，新的公共服务的承担者或者支援的问题。这不是政治性的政治学。从政治的行为的角度来看，公的承担者是所有的人。我想强调并确认这一点。

金泰昌：过去，公共性的承担者是所谓官僚（公务员）。对于他们履行职务的补偿，是由税来支付的。而妨碍或不服从他们履行职务的人，会依据公权力受到处罚。公共性确实存在由国家机关所垄断的暴力来保证的一面。但是，像薮野先生说的那样，现在已不再是这样的时代了，需要的是具有新的意义上的公共性的公共空间。公共性作为服务而不是统治被提供给居民的公共空间，正在以各种各样的形式开始形成。所有的人都是公共性的承担者。我认为这是最重要的部分。

在思考相对自由于税和暴力、开放型的新的"公共空间"时，会出现"日本是市民社会吗"这样的疑问。其实，在并非市民社会的日本，不可能有"市民"。"市民社会"这个词，虽然经常地被使用，但这只是把西方的词汇和内容照搬到日本，在实际上非市民主导的方面很强。

那么，作为承担者的"个人"如何呢？当然，最终是个人，但，是不是最好有某个媒介呢？对于这个媒介，薮野先生有什么具体的想法吗？比起单独一个人做，是不是几个人聚集在一起做的时候更强有力呢？不管是集团也好团体也好，用德语 Korporation 来说的话，就全都包括在内了……

薮野祐三：我把希望寄托在学生身上。有志愿者活动、NGO或者 NPO，我们必须注意的是，时代的变化非常快。要把焦点更多地放到年轻人上，知道他们在想什么。我们看到在奥运会上叫喊"日本！日本"的年轻人，但实际上，他们也因为 NGO 活动会去柬埔寨。他们的行动在文化上非常国际化。

"权力"和"市民"是对立的结构。我想创造一个"NGO"和"行政"、"NGO"和"权力"等彼此共生的空间。通过实地调查，我发现行政资金充裕，在造房子这样的硬件方面很强。NGO 没有钱，但手脚很健壮。如何把拥有软实力的 NGO 和具有硬实力的政治联系在一起呢？

研究者是不是有必要创造一个您刚才所说的翻译这一意义的转化（translation）的场呢？现在，正在组织运营由自治体、NGO 和研究者三位一体结成的组织，但很不顺利。

也许将来会具体地出现那样的公共性的组织吧。即便不是大的组织，也可以是萌芽似的组织。实际上，福冈在政府的指导下，制定了"市民志愿者宪章",设立了志愿者广场。至于志愿者建立的联络网的所在地,由行政无偿地提供出租房。所以,志愿者的房费和电话费是免费的。刚成立不久,采取可以自由参加的登录制,今后,要不断地扩大志愿者同人的联系。

我认为工会必须更加努力。我对工会的志愿者寄予希望。亚洲各国现在关系不错,想实现统合。作为亚洲的国际化潮流,出现了东南亚国家联盟和APEC。但是,众所周知,抛头露面的尽是些政府首脑。

缺少与之相对的NGO中心。在欧洲,各种部门统合成了一体,但在亚洲没有工会部门的联络网。我一直主张:"作为工会的联络网,希望建立一个超越国家的NGO的组织网。"在亚洲唯一建立了联络网的只有"亚洲妇女会议"。

大众媒体与公共性

金泰昌:我一直很重视作为公共性的承担者之一的媒体。特别是东京是日本的中心,所以,我曾经对东京媒体的公共性期待最高。但是,在我的印象中,其公共性的层次比福冈广播还低。比如,在印尼的雅加达机场发生了坠机事件,死了人。东京的广播电视局,不管是公共的还是民间的,只关心"死伤者中有日本人吗",几乎不提及日本人以外的人。可是,当时我听了福冈广播,新闻播报日本人有几个,从亚洲来的人有几个死了。也就是说,福冈广播虽然在地方,但至少从亚洲的观点来看,比东京远富有公共性,对人的看法是更加公共性的。

在某个节目中,竹村健一说:"日本媒体的眼里似乎只有日本。世界并不这么狭窄,把视野放得更宽些吧。"虽然在其他方面,我和竹村先生有很多不同的想法,但他真不愧是目光敏锐的人。

从公共性的承担者的观点来看,我对媒体有很高的期望,但现在很失望。完全不是公共性的,感觉似乎是彻头彻尾的"私"。说什么追求利益,这实在是不像话。即使从播送的内容来看,也完全是私的、有局限性的、偏窄的。

薮野祐三:我讲一个媒体的资料。福冈市的女性中心"伙伴"(AMIKASU)在出资制作、播放节目。内容是市民记者分别采访四家民间广播电视台,调查亚洲的女性在非正式场合严重受歧视的真实情况,可以说是针对女性问题的市民参加型的报道。

金泰昌:过去,从政治哲学的立场出发,公共性的实体以国家为前提,与之相反的一直都被认为是"私"。但现在,如薮野先生所说,既不是国家也不是个人,某种同业公会(corporation)成为主体,开展丰富多彩的活动。为了在"公共性"的维度上拓展这些活动内容,应该以什么样的理念为目标呢? 我想请小林先生从这个角度来谈一谈。

公共性与政治、政治学

小林正弥:只能追溯一点基本的问题。

我认为在思考政治时最重要的是:"在什么样的地理单位上认识政治性的公共体?"政治学的历史是从希腊和罗马的小城邦国家开始的。如福田先生所讲的,政治共同体的规定,原本是从"公共性的东西"(Res Publica)这儿开始的。也就是说,所谓"公共性的东西"和政治性的共同体有密不可分的关系。公共性的承担者必须为全体服务,这是古典西方政治理论的前提。所以,现在的日本国宪法也规定:"一切公务员都是为全体服务,而不是为一部分服务。"

这之后的概念史，"公共性的东西"用英语说，变成"republic"，根据情况也被称做"common wealth"。common wealth也是common，即含有共同性的意思。同时，"republic"在近代的用法上具有"反王权"的印象。于是，问题变成了公共性和国家的关系。

在近代欧洲的国家，Staat或state代表了刚才薮野先生讲的暴力性、强制的契机。近代国家是以绝对主义的强制为契机开始的。近代政治理论努力想要在其中填进原来的共同性、公共性。简单地说，我认为这是福田先生讲的内容。因此，重要的问题是"如何让在现实中具有了暴力性、强制的契机的政治共同体恢复公共性"。

其实，在佐佐木先生的讲话里，也有古典式的想法。他说公共性的东西被"私"夺回了，我认为这本来是古典式的看法。

因为把Staat、state变成了common wealth和republic，所以，在尽可能地为全体共同体成员实现公共性的意义上，其承担者是一般国民每个人。还有一个是国民选出的政治家。我想可以认为是这两者。如果人们没有公共意识的话，当然政治家也不具有公共意识，所以，国家也成为私的。无论政治家多么想成为公共性的，首先必须赢得选举。一旦陷入恶性循环，对于"为什么没有好的政治家"这样的质疑，就会反过来回答"因为选民不好"。

因此，关于选民，政治学以前一直都认为："如果人们不具有公共的意识，就不会出现好的政治家。"这就是福田先生讲到的citoyen。也有人把citoyen叫做市民，但这不是限定于都市居民的概念。所以一部分人把citoyen译成"公民"。这个词，有让人联想到天皇制的"皇民"之嫌，所以我译做"公共民"。也就是说，如果人们不成为具有公共意识的公共民，就无法实现公共性的政治。

另一方面，英语有时候把政治家区别为state man和politician。state man 是为公共性的公事献身的"政治家",这种场合politician,是想要带入私的利害的"政治商人"。因此,如果公民成长起来,进行正规的选举选出 state man 的话,政治就会实现公共性的东西。因为 state man 会施行出色的政治,作为其结果,培养具有公共意识的公民。这是佐佐木先生说的政治教育等于公共民教育。在现在的局面下,这是我比较喜欢的一种政治学的理想模式。

我有时会写一些文章,表示对这种模式的好感,但这很难直接地实现。实际上"Staat = state = 国家"会实体化。国家实体化,它就会被政治商人和官僚的私的利害所操纵。当然,如果有刚才说的 state man 主持行政的话,大概就不一定会变成这样。但是,实现普遍的东西的公共行政(public administration)实际上难以起作用,这是现在的问题。

其最大的原因是经济的问题。在 18 世纪以来的经济发展中,人们对克服这个问题想过什么办法呢? 黑格尔的解决办法就是把经济≈(约等于)市民社会的问题定式化,要求国家提出克服办法,使国家尽可能地变为公共性的≈普遍的东西。"在君主之下,官僚作为普遍的存在,应该和职业团体等一道为了实现公共性的东西,成为国家和市场≈市民社会之间的有机的媒介。"这是黑格尔的基本模式。黑格尔的这一问题意识,我想有的部分和现在还是相通的。"因为经济基本上是作为私的东西在运动,所以必须如何解决呢?"这种问题意识,即便是在马克思主义之后的现在也是有效的吧。

我想大概有两个解决办法。一个和薮野先生说的完全相同。福田先生讲到委托人民主的问题,福利国家是指形成了依存于国家的人们的现实,与此相反,承认在非国家的其他地方出现的事物中的公共性。从政治理论来说,我想这接近于过去在多元国家论中所讲到的。作为机构存在的巨大国家,已经被私的东西蚕食,难以实现公共性,所以,重视其中多样的结社的意义。现在的 NPO、NGO 相当于此,它们在某种意义上,要在现代的局面下,按现代的方式进行结社的问题。因此,我认为,结社或参加型共同体正在逐渐地实现公共性,现在最大的课题大概就是要整备使之得以实现的制度和保障。

所谓国家,在某种意义上,是人们达成共识而建立起来的。"社会契约论"也是把现有的国家正当化的理论,我认为也可以作为新的正在出现的各种集团以及活动团体、支援团体的理论使用。即所谓"要达成共识,进行活动,实现公共性"。近代社会契约论所说的政治的正当性,应该适用于刚才说的各种结社和民间团体。我认为不久,在现在国家或世界的框架中,它们将很可能代替过去的国家作用的相当大的部分。

当然,我想警察力量和军事力量,很难从现有的国家转移到那样的地方。因为那种小的中间团体和集团,一旦开始拥有武力,就会产生很大的混乱。比如说,对于有关福利和各种服务的部分,(因为有被国家征税,用在不正当的"公共"事业上的危险)要是出同样多的钱的话,捐款或拨款给更值得信赖的团体,由这个团体提供服务的做法会合理得多,也能实现公共的利益。

这种观点认为,与其把钱让国家拿去,倒不如捐献给可以信赖的民间公共团体对实现公共性的贡献更大。现存的死板的国家原理,一直认为 NPO 是可疑的东西。所以,在日本没有关于 NPO 的法律。但是,如果相关法律逐渐完善,人们的意识转向不如把自己所有的资源拨给那些新的团体这一方向,把钱交付给那些地方时,即使国家的租税再减少一些也无妨。当然,为此必须严格审查那个团体是否真的是对国家利益、全球利益有贡献的公共团体。像这样下工夫实现新的公共性的东西（Res Publica），是多元国家论的新形态。我想这是在共和国（republic）意义上的国家的一种可能性。

第二个解决办法，就是刚才在经济的地方讲到的"承担者"的可能性。确实，在现有的经济学上，公共性的制度，虽然作为制度的框架存在，但在"其中的行为主体拥有私有财产，能够自由使用私的东西"的意义上，"市场"被规定为私的东西。但是，我认为如金先生和岩崎先生所说，在现有的"市场"中，也有社会性的、公共性的要素进入的余地。之所以这么说，是因为各消费者和生产者，有把自己持有的金钱这一资源，自由地用于公共性事物上的可能性。如果只把钱用在私的利益上，私的要素就会不断地增强。但如果以公共意识去用同样的钱，结果公共性就会越来越强，即使是在私的"市场"的前提下，我想也能一定程度地实现公共性。

现在，因为认识到"环境"等问题，出现了"要购买有利于环保的产品"的运动，可以说是这种方向的出发点。所谓购物要考虑到环境的行为，就是行使意识到环境这一公共性的私的权限，其结果是增强了"市场"这一场中公共性的部分。因此，过去在"市场"这一场的运用中，是私的原理占优势，但我认为，最重要的是要使人们的意识，向公共性的原理逐渐进入同一场中去的方向转变。在这样的意义上，才有公共性的意识进入到"市场"中去的可能性。在这一意义上，友爱经济学的"友爱"这个词和"公共性"这个词，基本上具有同样的方向性。我基本上认为，所谓的以友爱为基础进行经济行为，就是考虑到公共性的目的而进行的经济行为。也可以说，在动机上讲是"友爱经济（学）"，从目的性上讲，是"新公共经济（学）"或"公共善经济（学）"。如果说"公共经济学"的话,会和大家基本上已经习惯的"公共＝国家·政府、私＝市场经济"的现有"公共经济学"相混淆,所以,有必要与此区别开来。

归纳起来,一是在刚才说的,各种新的团体中实现公共性的东西。二是,即便在以"市场"为中心的现有国家的框架中,也要在公共性的方向上进行活动。黑格尔把国家论放在《法哲学》的最后,把理论全部构建为恰好是垂直的形式,这一形式物象化之后受到批判。但是,我认为在利用黑格尔的问题意识的同时,在根本上改变其内容,以实现本来的公共性的东西为目标,这是今后政治学应有的方向。

金泰昌:小林先生为我们指出了非常关键的问题。作为参考,我想介绍一下中国思想研究家沟口雄三。只限于日本人的工作是"私",只限于中国人的工作也是"私"。而研究中国思想,只做儒学或者只做道教的研究,这也是"私"。为了提高这个维度,沟口先生想到,日本和中国的社会学、心理学等各专业人士一起,把日本这一空间和中国这一空间连接起来能不能做些什么。但是,必须有某个据点,所以要建立一个"知识共同体"。以小林先生刚才说的公共的东西为基本思路,他着眼于连接中国和日本这两个言语空间、文化空间,在非常努力地建设这个共同体。

我和矢崎理事长一起,见过这个共同体的中方代表,我表示说:"光有'知'的话会发生变化吗？还需要有一个'志'。如果没有曾发起明治维新的志士们那样的'志',光靠'知'是不是有点不够啊？"

例如,我们考虑子孙后代这一问题,是基于某种理念和目标。所以,有志于思考作为其中一环的公共哲学。为了研究公共哲学,不是把必要的"知"局限于自己的专业领域这一私的空间,而是和其他专业领域的人士一起来开拓公共空间。在那里,会产生新的

"知"和"志"的共同体。只知道自己的同行，使用只有自己人才能懂的语言却就此自我满足——与这样的做法，维度完全不同。所谓学者，通常很容易变成那样，让我说的话，虽然词儿不太好听，这是自慰。如果就此满足的话，可惜社会花了钱，父母花了钱，作为集社会的期待和个人的期待于一身的学者，能说是忠实地做了该做的事情吗？

因此，难道现在不是超越这样的（专业领域的）维度的时代吗？小林先生说的 Res Publica 也可以说是"共和国"，因为讲共和国的话，就会带入国家体制的概念，容易招致误解，所以，我翻译成新的意义上的"公共体"来使用。沟口先生在为"知识共同体"而努力。我也有同感。但因为我个人对共同体这个词有些抵触，所以换成"公共体"这个词。我希望可能的话，我们也把这个公共哲学研究会，作为"知"和"志"的公共体不断地加深、扩大，将来交到子孙后代手中。

公共性与哲学

金泰昌：下面想把话题转到哲学。在座的有东方哲学和西方哲学的专家。没有哲学的实践活动容易变得盲目，没有实践的哲学容易变成没有实体的空洞的东西。如何把它们很好地融合起来，我想是永久的课题。在如果没有哲学就会毫无系统的意义上，我想哲学是必不可少的。

幸好花冈先生是搞西田哲学的，也精通德国哲学。希望从花冈先生的综合判断里，就适用于我们做这些事时的指针或据点的公共哲学得到一些启发。

花冈永子：这次，听了四位先生的论题，想就我个人认为的最主要的问题，讲一下我的一些感想。

最开始福田欢一先生讲政治哲学这一公共的（Res Publica）世界里最后也会出现私，让我了解了，即使是在政治维度上，"个"也是重要的。

　　今田先生讲到在实践性的地方公私是最活跃的。

　　金先生指出了没有实践的哲学和没有哲学的实践的问题，但在表象上公私是一体的。在具有后现代的公共性的意义上，给我非常深刻的印象。

　　间宫先生的论题是从经济学角度进行论述的，但在"共有资源的悲剧"的部分，我非常清晰地看到了"私"这个词消失，只剩下"公"，个人的责任和自由等完全被无视时的惨状，地球极度荒凉的情景。

　　在最后的佐佐木先生的发言部分，感觉给我自己提出了一个问题，即，把被分为"知"和"情意"的"公""私"统一在一起观察的空间是必不可少的。

　　按我个人的理解反复思考这次讨论的共同之处，我认为还是在于，所谓"公共性"应该是最能激活"私"的场。反过来说，是"私"使"公共性"得以成立。我深刻地认识到，所谓"公共性"，是每一个人无论谁都不可缺少的构成要素，私和公共两者都是绝对不可或缺的。

　　从哲学的角度来考虑的话，所谓"私"的真正的综合性，仍然还是依赖"私"的公共性。所谓公共性，必须是最能激活"私"的东西。"私"和"公共"的真正的理想状态在于相互激活。即便任何一方为另一方牺牲，也不能消失，也不能变成独裁。从哲学上进行探索的话，双方无论如何都需要处于一个共存的"场"那样的状态。

　　难波征男：我过去只在中国思想这一狭窄的世界里面想问题，

253

参加这个研究会，让我重新得到了面向世界进行思考的机会。我想这本身就可以说是公共哲学的实践，非常感谢。

在日本和中国的学者之间，如刚才金先生所说，既有沟口先生那样的尝试，其他方面也能看到中国的，特别是哲学和宗教领域的先生们和日本学者间的交往。先不管这些活动取得了多大成果，正在进行这样的努力。这些尝试是否正确，我想关键在于如何把握所谓的"场"。希望这样的人的交往的"场"，能把不同国家间的人们联系起来。要怎么做才能建立一个不是向着死亡或破坏方向，而是向着生存的方向，能够延续到未来的方向行进的"场"呢？

我认为沟口先生的想法指出了一个方向。听了他这次的讲话，我首先注意到的是，学问的讨论还是以西方世界为主流的。我想，因为沟口先生和板垣先生的关系，我们极大地开阔了对东方世界的视野，这点我非常感谢金先生和矢崎理事长的关照。

包括中国思想在内，"东方思想"这一方面非常薄弱，这不是现在才有的事情。在近代日本的大学，一讲到"哲学"，始终都是西方哲学。但是最近十年左右，东方思想也开始进入了大学。

实际上，在中国，学习哲学的学者也在叹息，优秀的学生进入研究生院来学中国哲学，但这之前学过的西方哲学已经在脑子里成了基础。要改变它并不容易。在这方面，日本、中国和世界都是一样的，是一个共同的问题。不是西方世界和东方世界哪个更好的问题，我想可能的话，希望大家共同出力解决共同的问题，朝着建设新世界的方向前进。

东方世界也是很广阔的。既有伊斯兰和印度，也有中国、朝鲜、日本、越南等，有些现代的问题，必须在搞清楚它们各自的特征之后才能来做。

今后学习东方哲学的人，如何为公共哲学作贡献？关于这个问题,我想讲一点感想。

在我研究领域的儒学中,所谓"场",被定位在什么地方呢?是心和身体。过去说是在"心","场"的想法是一种身心论。就今天成为话题的信赖的"信"而言,比如在朱子学上"仁、义、礼、智"四个德目被说明为"恻隐、羞恶、辞让、是非",但没有关于"信"的说明。朱子是如何认识它的呢?实际上"仁、义、礼、智"作为"恻隐、羞恶、辞让、是非"这种形式的"情"被具体到行动上,有一个仁、义、礼、智能发生作用的"场"。朱子认为这实际上是"信","信赖关系的场"。

他说,如果没有"信",也就是在"信赖关系"不成立的"场"上,"仁、义、礼、智"就不能发生作用。"恻隐、羞恶、辞让、是非"这一人类赤诚的真情就无法显现。在朱子学上所谓"信"就是"场",而"场"就是"信"。

在阳明学上最终讲"良知良能"。从"心即理"这一立场出发,心被理解为良知。这一良知的心会变成"恻隐、羞恶、辞让、是非"。至于自己感受到他人的痛苦、感到可怜这样的恻隐之情,这是身体的行为,在出口的地方会出现身体。作为让"心"成立的东西,心当然具有起到"思"的作用的力量,而"思"是通过眼见、耳闻、鼻嗅、口尝、身体接触这"五感"收集信息的形式,起到"心思"的作用。因为眼、鼻、口本身当然是身体,所以身体和心"感应"的地方就成为"场"。

255

这种"感觉反应",并不能很直接地做到。在自己不可能是自己的这样的危急状态中,"能否忠实于自己的感应",这叫"慎独"。这总是成为一个重要的问题。特别是在中国,官僚作为"读书人",是思想的承担者,比方说,当遇到国家土崩瓦解这样的危机时,当然"我(自己)是我"的想法会受到审问。要不要把国家的命运和自己一体化？不幸的是，有些人国家灭亡，自己也倒下了（与国家共命运）。这些思想家成为我们的研究对象。幕末维新时期的思想家，也积极地接受了明末清初的思想家的生活方式和思想。

当我们面临危机的时候，会客观地意识到自己以及与自己相关的民族。客观化之后，就会重新追究自己是什么的问题、围绕自己的共同体、民族以及使之成立的文化观、自然观、宇宙观等问题，想要从中建立新的人学观、理想人格。

尤其是对迄今为止，曾前后二十次面临灭亡危机的汉民族来说，下次重新复兴时要建设一个怎样的汉民族文化，必须要提起这样一个理想、乌托邦。准备它是思想家的职责。在那里，需要刚才说的"场"，以及在多民族中共存共荣，进而超越现状，开拓新世界这样的目标。我想这种存在状态，对于这次提出的公共哲学会有些帮助。

金泰昌：难波先生提出了一个很好的问题，即为什么西方的发言声音高而与其相比东方的声音低呢？

其理由之一是，过去日本的中国思想研究，重视人的内心世界，让有的人来说，那是病理性的内心世界。在过于强调内心世界的过程中，过度集中于个人的人格形成，不喜欢与外在的他者对话。再加上学者内向封闭的性格，甚至有把自我和他人之间的关系都封闭到自己的内心空间中的明显倾向。因此，即使讨论，最终也会变成只讲给自己人听的话。但是，如果有像难波先生这样的，通过结识他者，想要积极地发言的人士站出来，我想相互的对话是成立的。

刚才，先生关于中国哲学的讲话也许不太好懂，要领是指"信赖"就是"场"。例如，仁、义、礼、智等的德目，各自都是很重要的，必须具有"信赖"这一基础，其才能成立。在表示儒学五德的图表中写着各个德目,而位于其正中间的则是"信"。只要不以"信赖"为基础,即使新的意义上的公共空间被建立起来,公共性也会昙花一现。如果没有实际成果和干预以及对此的"信赖",公共性就不能长期继续。这是非常重要的意见。

还有一个是花冈先生的课题,西田哲学把意识作为"场"来把握。在其中,特别是纯粹意识,它也和经验有关系。怎么说也还是一种意识。中国思想是身体和心,即先生讲的身体性。正是把身和心合为一体的地方看做是"场"。日本某个商业人士写了本《圣德太子》,其哲学认为,如果最终一切都达到无意识的程度,意识和身体都会产生出来,所以把场的原点置于"无意识"。这样就和荣格很接近。他大量引用荣格的话。如上所述,在对"场"的认识上也存在这样有趣的分歧。大致看起来,全部都是一样,但仔细看的话,还是不同的。我想这是我们今后研究的课题。

不管是无意识也好,意识也好,身体也好,心也好——起始于其中的"场",在成立于一个人的身上这一意义上,还处于个人的阶段。必须是多数的个人一起共存共生。不管怎样,其具体的"场"都是社会。这样的话,今田先生的作用就会变得更大。我想请今田先生谈谈,您在现阶段注意到了什么样的问题,我们今后应该朝什么样的方向推进这个研究会。

作为超越私的空间的公共性

今田高俊:大家讨论得非常深入,我现在脑袋里都装满了,有的地方还没想好。最初我作论题发言时,最想说的一点是,根据现阶段没有限度的私的状态,以此为前提,开拓作为超越私的空间的公共性,是现在最重要的事情。所以,我从支援型社会而不是管理型社会的视点,讨论了志愿者等社会活动。我也大致从这一观点出发,听了后来各位先生的发言。

特别是经济的部分,我过去就一直思考的问题,这次得到了确认,给我留下了非常深刻的印象。"共有资源的悲剧"为我证明了,为什么人不能是利己主义者的问题。在思考公共性时,从利己主义者的逻辑推导出人不能做利己主义者,这是很重要的。应根据私的行动原理、合理性的决定论证明公共性的必要性。所以,即使在经济上,也不得不考虑超越私的公共性。

因此,刚才小林正弥先生说的一句话给我留下了深刻印象。如果在消费结构中加入对环境的关照,"公"将潜入到"私"的领域中。也许有点具体,太接近我们的生活了,但我感觉这是非常重要的。即使告诉我说,消费行动将效用最大化,或者这一行为中存在公共性的规范等,我也不知所云。但是,比如,商品上有"利于环保"的标识,我们所在的这个饭店也是如此,写着"节约用水"。一般人会想,这是私营企业,竟能写这样的内容。可是,尽管是私的经济行为,但因为供给者和消费者都考虑到对环境的保护,所以才能贴出那样的标次。

如果是30年前,我们也许会想"什么呀,这饭店也太小气了",但之所以会出现这种情况,是因为"公"侵入了"私"的缘故。如上所述,所谓"公"渐渐地进入了过去被认为是"私"的经济行为中。这一点,是我从这次经济学方面的谈话中学到的。

还有,在政治方面,佐佐木先生介绍了与过去政治学所讲的公共性不同形式的公共性,即不经由国家权力和政治权力的另一种公共性。我想"委托人民主"这个词,象征了这种公共性。一般东京大学的老师,不会主张我们应该在那样的方向上来思考公共性。我想佐佐木先生是已经感觉到不能不说了,就在这样正式的场合提出来了,但我觉得这一观点似乎和我以前读过的皮埃尔·克拉斯托尔的《对抗国家的社会》这本书的意见相近。

过去,特别是在日本,有国家垄断"公共性"的倾向。但是,在分析原始社会的《对抗国家的社会》这本书里,按照像"市民社会"一样的图景,形成了不经由国家权力和政治权力的公共性。面向未来的21世纪,随着志愿者以及社会参与活动等的壮大,这样的倾向会更明显。

收到田中健一著的《圣德太子》这本书,我粗粗地浏览了一下,似乎是部力作。书中也出现了后结构主义,在文本解释、书写(ecriture)解释的部分,我直观地感觉到,书写是把意义以前的内容作为问题的。同样,我认为也存在公共性以前的公共性。虽然还未成为公共,但有可能成为公共性的东西。书的最开始讲到了"被创造的公共空间",在不是"被创造了的"而是"将被创造"的公共空间的意义上,"被创造"一词是将来时。

其次,我想,还可以考虑所谓目前的公共空间。这是一个已经存在着的公共空间。公共空间不久就因空洞化而失去作用,发生沉淀。从未然的公共性经过目前的公共性,接下来成为沉淀的公共性。NPO法案在国会勉强获得通过的阶段是"目前"的。在这之前的志愿者活动等过程中,拼命地努力要创造公共空间的阶段是将来的公共性。我想公共性的状态是在这二者之间不停地循环的。我们可以把这一整个循环结构,理解为公共性的力学。在"支援"对"管理"的文脉上来说,管理自我目的化了的公共性是沉淀的公共性。

金泰昌:据说我所提到的《圣德太子》的作者,花了30年的心血好不容易写成了这本书。一个人30年始终坚持思考一个问题,光看他的认真劲儿,就让人肃然起敬。不在于他说的是否全部正确这一层面上,而是被他的志向、他的诚意所打动。

如今田先生所说,意义以前的意义和意义的关系,以及将来和目前的关系是重要的。您说到"不停地循环",这个"不停地循环"的地方,容易被认为是"场"这一"全体性",但这样的话,就会成为法西斯主义。先不管这个全体是国家还是世界,过去一直认为"个"走向"全体"是公共性。但并非如此,公共性会在全体和个之间不停地循环,按照《圣德太子》的说法,是在文本和书写之间不停地循环,在将来和目前之间不停地循环。所以这是动态的。

我以前有过一次,必须用英语来表述这个观点的经历。用英语试着说"space"也好,说"place"也好,总表达不出那个意思。于是姑且用了"field"这个词。"field"稍有一点像物理学的概念,但还是接近于目前,将来的意义弱一些。没有贴切的词儿。

在这里,我们应该重新思考的问题是,佐佐木先生强调的非国家和政府主导的公共性。因为过去的政治学,一直重点讨论的是以国家为中心的公共性。

还有一个,佐佐木先生所讲的内容中非常重要的一点,其实是利己主义者的共存。无论是多么鼓吹公共性的人,只要探究到他的内心的深处,最终总会在某个地方发现利己主义。这是不能否认的。但是重要的是,那么,就到利己主义为止了吗?到此结束的人是大多数吧。

但是,想方设法地要开拓利己主义者的共存空间,我想这是"志"的问题。会不会在利己主义者共存的基础上,相互主观性地形成这种"对于志的信赖"呢?如果没有形成这一信赖的话,到哪儿都是以自私告终。但是只有这一信赖形成,公共性才能在相应的程度上被承认。所以,如佐佐木先生所说,是很痛苦的。

这并不是件轻松的事情。昨天和薮野先生谈话的时候,薮野先生半开玩笑地讲:"公共性能保障幸福吗?""幸福主义"和公共性是有些合不来的。如果是幸福主义的话，就会行进到每个人能不能幸福的方向上去，最终会成为边沁所主张的那样的东西。它会走到"私"的极端。因此，作为结果感觉到幸福是好的，但如果以幸福本身作为目标的话，幸福就会以极端的"私"告终。

虽然，边沁用了"最大多数人的最大幸福"这个说法，但这是一个不负责任的借口，在西方和东方都不能被承认。这是因为它最终只是把一个一个人在数字上加起来。这是原子论的想法，所以不具有公共性。这和说一个人成为圣人就万事大吉了是一回事。

如过去我们所说的，那么"个是不可以的吗？"并非如此。只有确立了"个"，公共性才能被打开。我在这里想和大家一起思考的不是一个一个人成为圣人并不重要的问题。这是重要的。但是，问题在于，是不是就到此为止了呢？只有开拓与之不同的另一个维度，才能成为针对现在我们面临的各种问题的真正的具体的对策。

西方哲学说起来也有过度集中于"我思故我在"这一点之嫌。在这种意义上，东方哲学和西方哲学是一样的。

我想公共哲学是新的方向。正因为如此，对话才能成立，大家也有参与的劲头。今田先生说，大约 20 年以前，公共性的讨论在日本流行过一段时间，但是后来就衰退了。现在又再次开始出现，加上那时的公共性讨论和现在不同，所以有了参与的劲头。如他所说，公共性的讨论以前确实有过。

但是，那时的公共性讨论和现在的公共性讨论不同。通过重新进行这一公共性的讨论，从私的角度说，可以让今田先生在自己的专业领域也能提出新的问题。而对我们来说，我想也是一个促进。

岩崎辉行:进一步认识现在的经济学的前提的话,我想可以这么说。在社会学、政治学等出现了"国家"这一概念,但经济学里没有"国家"的概念。在"政府"这个单位就结束了。并没有追究这个政府是不是代表国家的问题。理由在于,经济学作为默认的前提,把政府和国家一体化了。至于它为什么是默认的前提,那是因为,作为进行交易的场的"市场",在一个国家里就完成了。

所谓国际贸易,是完全的"市场"和完全的"市场"之间的关系。在那里不需要国家这个概念。经济学认为,如果存在一个"完全的市场"的话,它是代表政府的。我认为这是以资本主义发展过程中的现实为背景建立起来的前提。但是,今后我们不得不把过去的经济学作为默认的前提的事实表面化。

还想说的一点是,交易的主体"家庭"、"企业"、"政府",不过是"个"的变形。但是,在这次讨论中出现了"结社"的想法。结社在进入经济交易的"场"时,具有怎样的意义? 必须重新思考这一问题。它恐怕和家庭、企业、政府持有完全不同的经济动机,如果它对经济循环有无法忽视的影响,那我们就必须重新考虑经济单位的属性。

现在的发展中国家是一个例子。日本也有值得向发展中国家学习的东西。但现在的发展中国家,面临的问题是结社遭到破坏。当然,不可能直接适用发展中国家的形态,但是,日本由于资本主义化而失去的经济交易的状态,实际上是什么呢? 恐怕我们必须从其他的世界学习吧。

金泰昌:刚才我问了一个问题:"经济活动是私的吗?"我脑子里想的是瑞典的例子。瑞典的电力公司给消费者以选择的余地。关于电力资源的来源,即发电的方式,他们提出石油发电、水力发电、风力发电、核能发电等各种方案。从价格来说,核能电最便宜,用风力发的电最贵。同时,他们还一一进行比较,把各种发电方式对自然的恶劣影响也进行数字化,给消费者看,告诉他们"如果你抱着便宜的观点买核能电,相应的会给环境带来这么多的影响"。拿出图表化了的缜密的研究成果,"请选择吧",让每个人自己来选择。

另一方面,各种市民团体在进行各种环境教育。

于是,作为"用电"这一消费行为(经济活动)的一种选择,出现了"买风力电、水力电"这样占压倒性多数的结果。我不知道在日本和韩国是不是也会出现同样的结果。在这方面,瑞典也许是发达国家。但这个例子告诉我们的是,甚至连容易被认为是纯粹经济活动的消费行为,也可以发生变化。

依我的观点来看,这一清清楚楚的事实表明,正是经济性活动在提高公共性。我不知道过去的经济学是怎样说明这一点的。如果过去的经济学不能说明这一点,就应该形成一个新的说明的模式。

正在发生的正是这样的现象。在日本,现在也有各种各样的主张,不是由政府和官僚擅自地决定"核能发电不行"或者"什么合适",在现在这样的过渡期,可以把各种电力放到"市场"上去。但听任市场原理的话会有危险。在意识水平不成熟的情况下,消费者也许总是只按照价格便宜这种一元性的原理来选择。因此,"教育"是必要的。通过教育提高意识的话,就能考虑到多元性的成本。即使买的那一瞬间便宜,一旦环境遭到破坏,下次就要为恢复环境花费巨额的税款。就是说,要多元地考虑,是经济还是不经济这一成本计算。

岩崎辉行:在经济过程中有生产、分配和支出。现在的经济遭到很多批评,因为大家看的是生产的局面。从长远来看,这三个侧面各自的重点会发生变化。也就是说,生产被抑制,分配的方面受到重视。或者支出的方面受到重视。间宫先生在论题中讲的"生活",不是生产而是支出的方面。即支出决定生产。那么,支出是由什么决定的呢?这讨论起来话就长了,说起来,就是从"你期望什么样的生活",或者"你们认为什么样的社会是理想社会"这样的观点来决定生产和分配。

刚才,金先生讲的瑞典就是这样的想法。这在现代的所谓近代经济学里也有,说到为什么现在只有生产受到关注的问题,这还是因为有"发展技术"的问题。为了引进新的技术,必须实现新的生产方法。那么,为了实现新的生产方法,怎样做最有效率呢?那就是利用"市场"的交易。也就是说,并不是计划经济。计划经济之所以解体,是因为事实证明计划经济在实现新技术上效率非常低下。

如熊彼特所说,技术进步渐渐地落后,于是,非生产性的其他方面逐渐受到重视。日本正在进入这样一个社会。与其说个人的意识,不如说社会本身正在转向这样的方向。

金泰昌:我还想问一个问题。从现在的经济学的观点来看,经济活动是消费行为。从生产者的观点来看,如刚才小林弥六先生所说,说得不好听,是随便地生产出来去兜售的一种行为。但是,瑞典的电力公司的例子不是这样的。是由生产者一方制造了选择的余地。制造选择的余地后再提出问题。因此,这在那个程度上是"公共"的。

经济学是私的领域的学问。我并不反对以此为前提,说经济性活动基本上是私的。但是,公共的东西是从私的地方被开发出来的。我从一开始就这样主张,是因为我看到了瑞典这样具体的例子。作为电力生产者的电力公司,在某种意义上是私的。虽然是私的,但私的行为具有了公共性,这是为什么呢?

以前,比如电力公司擅自决定用核能发电,强卖用核能生产的电,一直贯彻的都是这样一种形式。但是,考虑一下环境,毫无疑问是有问题的。

瑞典的电力公司并不是官僚似地单方面改变发电方式,而是让消费者选择,提出了四五种方法并作详细说明。另一方面,我不知道环境教育是以企业为主体的,还是由其他人在做,但环境教育是按另外的途径进行的。通过环境教育,在自主、自发地而不是强制性地、管理性地、行政性地选择消费方式的行动中,消费者的行为找到折中点,提升了公共性。

所以,如果我无视"经济学"这个模式来说的话,在某种意义上,经济性的活动不正是开拓公共性的原点吗? 可以想象没有经济活动的公共性吗? 那是根本不可能的。因此,如果走到"经济学"的框架之外,制造从作为私的活动的经济活动中生产出公共性的趋势,我认为经济活动,还有从这一现实中重新构建的经济学,都会变得更加活跃。

岩崎辉行:到现在为止,我的讲话一直都是以现在的经济学为前提的,这个前提必须要加以改变,这是我接下来要讲的内容。用刚才的瑞典的例子,它其实表现了经济活动中的另一个侧面,即交换和价格的问题。尽管核能发电便宜,但消费者还是选择了价格昂贵的风力发电,这是决定交换比率的问题。在资本主义的市场交易中,价格低廉的核能发电会被选中,与此相反,价格昂贵的风力发电被选中,意味着消费者采用了和优先生产效率的资本主义市场不同的价格决定方式。

指出这一现象的是间宫先生引用的波兰尼。我们必须重新思考交换这一行为的意义。即不是在作为私的主体活动的场的"市场", 用我的话来说, 而是在彼此的判断互不独立, 具有"公"这一侧面的交易主体之间的"场"上的交换。而且必须以与过去不同的形式, 来认识其中被决定的交换比率。刚才举的瑞典的例子, 我想正是一个例证。

通向"活私开公"的道路

金泰昌: 今田先生的发言里, 有公的东西侵入了私的部分的意思。这正是把"公"和"私"区别开来的想法。我认为这不是侵入, 而必须理解为公的活动、生活被从私的活动、生活中开拓出来了。

当佐佐木先生讲到私对"公"的篡夺时, 我说"好像是韩非子的想法", 指的就是这个意思。因为这样说, 所以会变成"公"侵入"私", 或者是"私"侵入"公"。瑞典的例子对我来说, 是个非常大的教育。即基本上没有"私", "公"就不能成立。通过"私"的充实, 从中"公"被开拓出来。因此, 不能无视私的动机。

过去, 一直以病理学的观点认为, 人自私是不好的, 为了治好这个病, 国家建立了警察, 想要通过使用暴力彻底压制、打击"私"。这是大日本帝国陆军的做法。但是, 在暴力起作用期间, 表面上看似乎是有改观, 但暴力的主体一旦消失, 就会反弹, "公"会变得无影无踪, 只剩下"私"。这不是真实的而是欺骗。

为了在现实中让"公"真正地形成, 就有必要使"私"成熟起来。有必要激活它。从那里才会有"公"被开拓出来。所谓"破私立公"或者"灭私奉公", 和韩非子"背私谓公"的想法是一样的吧。这说起来是利用国家权力压制的做法。在承认利己主义者的共存这一现实的基础上, 思考"公"时, 我想除了"活私开公"——即激活"私"并从中开拓"公"这样做之外, 没有现实的道路。

岩崎辉行: 我也赞成金先生的想法。所谓"公"和"私", 不是相互对立的存在而是相互补充的。刚才我举印尼的例子,就是说在资本主义社会是能赚钱的,即可以积蓄私财。但尽管有这样的机会,却不去做或者不能做,这用佐佐木先生的话来说是"虑"。

这是对于自己所属的村落共同体和村落共同体所属的区域共同体的"虑"。这个"虑"不是作为一种德目来进行的,而是一种习惯法。所谓习惯法,是将"公"现实化的一个"场"。因为这个习惯法的崩溃,村落共同体也会解体。所以,在这种意义上,原始社会"公私"确实是明确的。但是,在近代社会,法律是作为契约而不是习惯法被制定的。这是政治学的内容,我不敢深入,但感觉"作为契约的法"这一点,似乎是近代社会的一个烦恼。

我还有一个疑问。您说"场是信",但我认为"场"必须被验证。即"信"本身会逐渐变化,"场"本身也会发生变化。打破了"信"的团体或者领导者,当然会被替换。也存在这样的习惯法。

金泰昌:我也不认为光靠圣德太子的十七条宪法中明示的"和"的精神,一切问题就都可以迎刃而解。虽说基于"信赖"的基础的"和"是最重要的,但是"信"或者"信赖性"的建构、维持、更新,即便用最大的努力也是困难的。如刚才薮野先生所说的那样,在日本的议论中完全不出现"暴力"的问题。虽然有一点税的问题……但是光有"信"就可以了吗?能否维持社会的秩序和安定?作为社会哲学的儒家思想的极限是不是就在这里呢?

所以,出现了法家等思想,正是因为在现实中存在这样的问题。但是法家又有些过度了。想尽办法压制,不听话的家伙就拉出去砍头,不到这个地步似乎"信"的结构就无法成立。再往下,法家思想就无能为力了。

暴力是一时性的,只对有限的目的起作用。如果长期持续的话,暴力的作用就会被中和消失。我在韩国体验到了这一点,朴正熙将军通过军事政变确立了军事政权,以暴力作为权力统治的基础。普通大众一开始都很害怕,听任摆布,都灭私奉公,破私立公。但是越到后来,暴力就越不起作用。然后就增加暴力的强度。当暴力到了缺少正当性,达到无以复加的地步时,就只有崩溃了。

印尼的苏哈托总统的情况也是如此吧。靠暴力巩固的体制,是因为暴力而解体的吗?不是的。是暴力不再起作用了。

税的问题也应该重新考虑。税收是一种掠夺行为。因为是根据国家的公权力来进行的,所以被认可了,但有一个是否真的是正当的问题。作为新的公共性的问题,暴力和税收都只靠单方面的、由上至下的强制维持的情况会变得可耻吧。

为了国家的安全和繁荣,通过税收来收集必要的费用,这一名分如果得不到国民的理解和承认,其公共性也很难被认可。

公共性的形成、维持和更新都需要费用。需要有防止公共性全面崩溃的防卫能力和负担用于公共性的继承、生成的费用的能力。如何收集用于这些能力的集结和运用的费用?

非税收形式的收集费用的方法是什么呢?只有捐款或者募捐。从负担费用的这方来想,如果出钱的意义没有被积极地体现出来,就不会再继续出钱了。也许会出一两次,但除了天使般心肠的人,普通人是不会愿意再继续掏钱的。我认为只要没有实现对于自己的意义,那种行为就不可能继续下去。

那么,使之在现实中成立的具体办法是什么呢?即要完善环境条件,让有志之士和企业的捐款和募捐结出有意义的果实。

因为只考虑理念,没考虑实践,所以往往考虑不到这点。但是仔细想一想,这也不是简单的事。一方面,怎么做才能让每个人都感觉到意义的实现呢?这是喜悦的问题。怎么做才能让人感到喜悦呢?怎么做这一喜悦才能不停留于个人的喜悦而成为承担公共性这样的喜悦呢？若非如此，参加者就不会长久坚持。也许会做一两次，但人们会继续地参加让人感觉痛苦的事吗？

简言之，现在还是"痛苦的公共性"，但是，只要不下工夫使之变为"快乐的公共性"，所谓"公共性"就仅仅是观念论而已，作为现实是不会长久的吧。

尽管一个人有私的自我和公的自我两方面，但会把公的自我活性化。这时怎么做才能让它成为欢喜、快乐而不是痛苦呢？我希望心理学家们能够思考一下这样的人的心理状态、它的力学。

小林弥六：听了刚才各种各样的观点，我脑子里乱七八糟的，但在这过程中，我的意识和心也体验到了一种摇摆。比如，"公共性"是我们的论题，"场"或者"场的意识"、"空间"这些也是我们的问题，但现在这个场合也是一个"场"，是公共性的空间。我很强烈地感受到这一点。

今天进行了相当高水平的谈话。水平非常高。也就是说，虽然是知识水平很高的人士在谈话，但听着并不感到痛苦。这就如花冈先生所说的，与人的身体的自由一样，所谓心的自由也是感觉不到痛苦的。我想这是非常重要的必要条件。

今田先生说到交往是非常重要的，毕竟我们通过自由的交往会感觉到喜悦。我认为这是一种"节庆"（festival）。其原型是"祭祀"。神社寺庙都会举行祭祀活动。在那儿大家的灵魂会感到欢喜。因为有这样的场所，我也感觉像金先生说的那样持续性是很重要的。

我们的研究会是从专业的角度来谈论"公"和"私"的，但大家都倾向于从作为人与人之间的层次来讨论。把政治、经济、社会等作为人世间的层次来考虑的话，这个空间可能会变得非常狭窄。我们不如说是在追求开放的空间。而其实现在各种地区以及国家成了过度封闭的空间,我想恐怕会议(conference)追求的是要逐渐地打开封闭的空间。

在这种意义上来说,敬天爱地是重要的。我对哲学等其他的文明论也有兴趣,表述为"天地"的话,就是东方式的,说"天"(heaven)和"大地母亲"(地)也都可以。是以对天地的敬爱为轴的自我同一性,我认为所谓自我同一性,是作为生物的我们和天地的一体化,我强烈地感觉到这才是现在的时代所需要的。

当我们追求喜悦的"私"或者喜悦的"公共性"的时候,用有些夸大的话来说,必须要具有宇宙般的视野、宇宙文明的视野。我们不仅要用被吸附在地球这一行星上的人类的视点,还要用宇宙般的视野来看,追求怎样活着才能够变得幸福的答案。我认为这是公共性的追求,是"私"的追求,也是"公"的追求。

金泰昌:好的。这是今后的课题之一。我讲"意义的实现",没说"自我的实现"。这在某种意义上和先生说的是有联系的。过去有只专注于"自己"这一观点上的喜悦和幸福。为了使之超越自我,更具有公共性的一面,我把对幸福的看法转移到了意义的实现而不是自我的实现。这是包括先生刚才说的那层意思在内所作的一个简要的概括。

后　记

金　泰　昌

这次研究会(1998 年 6 月 13—15 日)，大家通过精彩的论题和据此展开的白热化的讨论，受到了各种启发，有了新的认识。为了继续推进继承生成的会话，我想有必要整理一下通过这次会议所感受到的、认识到的东西以及觉得有必要更进一步讨论的问题。

第一点，是关于"公"和"私"的区分是否有意义。如果有，那么根据是什么的问题。我想大体上有以下三个事实，可以成为支持有意义这一意见的根据：

① 从古希腊时代到最近，在世界大部分的国家（从古代中国到现代东亚文化圈的国家也都是如此），尽管有一部分反对意见，但作为议论的框架这一区分一直是被承认的。

② 看我们日常生活的现场也好，这是在非常普通的会话中被使用的常识性区分之一。

③ 在理解现实的状况，支持或反对其变化时，这一区分作为一个判断的基准是有用的。

第二点，"公"和"私"的划分，是为了有秩序地维持人们经营

271

共同生活的生活空间，所必不可少的基本方法的分类（规则、基准、尺度、惯例等等）。一方面，是以对于他者（与之共存）的观照为基轴的生活空间和其中所需要的行动方法，另一方面，是以对于自我（的确立）的观照为中心的生活空间和其中所必需的行动方法。前者是通过继承、交易、交换形成的相互共识（妥协、承认、尊重）。而后者是通过自立、自律、自尊实现的自我完成（充足、满足、达成）。"公"和"私"基本上是与善和恶、真和伪、正和邪不同的维度上的区分。因此，与其说"公"和"私"之间存在先后或上下这一道德的、伦理的序列，不如说是在具体地对应事态和状况的过程中，选择哪一个方法的不同。

　　第三点，我想说的是，不存在我们可以正确认识并通过行动来实现的"公"和"私"这样的物理实体。它不是已经存在，但只不过因为我们认识不足而不知道的需要重新发现的东西，而是应该在同一个时间和地点，互相一起生成继续下去的东西。因此，不是以前有过，但因为现在衰退了或者解体了而要让它重新再生或者复活的东西，而应该是在积极地对应新的时代和状况的过程中，共同创造的东西。因此，比如，社会是"私"的，国家是"公"的，或者经济和市场是"私"的等等，我想有必要从这样硬性规定的想法中解放出来。最近，有关于家庭是"公"的还是"私"的论争，以这种论争为契机，"公"和"私"的区分本身没有意义，这种意见也开始变得非常有说服力。我想，只要公私区分是实体论的，非生产性的论争就会增加。

　　我感到，所谓"公"和"私"不是实体，而是方向，我们是不是可以认为开放的彼此分享的方向是"公"，而闭关自守的方向就是"私"呢？即便是所谓的国家，如果只是倾向于将之实体化，把一切都封闭到其中加以保护的方向,那也只能说是"私",而即便是一个个人,如果生活在以对他者的观照为基轴,彼此敞开心扉的方向上,那也可以说是一种在实践"公"的生活方式。

第四点,我想说的与为什么进行"公"和"私"的区分是必要的这个问题有关。在传统意义上的政治哲学的公私区分,主要被认为是基于统治和服从正当化的逻辑。一般认为,从其发生的契机来推测的话,把统治的领域规定为"公",作为参加的条件,服从被设定为义务,而把被排除在外的状态作为"私",对其放任不管或熟视无睹——这一区分是在这样一种状况中,形成、固定下来的看法、想法。当然,当初设定的区分,在整个历史过程中发生了很大的变化,但现在还能在某些地方感觉到当初的想法的影子。所谓从社会学、经济学和政治学的观点,被重新建立起来的公私区分,我想是在通过中间组织(团体、运动)和市场以及企业,完成把国家和个人之间的统治服从的关系,从胶着状态向流动状态移动、转换的契机的过程中出现的。政治的存在方式正在从统治限制、管理向参与、主张、共同决定的方向转变,也可以说,这带来了政治学公私区分的多种多样的变化。

第五点,我认为比起把国家和政治作为一体来考虑,不同的观点更具有建设性。如果把国家作为是已经存在的硬件一样的东西,那么,我认为政治是既能把国家变得精彩也能使之变得无聊的软件。如果国家是客观存在的东西的话,那么政治就是"生成和共创的计划"。如果是这样的话,这个硬件只被限定在实现特定的个人和集团的利益和目的的方向,在其框架中固守自封的话,最终,大概会被私物化。难道政治不是应竭尽全力从全体国民的视

273

点,可能的话,从地球和人类的视点重新把它打开,使它的利益和成果能被大家分享吗?我想这才是所谓"公的政治"。因此,不是国家等于"公",最为重要的是,国家成为实现真正的"公"的场,国家在其中所做的一切都能在激活"私"的同时,使得"公"在开放的方向上被持续地建构和更新。这样的功能,并不需要由政治垄断,社会以及经济不也都可以成为承担者吗?

最后,还想说一点。人出生、成长,在接受教育的同时形成人格,就成为"自分"(从普通的日本人的感觉来说,比起自己或者自我等词来,据说称"自分"更容易被接受),但并不是靠独自一个人就能变成如此的,这是在某个共同体(家人、亲戚、地方、国家等等)中进行的。我认为在这种意义上,如忽视和共同体之间的强大而密切的关系思考自我形成的问题,几乎是不可能的,也是不现实的。但是,这样形成的人(自己),虽然相互属于不同性质的共同体,即使不否定、忘却和自己身处的共同体之间的联系,虽然会有对立、纠纷、反目,但也不会最终决裂,而是会去探索能够共存、合作、妥协、共识的最小条件。坚持不懈的努力和对话,正是"公"在现代的意义和内容。而所谓"私",可以说是在人的生存过程中作为自我存在的根据,无论在何种条件下,都必须维护的最小限度的东西,也希望能得到他者正式的承认。我认为互相承认这一点也是"公"的意义和内容。

如上所述,我强烈地感觉到,如果重新审视"公"和"私",有必要从远远超越了政治哲学、社会学、经济学还有政治学这些学问领域的广泛的立场上来认识。而在另一方面,必须要加深对人的内心的理解。因为,所谓"公"和"私",不是去掉了人的、存在于某处的东西,而是一个一个的人所具有的认识的坐标,是行动的文法。

我们把这个研究会的名称定为"公共哲学研究会",是因为我们认识到,过去的哲学作为以观照自我为基轴的自我实现的表述体系这一方面过强,并确实感觉到,出于对这一点的反省,以把观照他者作为基轴的相互共识(不是随时随地都必须达成共识,而是必须从异质的共存这一角度,尊重彼此的不同意见这一点上达成共识的意思)为目标的哲学的共同生成,才是时代的要求。而且,也是因为我们认为,只有得到尽可能多的同志的参与和协助,这一共同生成才是可能的。这样的哲学以培养所谓"私"和"公"的平衡比什么都重要的认识,与对于持续这样的行为所必须的德性为目标。我们认为这样的工作,只靠局限于专业领域的立场和观点来对应是不够的。因此用"哲学"这个词,来表现我们要从所有的角度相互关联地投入这一工作的姿态和意志。

译者后记

2004 年 6 月,我接到蔡龙日先生从上海打来的电话,他说此次陪同金泰昌先生来上海华东师大,商议在中国推介公共哲学问题。在他们从日本出发之前,将来世代国际财团理事长、京都论坛事务局长矢崎胜彦先生叮嘱蔡龙日,务必请东北师大教授、现在宁波工程学院任教的刘荣先生给予协助。矢崎胜彦先生是我的老朋友,1998 年他作为日本盛和塾代表团团长参加在天津举行的中日企业交叉借鉴国际研讨会时,我作为特约代表在大会上做了题为"稻盛和夫的成长轨迹及对我国的启示"的大会发言,会下与矢崎先生进行了交流,后来曾多次见面,2002 年我应日本盛和塾邀请赴日参加"第十届盛和塾大会"时,曾参观过矢崎先生的公司芬理希梦,此间他曾将由东京大学校长佐佐木毅和金泰昌先生主编、东京大学出版会即将出版的 10 卷本的《公共哲学》丛书目录送给我。这是我与《公共哲学》丛书的最初邂逅。

在上海华东师大宾馆,金泰昌先生向我征求关于在中国开展公共哲学研究的意见,其中包括翻译东京大学出版的全 10 卷《公共哲学》丛书。我向他详细介绍了中国研究日本的学者,并推荐我的大学同学——中国社会科学院哲学研究所研究员、博士生导师、中华日本哲学会会长卞崇道先生。我认为由我的老同学担纲组织中国学者从事公共哲学翻译和研究,在学术上、语言上勿须赘言,而且由于北京从事日本学研究人才济济,更便于翻译和研究工作的开展。于是,金泰昌和蔡龙日先生在北京与卞崇道相见,并约请卞崇道担任翻译委员会委员长,组织进行翻译。

这次我承担翻译《公共哲学》丛书第 2 卷《社会科学中的公私问题》。在我翻译了第 1 章之后,钱昕怡博士从日本归国,就职于中国人民大学外语学院。她和她的先生一起到宁波工程学院我的住所看望我,当她得知我正在翻译公共哲学时,她表示愿意与我合作共同进行翻译。于是由她承担了第 2、4 章的翻译。她非常认真,再加上坚实的语言和理论知识功底,按期完成了译稿。为了保障译稿质量,我们又对彼此译稿进行了互审。彼此合作得非常愉快,这也是这次翻译的一大收获。

《公共哲学》丛书第 2 卷《社会科学中的公私问题》涉及政治学史、政治学、社会学和经济学,内容极为浩繁,所及学科领域跨度极大。但由于汇集日本一些著名学者分别担任各部分的撰稿人,他们运用渊博的理论知识,并通过通俗易懂的解说,不仅对于各领域的专业学者,而且为广大的读者提供了一道丰盛的学术大餐,可谓雅俗共赏,鱼与熊掌兼得。此其一也。

本卷从古希腊的哲人苏(格拉底)、柏(拉图)、亚(里士多德)的思想,到当代著名思想家的观点进行了系统梳理,可谓纵贯古今;同时又对东方思想加以勾勒,尤其是对日本思想的述评,从横的方面促进了东西合璧。打破了近现代以来社会科学西方一枝独秀,东方被边缘化的怪圈。此其二也。

弘扬了古今民主进步思想精华,同时对于在历史上曾产生过重要影响的各种非民主的思想流派也进行了鞭挞。可称为是一部不可多得的思想史著作。此其三也。

本书的再一个志向就是打破社会科学过分的分科化,导致各专业学者之间鸡犬之声相闻,老死不相往来的封闭状态。即便有些学者愿意彼此交往,也往往因为各学科专业之间的专门学术术语或概念,使彼此之间不知所云。在学者之间尚且如此,更何况普通人乎! 此其四也。

全书以"活私开公"为主旨,紧紧围绕对"公共"的新诠释展开论析,为构筑崭新的社会科学奠定了坚实的基础。此其五也。

以上五点为译者所悟,难以概述本书之一二。尚望学界同人及读者自行领悟,是为译后记。

刘 荣

2007 年 10 月于宁波

第 2 次公共哲学共同研究会

[发题者]

福 田 欢 一：东京大学名誉教授、日本学士院会员
今 田 高 俊：东京工业大学教授
间 宫 阳 介：京都大学教授
佐 佐 木 毅：东京大学校长

[讨论参加者]（按五十音图排序）
板 垣 雄 三：东京大学名誉教授、东京经济大学名誉教授
岩 崎 辉 行：日本大学教授
宇 野 重 规：东京大学副教授
小 林 弥 六：筑波大学名誉教授
小 林 正 弥：千叶大学副教授
小 森 光 夫：北海道大学教授
佐 藤 岩 夫：东京大学副教授
佐藤炼太郎：北海道大学教授
难 波 征 男：福冈女学院大学教授
花 冈 永 子：大阪府立大学教授
平 井 英 明：宇都宫大学副教授
福 田 忍：北海道工业大学讲师

薮 野 祐 三：九州大学教授

[综合主持]
林　胜　彦：NHK 事业"21 世纪企业"栏目高级策划人、
　　　　　　制片人

[主办方出席者]
矢崎胜彦：将来世代国际财团理事长（兼任公共哲学共
　　　　　　働研究所事务局局长）
金　泰　昌：将来世代综合研究所（现为公共哲学共働研
　　　　　　究所）所长

[**发题者简介**]

福田欢一（Fukuda Kanichi）：1923 年生。东京大学名誉教授、日本学士院会员。著作有《近代政治原理成立史序说》（岩波书店，1971 年），《政治学史》（东京大学出版会，1985 年），《福田欢一著作集》（全 10 卷，岩波书店，1998 年）。政治学史专业。

今田高俊（Imada Takatoshi）：1948 年生。东京工业大学教授。著作有《自我组织性——社会理论的复活》（创文社，1986 年），《现代的解构》（中央公论社，1987 年），《意义的文明学序说》（东京大学出版会，2001 年）。

间宫阳介（Mamiya Yosuke）：1948 年生。京都大学教授。著作有《市场社会的思想史》（中央公论新社，1999 年），《丸山真男——日本近代的公与私》（筑摩书房，1999 年），《同时代论》（岩波书店，1999 年）。经济思想史专业。

佐佐木毅（Sasaki Takeshi）1942 年生。东京大学前校长、现为学习院大学教授，政治学家。主要著作：《马基亚维利的政治思想》（岩波书店，1970 年）；《柏拉图与政治》（东京大学出版社，1984 年）；《政治学讲义》（东京大学出版社，1999 年）。

责任编辑:夏　青
封面设计:曹　春

图书在版编目(CIP)数据

社会科学中的公私问题/[日]佐佐木毅,[韩]金泰昌主编;刘荣,
　钱昕怡译. —北京:人民出版社,2009.6
　(公共哲学丛书/第2卷)
ISBN 978 - 7 - 01 - 007460 - 3

Ⅰ. 社…　Ⅱ.①佐…②金…③刘…④钱…　Ⅲ. 哲学社会科学-
　研究　Ⅳ. C

中国版本图书馆 CIP 数据核字(2008)第 170787 号

社会科学中的公私问题
SHEHUI KEXUE ZHONG DE GONGSI WENTI

[日]佐佐木毅 [韩]金泰昌　主编　　刘荣 钱昕怡　译

人民出版社 出版发行
(100706　北京朝阳门内大街 166 号)

涿州市星河印刷有限公司印刷　新华书店经销

2009 年 6 月第 1 版　2009 年 6 月北京第 1 次印刷
开本:880 毫米 × 1230 毫米 1/32　印张:10.5
字数:250 千字　印数:0,001 - 3,000 册

ISBN 978 - 7 - 01 - 007460 - 3　定价:36.00 元

邮购地址 100706　北京朝阳门内大街 166 号
人民东方图书销售中心　电话 (010)65250042　65289539

原 作 者：佐々木毅、金泰昌　編

原 书 名：公と私の社会科学

原出版者：東京大学出版会

　　　　　我社已获东京大学出版社（東京大学出版会）和公共
　　　　　哲学共働研究所许可在中华人民共和国境内以中文
　　　　　独家出版发行

著作权合同登记　01－2008－5122号